論集

東大寺法華堂の創建と教学

ザ・グレイトブッダ・シンポジウム論集第七号

東大寺

表紙カバー　杉本健吉　画伯

序

現在、東大寺では新たな情報発信の拠点として展示室を備えた「東大寺総合文化センター」を建設中であります。そのため平成二十年十二月二十日・二十一日の両日に開催した第七回「ザ・グレイトブッダ・シンポジウム」は奈良教育大学・講堂をお借りいたしました。例年と会場を変更したにもかかわらず、数多くの方々に参加していただき、主催者一同大変喜ばしく思います。

さて第七回のテーマは「東大寺法華堂の創建と教学」といたしました。本シンポジウムでは過去に東大寺創建期をテーマとしたことがございましたが、今回は東大寺の成立に深く関わっている法華堂を中心に据え、基調講演や「華厳思想」・「美術史学・建築史学」・「歴史学・考古学」の各分野から専門的報告をおこなっていただきました。

シンポジウムの開催と時を同じくして法華堂と同時代の新薬師寺旧境内の大型基壇建物遺構の発見もあり、全体討論会ではこれらの知見も含め熱い討論がなされました。

また元ボストン美術館館長ヤン・フォンタイン博士に「華厳の道場、ボロブドゥル」と題して特別講演をお願いし、インドネシア・ジャワ島にあるボロブドゥル寺院遺跡の構造について華厳経をもとに解説していただきました。

本論集はシンポジウムでの報告をもとに書き下ろされた論文と討論会の記録を収録しております。本論集を通読してみますと東大寺成立期の解明に新たな光明が見いだされつつあることを実感します。本論集が東大寺や仏教の諸問題における研究の進展にささやかな力となることを祈念いたします。

平成二十一年十二月十九日

東大寺別当　上野道善

目次

『金光明最勝王経』に見る大乗仏教的実践論の諸相

――読誦の功徳を中心に――

古坂紘一

はじめに

いわゆる『金光明経』はインド中期大乗仏教のサンスクリット経典Suvarṇa-prabhāsottama-sūtra-rājendra（またはsūtrendra-rāja）の漢訳仏典の呼称である。その長い名前を、北涼時代の曇無讖は「金光明経」と訳したのであるが、その梵語名の意味は「金の光のように仏法の教えを明らかに示す、諸経の王中の王としての最も勝れた経」ということである。この経が一般的に「経王」と呼ばれたのはこの経の原典名のほか、経中の「序品」で「諸経王（sūtra-rājendram）」、また「四天王護国品」等で「経王（sūtrendraḥ）」と称されていることに基づくと考えられる。

序品において、梵文Sūtra-rājendram Svarṇaprabhāsottamam idaṃという句を、曇無讖訳（四巻本）では「是金光明　諸経之王」と訳している。[1]また「四天王品」（「四天王観察人天品」）に二度述べられるSuvarṇa-prabhāsottama-sūtrendrarāja（Vd. 36　四行目および一〇行目）を彼はそれぞれ「金光明微妙経典衆経之王」および「金光明微妙経典」と訳している。それに対し、唐代の義浄訳（十巻本）では前の場合に「金光明最勝王経」と訳し、後の場合に「金光明微妙経典」と訳している。

しかし一般的に『金光明最勝王経』というと義浄訳のこの経を指し、それが『最勝王経』とも略称され、さらにその名に因んで、わが国で「最勝講」「最勝会」などの名称をもつ、この経に関する儀礼が、奈良・平安時代以後諸寺院で行われて来た。[2]

『最勝王経』には、如来の法身の常住性、一切法の空性、その認識に基づく懺悔や捨身等の意義が説かれている。したがって、この経は思想史的には、多くの部分が空の思想や法身の常住を説く『八千頌般若経』あるいは『法華経』、『涅槃経』などと近しい関係にある大乗経典である。

大乗仏教の教義を解釈する上で重要な役割を果たした第一義諦・世俗諦の二分法を説く二諦説のことばで言えば、この経は理念の面ではいわゆる「第一義諦」に相当する法身や空性を中心的理念としている。しかし実践面の関わりにおいては、攘災・招福等という、いわば「世俗諦」的なレベルの、現世利益を目標とし、発願・儀礼さらには医術的知識等によってそれを達成しようという、呪術・宗教的（magico-religiousな）効果をも目指している。

また体系的密教における五仏の原型と考えられる四方四仏の出現を説くこと、誦えるべき陀羅尼を多く示すこと、壇場（曼荼羅）を作っての供養の方法を説くこと、など密教的な要素を多分にもっている。

事実この『金光明経』は、チベット大蔵経では、クリヤー・タントラ（作タントラ）という一種の密教経典の中に位置づけられている。「クリヤー・タントラ」とは典礼の実行を説くタントラで、外面的な儀礼行為、即ち奉納、読誦、斎戒、沐浴等を行うことが、内面的なヨーガの実践よりも優位を占めている。この場合、他のタントラと異なり、特に典礼、供養、真言・陀羅尼等の朗誦の方が瞑想よりも重要とされる。[3] そのように、クリヤー・タントラにおいて重要視される典礼上の読誦暗誦の意義（功徳）は、『金光明経』の中においてもくりかえし強調されている。

チベット仏教ゲールク派の祖師ツォンカパの高弟ケードゥプ・ジェー著『総タントラ部建立広釈』によると、「金光明経はある人は真言（密教）に属し如来部のタントラに属すると云い、ある人は経（スートラ、顕教）の部類に属すると云う。我々の見解では真言の部類に属するのであって、多くのインド人も真言のものとする」と言われる。[4] そうだとすれば、『金光明経』はスートラ（大乗経典）なのかタントラ（密教経典）なのか断定しかねる諸相を持っているものの、どちらかといえば密教経典として位置づけうる仏典だともいえよう。

しかし日本仏教の初期の段階からよく用いられたこの経典は、一般的に「護国経典」として位置づけられ、本来のこの経典の性格および受容のあり方如何にかかわらず、古代日本仏教の国家仏教的性格の形成に対して、極めて大きい影響を及ぼしたことは否めない。

一　『最勝王経』翻訳・伝来・受容の概要

㈠　漢　訳

この経典のサンスクリット原典は時代を経るにつれて増広されていたらしく、この経典固有の発達史をもっている。そのためか、先行の訳に欠如する章品を補う形で改訳が重ねられ、漢訳としては次の五訳が残された。[5] すなわち、

（1）『金光明経』曇無讖訳（北涼、玄始十年（四二一）頃[6]、四巻十八品『大正』一六、三三五―三五八頁）

（2）真諦訳（梁、承聖元年（五五二）～二年（五五三）[7]）の伝七巻二二品、（4）に断片現存）

（3）闍那崛多訳[8]の伝七巻二一品（（4）に断片現存、（4）序では五巻二〇品）

（4）宝貴（周の道安の神足）が上記三訳の諸部分を縫い合わせて作成（合糅）した『合部金光明経』八巻二四品（『大正』一六、三五九―四〇二頁）、開皇十七年（五九七）訳了

（5）『金光明最勝王経』唐、義浄訳（『大正』一六、四〇三―四五六頁）（『最勝王経』）

真諦訳と義浄訳の間では語句がよく一致しており、義浄訳が真諦訳を参照ばかりか引用しているかとさえ思われる箇所が多く見られる。真諦訳（八巻本所収）を見る限りにおいて、真諦訳と義浄訳の間では、三身分別品（分別三身品）、業障滅品（滅業障品）、陀羅尼最浄地品（最浄地陀羅尼品）、依空満願品の間で、両訳の一致する部分は極めて多いのである。

なお周知のように、漢訳の他に訳された文献としては、チベット語は勿論のこと、蒙古語、ウイグル語、ソグド語、カルマク語等の多くの中国周辺民族の諸言語に翻訳されたものとして現存している。(9)

(二) 義浄の訳業

『最勝王経』の漢訳者の義浄（貞観九年（六三五）～先天二年（七一三））は、范陽（河北省）に生まれ、幼くして剃髪し、十五歳の頃には法顕・玄奘を範として西域に憧れ、三十七歳の時（六七一）漸く船で南海を経由して印度に渡り、密教の興隆をつぶさに見つつ二十五年を経て三十余国を遍歴し、帰路も南海経由で洛陽に戻った。出国した時は高宗の代であったが、帰国したときは則天武后の十二年目（証聖元年（六七一））であった。

『宋高僧伝』(10)によると、義浄は『金光明最勝王経』をはじめ、五六部二三〇巻の三蔵を訳している。また『宋高僧伝』は「浄遍く三蔵を翻ずと雖も而も偏に律部を攻む。」と述べている。そのように義浄は根本説一切有部の律を専攻しつつも、大乗、密教の経典、論典を訳すという、広範囲の仏教の研究に勤めた高僧であった。また実叉難陀（六五二―七一〇）訳『華厳経』八十巻本の訳出に協力している。

『最勝王経』の訳出は、則天武后の治世（周）の長安二年（七〇二）から長安三年（七〇三）（日本の大宝二年から三年）にかけて行われている。(11)

義浄が『金光明最勝王経』を訳した西明寺は、その訳業より約半世紀前の顕慶元年（六五六）に長安の或る王の故宅を皇太子（中宗）の為に道観と仏寺を分かって造営した中の仏寺であるが、その周囲は数里あり、左右に大道が通じ、外に青い槐の列があった大寺であり、顕慶三年に玄奘三蔵も一時滞在した寺院である。(12)

(三) 道慈と『最勝王経』

その西明寺に入った日本の留学僧の一人が道慈である。彼は粟田真人を執節使とする第七回遣唐使に選ばれ、山上憶良や留学僧の義淵らと共に大宝二年（七〇二）に唐（周）に渡った。(13)ちょうど義浄が『金光明最勝王経』をその寺で訳し終わるより一年前のことになる。彼はそれから十七年間唐に留り、吉備真備、阿倍仲麻呂、玄昉らが渡った第八回遣唐使の復路の便で養老二年（七一八）に帰国している。『懐風藻』によると、彼は留学中に唐の仏教教義を研究する高僧百名の一人として選ばれ、宮中で『仁王般若』を講じたと伝えられる。(14)彼は義浄の訳した『浴像功徳経』の開題を著した他、『千手千眼経疏』二巻を作ったとされるが、『金光明最勝王経』がわが国にもたらされたのは彼が舶載したことによると、井上薫博士によって推定されている。(15)

道慈が帰国した時の帰路の遣唐使（第八回）に次ぐ遣唐使（第九回帰路、玄昉ら）が帰国したのは天平七年（七三五）(16)であるが、それより前、道慈帰国後十年の神亀五年（七二八）十二月二十八日に諸国に「十巻本」の『金光明経』を分布し読誦させたと『続日本紀』十に記されている。即ち第八回と第九回の帰路の遣唐使の間に、新訳の『金光明最勝王経』六四部計六四〇巻が配布されたということである。そのことは十巻本が道慈の帰国の時に舶載されていなければあり得ないことである。そのことからも『最勝王経』の舶載者が道慈であったことは間違いないと考えられる。

さらに『続日本紀』によると、天平九年（七三七）、平城京の大極殿において道慈を講師とし、堅蔵を読師として『最勝王経』を講義させた、とされるが、[17]それより四年後の天平十三年（七四一）、詔勅により金光明四天王護国之寺（国分寺）が建立されるにあたり、道慈はその詔勅発布に深く関与したと言われる。[18]『最勝王経』の舶載者が道慈であり、彼が大極殿で『最勝王経』を講義したのであるからには、その四年後に「金光明四天王護国之寺」として国分寺を建て、全国で『最勝王経』を読誦させるという企画に、道慈が少なくともその推進者の一人として関わった公算は大である。

(四) 白鳳・奈良時代に於ける「金光明経」の読誦

日本ではこの経は、義浄訳がもたらされるまでは、旧訳の『金光明経』（曇無讖訳、四巻本）または『合部金光明経』（宝貴合揉、八巻本）を通して読まれていた。

『日本書紀』による限り、その経が公的な形で読誦または講説されたという記録が登場するのは、天武帝の時代以降のことである。

天武五年（六七七）十一月、新羅の使者が入朝した月に、詔勅によって諸国で放生会を行わせ、その翌日に四方の国に使いを遣わし、『金光明経』・『仁王経』を説かしめたという。[19]後世いわゆる護国三部経と称されるもう一つの経典、『法華経』がここに触れられていないことは注目に値しよう。

その後『金光明経』の講説または読誦が宮中あるいは諸寺で行われた記録は、天武期に二回、持統期に三回、文武期に三回見られる。[20]

さらにその後、聖武帝の時代になって、神亀五年（七二八）十二月二十八日、諸国に新しい義浄訳の十巻本『金光明最勝王経』を分布し、読誦させたという記事が出て来る。[21]『最勝王経』がその訳出より四半世紀後に、わが国で広く読誦されるようになった訳である。

天平六年（七三四）には太政官が『法華経』または『最勝王経』を僧・尼・俗人に暗誦することを推奨した、と記されている。[22]また、

天平九年（七三七）、大極殿において道慈『最勝王経』を講義、[23]

天平十二年（七四〇）～十五年（七四三）、法華堂（羂索堂）建立？[24]

天平十二年（七四〇）、審祥の華厳経講開始に次いで、

天平十三年（七四一）、金光明四天王護国之寺（国分寺）と法華滅罪之寺（国分尼寺）建立の詔勅が発せられ、国分寺には七重の塔を建てて金字の『最勝王経』を安置し、各寺に配布された『最勝王経』が読誦された。[25]さらに、

天平十四年（七四二）、「金光明寺写経所」成立、[26]

天平十五年（七四三）正月乃至三月、金光明寺・国分寺にて『最勝王経』を読誦、[27]

天平十八年（七四六）、良弁僧正が法華堂で「法華会」を始修、[28]

というような一連の出来事があった。

(五) 『最勝王経』読誦の堂宇

羂索院（羂索堂・法華堂）は『東大寺要録』によると、「金鐘寺

と名づく。又改めて金光明寺と号す。亦禅院と云う。」と記されている。[29]しかし羂索堂が「金鐘寺あるいは金光明寺の一堂として建てられたのではない」とも指摘されている。[30]

ところで羂索堂の本尊が不空羂索観音である限り、『最勝王経』が専ら羂索堂でその創建期から定期的に読誦された蓋然性は、さほど高くはないと考えられる。なぜなら、『最勝王経』に不空羂索観音は登場しないからである。

しかし「如意宝珠品、第十四」に、観自在菩薩が如意宝珠神呪を説いた、と言う。そのことが、羂索堂と観音と『最勝王経』の関連を示している可能性は、全くない訳ではない。また、およそある経典に登場しない仏像の前でその経典が読誦されることはよくある事でもあるので、一概に本尊と読誦経典との間の結びつきに必然性があるとは言い難い。例えば、法華堂で『妙法蓮華経』が読誦されたことは疑い得ないにもかかわらず、『妙法蓮華経』の中に、あるいはその観世音普門品の中にも、不空羂索観音の名は登場しないように、ある本尊の前で読誦される経典が、その本尊を中心としている経典であるとは必ずしも限らない、という事実も考慮に入れなければならないかも知れない。その意味で古代に羂索堂において『最勝王経』が読誦された可能性は全くないとは言い切れない。

ところで『金光明経』乃至『最勝王経』は「妙法吉祥懺」(adhiṣṭhānaṃ māṅgalya-deśanottamam：吉祥なる懺悔の最も勝れた法。Skt. adhiṣṭhāna：加持)を説く経である。[31]その点で、「吉祥院」が『最勝王経』と密接な関係をもっていたということが考えられる。その吉祥院が、天暦八年(九五四)に消失し、それまで同院で修されていた「吉祥御願」(吉祥悔過)が、それ以後羂索堂に移行されたという記録がある。[32]この記事は、『最勝王経』が天暦八年以前には吉祥院で読誦され、それ以後には羂索堂で随時読誦されたということを示している、と考えられる。

二　経典読誦の意義

(一)『最勝王経』に見る読誦

さてここに我々が注目しようとするのは、この経典の供養・受持・読誦・書写・演説(講説、講宣、宣説、講誦)・聴聞等の実践が『最勝王経』では多くの箇所で極めて重要な意義をもつとされていることである。ちなみに慧沼の疏では、それらが通仏教的にどのような実践上の意味をもつかを三学に照らして見ようとして、読誦は戒・定・慧という三学の中の慧学に相当するとし、しかも慧学の聞・思・修の三慧のうちの特に聞慧を生み出すのが読誦等であると位置づけている。[33](読誦と講説、聴聞、受持等はもとより同じではないが、読誦に基づき講説・聴聞・受持・憶念・通利・書写等が可能となるので、それらを代表する理念型として「読誦」を取り上げたい。)

この経では、誰であれ、懺悔し、発願すれば、諸天によって国が護られ、繁栄するという趣旨が説かれるが、この経を供養し、聴聞するために、特に国王が比丘たちに「読誦」させることを要請している。そして国王が彼らを敬い供養するならば、そのような国王は多くの現世利益を受けることができるが、さもなければ国すら護られない。そのような勧告と警告を含む、君主の為の宗教的実践論がここに説かれている。その理論をふまえて、諸天への礼拝・祈禱のありかたが説かれている。国王がこの経を読誦させることによって諸天が国を護るという思想が、この経が古代日本の政治体制のもとで、いわゆる護国経典として重視された大きな理由の一つであると言えよう。

（二） 諸品における読誦等の功徳

読誦は法会で行われる場合必ず聴聞されるものであり、聴聞はまた講説の場合にも行われることであるが、それらが大いに功徳（宗教的効果）を持つと経では繰り返し説いている。そこで以下に『最勝王経』の経文に読誦・受持・講説・聴聞等が関説されるそれぞれの章（品）の中でどのようにそれらが説かれているかを概観したい。（ただし陀羅尼の受持については省略する。）

◇序品　第一　(Nidāna-paṭala)

まず、この経の読誦を聴けば、経の威力により、諸天等がもろもろの苦からその聴く人を護る、という。義訳の偈にいう。

「衆生の身不具にして(upahatendriyā)、寿命將に損減せんとし、
諸の悪相（alakṣmyā）は現前し、天神皆捨離し、《7》
親友瞋恨を懐き、眷属悉く分離し（kuṭumbādiṣv apadrutāḥ)、
彼此共に乖き違い（paraspara-viruddhā）、珍財皆散失し、《8》
悪星変怪を為し（graha-nakṣatra-pīḍāyāṃ）、或は邪蠱に侵され（kākhorda-dāruṇa-grahaiḥ)、
若し復た憂愁多く、衆苦に逼られ、《9》
睡眠に悪夢を見、此れに因りて煩悩を生ぜんに（śokāyāsa-samucchritam)、
是の人当に澡浴し（snāna-śucinā）、応に鮮潔の衣を著し（śuci-vastrair alaṅkṛtāḥ)、《10》
此の妙経王の、甚深なる仏の讃ずる所に於いて、
専注に心乱るること無く、読誦を聴き（śṛṇvanti）、受持すべし。[34]《11》
此の経の威力に由りて、能く諸の災横を離れ、
及び余の衆くの苦難、皆除滅せざる無し。《12》
護世の四王衆、及び大臣眷属、　無量の諸薬叉、一心に皆擁衛し、《13》
大弁才天女、尼連河水神、訶利底母神、堅牢地神衆、《14》
梵王・帝釈主、竜王・緊那羅、及び金翅鳥王、阿蘇羅天衆《15》
是の如き天神等　幷びに其の眷属を将いて
皆来りて是の人を護り　昼夜常に離れず。《16》[35]」

ここに言及される苦の諸相は主として天と人に見放されるという類のことであり、初期仏教の強調した老病死という個人的な苦とはニュアンスの異なる外的な逼迫によるものである。ここに用いられる「読誦」という語はここの梵文にはないのであるが、「聴く」(śṛṇvanti）ということは読誦または講説を前提にしているので義訳は「読誦」を付け加えた、と考えられる。ここで「澡浴し鮮潔の衣を著すべき」、即ち身を清めるべきであるとされていることは儀礼上の所作として要請されていることであろう。

また、

「若し是の経を聞くこと有り、能く他の為に演説して[36]
若しは心に随喜を生じ、或は供養を設くるものあらば、[37]《18》
是の如き諸人等、当に無量劫に於いて

常に諸天人、竜神の為に恭敬せらるべし。[38]《19》
此の福聚（puṇya）の無量なる数は恒沙に過ぎん。
是の経を読誦する者は[39]、当に斯の功徳（puṇya）を獲べし。[40]《20》」

というように、経に対する供養を要請している。経典の供養は読誦および聴聞と不可分の関係にある。

事実、梵本を用いる『金光明経』の読誦儀礼は今もネパールで行われていて、図1、図2に見られるように、読誦に先立って経典に供養が捧げられ（図1）、その後で経典が分冊されて数人で同時進行的に読誦されている（図2）。

◇如来寿量品　第二　（Thatāgatāyuḥ-pramāṇa-nirdeśa-p.）

妙幢菩薩が、釈迦牟尼が八十歳という短促の寿量で涅槃に入ることについて疑問に思っていると、四方の四仏が現れ、それは如来に遭うことが難しいこと、希有なことであるということなどを衆生に知らせ、経の教えにおいて速やかにまさに受持・読誦・通利（理解・熟達）せしめようとするためであるという。

「善男子よ。然も彼の如来は、衆生をして涅槃を見已わり、難遭の想、憂苦等の想を生ぜしめ、仏世尊の所説の経の教えにおいて速やかにまさに受持・読誦・通利せしめ、人の為に解説して誹謗を生ぜざらしめんと欲し、この故に如来はこの短寿を現わす。[42]」

かくて読誦等も釈迦の善巧方便によることであるという思想が表明される。さらに舎利も供養の対象となるよう、方便としてこの世に留められるのだという。[43]

図1「経典供養」

図2「読誦」（2009年3月20日、パタンのギャヌ・ラージュ・シャキャ家にて）[41]

◇分別三身品　第三　（梵欠、曇訳に無いが、真訳、義訳にある）

「此の金光明経に於いて聴聞・信解すれば、地獄・餓鬼・傍生・阿蘇羅道に堕ちず。[44]」

という。また、虚空蔵菩薩、梵釈四王諸天衆等らのことばとして、

「若し所在の処において如是の金光明王微妙の経典を講説すれば、其の国土に於いて四種の利益有り。何者をか四と為す。一は国王の軍衆強盛となりて諸の怨敵無く、疾病を離れて寿命延長し、吉祥安楽にして正法興顕す。二は中宮・妃后・王子・諸臣和悦して諍い無く、諂佞を離れて王の愛重する所となる。三は沙門・婆羅門及び諸国人正法を修行し、病無く安楽にして、枉死者無く、諸の福田に於いて悉く皆修立す。四は三時中に於いて、四大調適にして常に諸天の為に増加守護せられ、慈悲平

等にして傷害の心無く、諸衆生をして三宝に帰敬せしめ、皆願うて菩提の行を修習す。是れを四種利益の事と為す[45]。」
と講説の功徳として国土における利益が説かれる。

◇滅業障品　第五　（梵欠、曇訳に無いが、真訳、義訳にある）

この滅業障品は読誦をめぐっていわゆる護国思想を強調する点が特徴的である。

仏世尊が帝釈天に語って、

「若し浄信の男子女人有りて、此の金光明最勝王経滅業障品に於いて、受持・読誦・憶念して忘れず、他の為に広く説けば、無量無辺の大功徳聚を得ん。」

「若し復た人有りて此の金光明微妙の経典、衆経の王の滅業障品に於いて、受持・読誦・憶念して忘れず、他の為に広説すれば、獲る所の功徳は、前に説く所の（独覚とその塔の）供養の功徳に於ては、百分の一に及ばず、百千万億分、乃至校量譬喩に及ぶこと能わざる所なり。何を以ての故に。是の善男子・善女人、正行中に住して、十方一切の諸仏に無上の法輪を転ずることを勧請し、皆諸仏の為に歓喜讃歎せらるればなり[46]。」

と説く。

このように塔の供養よりも経典読誦の方がはるかに大きい功徳をもつ、と強調する思想は『八千頌般若経』にも述べられる所でもある[47]。したがって仏塔崇拝よりも経典読誦の意義を重視した初期大乗仏典の、特に般若経系の思潮がここに継承されている、と言えよう。

この章では更に、天帝釈、恒河女神、無量の梵王、四大天衆（四天王）が世尊に向かって述べる。

「我等は皆是の金光明最勝王経を聞くことを得たり。今悉く受持・読誦・通利し、他の為に広説し此の法に依って住せん。何を以ての故に。世尊。我等は阿耨多羅三藐三菩提を求め、此の義の種種の勝相に随順し、如法に行ずることを欲するが故なり[48]。」

と。

諸天もがこの経を読誦するその目的は阿耨多羅三藐三菩提を求め如法に行ずることにある、という。読誦のより高度な動機がこのように現世利益を越えるところにあるとしている。

阿耨多羅三藐三菩提を求め、是の金光明経を受持・読誦し他の為に広説したのは諸天ばかりではない。実に釈迦牟尼の前生の福宝光明という女性もそうであった、という。

「我（釈迦牟尼）爾の時に於いて女人の身と作り、福宝光明と名づく。（宝光大光照如来の三会の説法の）第三会に於いて、親しく世尊に近づき、是の金光明経を受持・読誦し他の為に広く説く。阿耨多羅三藐三菩提を求むるが故なり。時に彼の世尊（宝光大光照如来）我が為に授記せり。此の福宝光明女は未来世に於いて当に仏と作り、釈迦牟尼如来と号するを得べし[49]。」

と。

しかし出家・在家の人が誰であれどこであれ、この経典を人の為に講説すれば、その国土において皆四種の福利善根が得られるとして、講説の現世利益が四種挙げられる。それらは国と国王のための利益である。ここにこの経の護国思想の一端が示されている。曰く、

「一には国王に病なく諸の災厄を離れ、二には寿命長遠にして

障礙有ること無く、三には諸の怨敵無く、兵衆勇健にして、四には安隠豊楽にして正法流通す。何を以ての故に。是の如く人王常に釈梵四王薬叉之衆の為に共に守護さるるが故なり。(50)」

続いて、国王・大臣・沙門・婆羅門・人庶（庶民）という順序で、それぞれの攘災招福が経典の講説・読誦によってもたらされるとするが、ここには婆羅門を王（クシャトリヤ）よりも優位に立てた古代インドの四姓とは異なった階層構造の意識が見られる。

重ねて国王の利益について、無量の釈梵四王及薬叉衆、就中四天王が世尊に対し、

「若し国土に此の妙経王を講宣読誦するもの有らば、是の諸の国主を我等四王、常に来たりて擁護し、行住共倶にせん。其の王若し一切の災障及び諸怨敵有らば、我等四王皆消殄せしめ、憂愁疾疫も亦た除差せしめ、寿命を増益し、禎祥を感応せしめ、所願、心を遂げて、恒に歓喜を生ぜん。我等亦た能く其の国中の所有る軍兵をして悉く皆勇健ならしめん。(51)」

と述べる。それに対して仏が、

「是の諸の国主如法に行ずる時、一切の人民王に随って如法の行を修習する者となり、汝等も皆色・力・勝利を蒙り、宮殿・光明・眷屬強盛ならん。(52)」

という。

次に大臣の利益について、仏が、

「若し此の妙経典を講誦するもの有らば、流通の処、其の国中の大臣輔相に於いて四種の益有り。云何が四と為す。一には更に相親穆し尊重し愛念せん。二には常に人王の為に心愛重せられん。亦た沙門・婆羅門・大国・小国の遵敬する所と為らん。三には財を軽じ法を重じ、世利を求めず、嘉名普く曁《およ》び、衆に欽仰せられん。四には寿命延長し、安隠快楽ならん。是れを四種の利益と名づく。(53)」

と説く。さらに沙門・婆羅門の利益について、

「若し国土に是の経を宣説すること有らば、沙門・婆羅門は四種の勝利を得。云何が四と為す。一には衣服・飲食・臥具・医薬。乏少する所無し。二には皆安心を得て思惟・読誦す。三には山林に依りて安樂に住することを得。四には心に随って願う所、皆満足を得。是れを四種の勝利と名づく。(54)」

と説き、次に人民（庶民）の利益について、

「若し国土に是の経を宣説すること有らば、一切の人民皆豊楽を得、諸の疾疫無く、商估往還し、多く宝貨を獲て、勝福を具足す。是れを種種の功徳利益と名づく。(55)」

という。最後に梵釈四天王及び諸大衆が仏に言う。

「是の如き経典の甚深の義若し現在せば、当に知るべし。如来の三十七種助菩提法、世に住して未だ滅せず。若し是の経典滅尽の時、正法も亦た滅す。(56)」

それに対して仏は答えて言う。

「是の如し是の如し。善男子よ。是の故に汝等此の金光明経の一句一頌一品一部に於いて、皆当に一心に正しく読誦し、正しく聞持し、正しく思惟し、正しく修習し、諸の衆生の為に広く宣べて流布せば、長夜に安楽にして福利無辺なるべし。(57)」

と。この経典が滅びるときには仏法も滅するということを認め、読誦等をすれば安楽・福利を得ると説くのである。

◇**最浄地陀羅尼品　第六**　（梵文、曇訳には無いが、真訳、義訳にある）

仏が言う。

「善男子よ。若し是の経典を聴聞することを得る者。皆阿耨多羅三藐三菩提を退かず。何を以ての故に。善男子よ。是れ能く地を退かざる菩薩の、殊勝の善根を成熟すればなり。是れ第一の法印にして、是れ衆経の王なるが故に、応に聴聞・受持・読誦すべし。何を以ての故に。善男子よ。若し一切の衆生にして未だ善根を種えず、未だ善根を成熟せず、未だ諸仏に親近せざる者は、是の微妙の法を聴聞すること能わず。若し善男子・善女人能く聴受すれば、一切の罪障皆悉く除滅し、最清浄を得、常に仏を見ることを得て、諸仏及び善知識・勝行の人を離れず、恒に妙法を聞き、不退地に住す。[58]」

「是れ第一の法印にして、是れ衆経の王なるが故に、応に聴聞・受持・読誦すべし。」に対応するTib.訳では「第一の法印（chos kyi phyag rgya dam pa）であり、すべての経の王となったもの（mdo sde kun gyi rgyal por gyur pa）であり、それ故に聴聞と受持と読誦と宣説をすべきである。（mnan pa dang gzung ba dang klag pa dang 'don par bya' o）[59]」となっているが、真訳では「是れ第一の印にして、是の金光明微妙の経典は衆経の王なるが故に、聴聞・受持・読誦することを得。[60]」となっている。善根を植えなければ聴聞できない、言い換えれば善根を植えることにより聴聞できる、それゆえ衆経の王たる金光明経を聴聞すべきである、という義訳およびTib.訳よりも、真訳のように、聴聞・受持・読誦することを得、という方が理にかなっている。なぜなら、真訳の場合、善根を植える＞よって聴聞・受持・読誦することができる＞よって種々の利益を得ることができる、という因果関係が一連の命題の前提にあると考えられ、そこに一種の合理性があると言えるが、義訳、Tib.訳のように善根を植えなければ聴聞できない、それ故聴聞すべきであるというのは論理的整合性を欠くからである。しかしいずれの場合も聴受・受持・読誦が一種の善根を植えることに等しいとみなされている。

この章の最後に、大衆（真：大会之衆）が仏に白して言う。

「世尊。若し所在の処に、此の金光明最勝王経を講宣読誦せば（真：此の金光明経を講宣せば）、我等大衆は皆悉く彼のところに往きて、為に聴衆となり、是の説法師をして利益安楽を得、障り無く身意泰然たらしめん。我等皆当に心を尽くして供養し、亦た聴衆をして安穏快楽ならしめ、所住の国土に諸の怨賊・恐怖・厄難・飢饉の苦無く、人民熾盛ならしめん。此の説法の処、道場の地（Tib.：dkyil 'khor, Pk. 207b2 曼荼羅＝maṇḍala）は、一切の諸天・人非人等一切衆生、応に履践及び汚穢すべからず（真：過ちて汚慢することを得ず：Tib.：圧迫せず清浄にするようにしよう[61]。）。何を以ての故に。説法の処は即ち是れ制底（caitya[62]：真：其塔）なればなり。当に香・花・繒綵・幡蓋を以て供養を為すべし。我等は常に守護を為し、衰損を離れしめん[63]。」

と。そこで仏は大衆に対して、

「善男子よ。汝等応に当に此の妙経典を精勤修習すべし。是くあれば則ち世に正法久住せん[64]。」

と説いた。諸天等の衆会が、経典の講宣読誦者の「国土に諸の怨賊・

恐怖・厄難・飢饉の苦無く、人民熾盛ならしめん」というのに対して、仏は、この経典の教えを実践すべきであり、そうすれば「正法が久住」するであろうと言い。仏教にとってより高度な理想に対する動機づけを行っている。

◇依空満願品　第十　（梵文、曇訳には無いが、真訳、義訳にある）

仏が梵王に対して言う。

「梵王。是の金光明微妙の経典を、若し正しく聞持せば大威力を有つ。假使い人有りて百千大劫において六波羅蜜を行じて方便有ること無くとも、若し善男子・善女人有りて、是の如き金光明経を書写し、半月半月に専心に読誦せば、是の功徳聚、前の功徳においては百分して一にも及ばず。乃至算数譬喩の及ぶ能わざる所なり。梵王。是の故に我今汝をして修学し、憶念し、受持し、他の為に広く説かしむ。何を以ての故に。我往昔に於いて菩薩道を行ぜし時、猶勇士の戦陣に入るが如し。身命を惜しまず、是の如き微妙の経王を流通し、受持し、読誦し、他の為に解説す。梵王。譬えば転輪聖王の如く、若し王世に在らば、七宝滅せず。王若し命終すれば所有る七宝自然に滅尽す。梵王。是の金光明微妙の経王、若し世に現在すれば、無上の法宝悉く皆滅せず。若し是の経無くんば、随処に隠没せん。是の故に応に当に此の経王に於いて、専心に聴聞・受持・読誦し、他の為に解説し、勧めて書写せしめ、精進波羅蜜を行じ、身命を惜しまず、疲労を憚らざれば、功徳の中に勝れん。（真：於功徳中行精進波羅蜜）我が諸の弟子は応当に是くの如く、精勤修学すべし。(65)」

と。この経が存在する限り仏法は滅しないので、専心に聴聞・受持・読誦し、解説し、書写すべきであると言い、その行を六波羅蜜以上の力をもつとしつつも、特に精進波羅蜜に相応するものとしている。

次いで大梵天王・梵衆天・帝釈天・四天王及び諸の薬叉が仏に対して、

「我等皆是の金光明微妙の経典を守護流通せんこと、及び説法師に若し諸難有らば、我当に除遣し、衆善を具せしめ、色力充足し、弁才無礙にして、身意泰然ならしめんことを願う。時会に聴く者は皆安楽を受けしめ、所在の国土に若し飢饉・怨賊・非人有りて悩害を為すならば、我等天衆皆擁護（真：攘却）を為し、其の人民をして安隠豊楽ならしめ、諸の枉横無からしめん。皆是れ我等天衆の力（真：我等四王恩力）なり。若し是の経典を供養する者有らば、我等も亦た当に恭敬し供養すること（真：為作大擁護）(66)仏の如くして異らず。(67)」

と表白する。ここで義訳にいう「我等天衆の力」は真訳では「我等四王の恩力」となっている。「大梵天王・梵衆・帝釈・四王及び諸の薬叉（夜叉）」を代表するものとして四王（四天王）が護るというのである。また国土に飢饉等があれば「擁護する」という義訳は真訳では「攘却する」とあり、経典を供養する者を天衆が「供養する」としている義訳は、真訳では「大擁護をなす」となっている。目的語との関係からすれば双方とも真訳の方が妥当であろう。

しかしいずれの訳も、天衆による護国を説いており、梵文および曇訳には無く、真訳・義訳にある点で、分別三身品、滅業障品、最浄地陀羅尼品と同様に、この依空満願品も護国思想を一層強調することを企てた章であるといえよう。

◇四天王観察人天品　第十一：四天王護国品　第十二（両品は梵文では一つにまとまったCaturmahārāja-p. とされ、曇無讖訳も両品を併せて「四天王品」という一品に収めている）

この章では曇無讖の時代にすでに成立していた護国思想を見ることができる。

義訳によると、

「又復た此の洲中に於いて、若し国王有りて、他の怨賊の常に来りて侵擾を被り、及び多くの飢饉疾疫流行し、無量百千の災厄の事あらば、世尊、我等四王、此の金光明最勝王経に於いて恭敬供養し、若し苾芻法師有りて[68]受持読誦せば[69]、我等四王、共に往きて其の人を覚悟せしめ勧請せん。[70]時に彼の法師我が神通覚悟の力に由るが故に、彼の国界に往きて、是の金光明微妙の経典を広く宣べ流布し、経力に由るが故に彼の無量百千の衰悩災厄の事悉く皆除遣せしめん。[71]」

とある。「経力に由るが故に」という語は梵文・曇訳にはないが、法師が経を流布させることにより災厄を除去することができるということは経典の言語に聖体としての力があることに由っている、という意味でこの語が付け加えられたと考えられる。

また、

「世尊、若し諸の人王の其の国内に於いて、是の経を持する苾芻法師有りて、彼の国に至る時、当に知るべし。此の経亦た其の国に至らんと。世尊、時に彼の国王応に法師の処に往きて、其の所説を聴くべし。聞き已りて歓喜し、彼の法師に於いて恭敬し供養し、深心に擁護し、憂悩無からしめ、此の経を演説し、一切を利益せん。世尊、是の経を以ての故に、我等四王皆共に一心に是の人王及び国の人民を護り、災患を離れて常に安隠を得しめん。

世尊、若し苾芻・苾芻尼・鄔波索迦・鄔波斯迦にして是の経を持する者有り、時に彼の人王其の須むる所に随いて供給供養して乏少無からしめば、我等四王、令彼の国主及以び国人をして、悉く皆安隠にして災患を遠離せしめん。世尊、若し是の経典を受持読誦する者有りて、人王此れに於いて供養・恭敬・尊重・讃歎せば、我等当に彼の王をして諸王中に於いて、恭敬・尊重して最も第一と為し、諸の余の国王の共に称歎する所とならしめん。[72]」

法師が法を説き、国王等が彼らを供養・擁護するならば、四天王が国土の衰耗・災患を無くすようにするという。そのように経を受持（dhṛ）する比丘を供養する国王を四天王が護持することにより、国土の危機的状況は対治・浄化される。この経はそのような効果を信じさせることを意図して説かれている。

さらに「四天王護国品」において四天王が、

「若し是の如き経を聴聞する者有らば、獲る所の功徳の其の量甚だ多し。何ぞ況んや書写・受持・読誦し、他の為に敷演し、説の如くに修行せんをや。何を以ての故に。善男子よ。若し衆生にして此の金光明最勝王経を聞く有らば、即ち阿耨多羅三藐三菩提に於いて、復び退転せざればなり。[73]」

と述べている。これを梵文とチベット訳に照合すると、

「およそこの金光明最勝王經を聞くものがあるとき、これらの衆生はこれより他の善根を具えることはないであろう。まして況や会得し（udgṛhīṣyanti）、受持し（dhārayanti）、書写し（likhiṣ yanti）、書写させ（likhāpayiṣyanti）、読誦し（vācayiṣyanti）、完全に理解し（paryavāpsyanti）、会合において（parṣadis）、詳細に解説し（samprakāśayiṣyanti）、教示し（deśayiṣyanty）、指示し（uddekṣyanti）、暗誦読誦し（svādhyāyiṣyanti）、道理に従って心に思い浮かべるであろう（yoniśo manasi bhāvayiṣyanti）人においては言うまでもない。それは何故か、というと、その［Tib. 正しい］人が、金光明最勝王経を聞くと同時に、多くの千万億の菩薩が阿耨多羅三藐三菩提に不退転になるからである。(74)」

となっている。ここに見られる「読誦するであろう（vācayiṣyanti）」という動詞の現在形（vācayati：読誦する）には注目すべき意味が含まれている。それについては後述する。

また四天王が、

「是の故に人王、若し是の微妙の經典を聞くことを得れば、即ち是れ已に百千万億の無量の仏の所に於いて諸の善根を種う。彼の人王に於いて我れ当に護念せん。（中略）是の故に我等、是の王を擁護し、其の衰えの患いを除き、安隠なることを得しめ、及び其の宮殿・城邑・国土をして、諸の悪しき災変を悉く消滅せしめん。(75)」

と述べる。ここに国王と国土の守護を約束する、いわゆる「護国思想」が示されている。

これ以外の章にも少し「読誦」に関する言及はあるが、『最勝王経』において読誦の意義功徳を明言しているのは概ね以上のような箇所である。

(三) 護国経典の諸問題

ところで、以上見てきた中で、分別三身品、滅業障品、最浄地陀羅尼品、依空満願品の四品は真訳・義訳に共に存在するが、曇訳に存在しない。曇無讖は五世紀初頭に河西王の沮渠蒙遜に招かれて会っている人であるが、(76)その時代にはそれらの四品は未成立であったために訳されなかったと推定される。しかし真諦（Paramārtha）はこれらの章を訳しているので、彼が五四六年に広東に着いてこの経を訳した時代(77)にはすでにこれらの章が成立していたことになり、したがって四品は曇無讖と真諦の中国渡来の時期の間に成立していると考えられる。そうだとすれば、それはインドの王朝史でいえばグプタ王朝が衰え、西北インドにいわゆる「フン族Hūṇa」（白匈奴）のエフタル（Ephthal）が西北インド等に侵入した時代（五世紀半ば～五三〇年頃）のことになる。(78)そのような時代に護国思想を強調する四品が付加されているということは、『金光明経』の発達史の歴史的背景の問題として考慮に入れるに値することであろう。

このように護国をはじめとする現世利益を明示するこれら四品であるが、これらは曇訳になく、またネパールに現存するどの梵本にも欠けているようである。『金光明経』を九法宝(79)の一つとして数えるネパールの仏教では、これを護国経典としてはあまり明確には意識することがないようであるが、そのことはそれら四品がネパール写本の梵文に含まれていないことと何ほどか関係があるのかも知れない。

一方、古代日本では『最勝王経』は護国経典として明確に意識されていたが、このことを、『法華経』において説かれる読誦の功徳と少し比較し、創建期の羂索堂における読誦の可能性を考えてみたい。経典読誦の功徳を強調する点は、両方の経典に共通している。しかし両経で説く読誦の意義・効果を比較してみると、まず『最勝王経』ではその読誦により、聴聞者のもろもろの苦難が除滅されるとする他、読誦を聴聞させる国王と国土を諸天が加護するということに力点を置いているのに対し、『法華経』では、その経を受持・読誦あるいは書写することによって、読誦者個人の六根の荘厳・清浄（六根清浄）を得ることができるということが強調されている。前者が護国という社会的功徳に重点を置くのに較べると、後者はどちらかというと個人的功徳に重点を置いている、と言えよう。したがって、もし「法華会」が『法華経』で強調される六根清浄を意識したものであったとすれば、読誦の功徳をめぐっての、「法華会」を修する際の動機と、『最勝王経』読誦の動機との間には、目的意識の面で隔たりがあったと考えられ、そのような用法・機能の面から見ても、両経の読誦を行った堂塔は、元来同一ではなかったのではないかと考えられる。

天平十八年、良弁僧正によって「法華会」が羂索堂（法華堂）で始修されたとされるが、法華会が行われたのであれば、そこで『法華経』が読誦されたことは明らかである。しかし『法華経』読誦とは異なった目的意識で行われたと考えられる『最勝王経』の読誦が創建期当初の羂索堂で読誦された可能性は、やはりあまり高くはないと言えよう。その実態の解明は「金光明寺」、「吉祥院」等の史的研究を待たなければならないであろう。

(四) 読誦の原義

上述のような『金光明経』乃至『最勝王経』のいわゆる護国思想および現世利益思想の根幹にかかわる「読誦」という語について、ここに若干の分析を試みたい。

『最勝王経』、およびそれと近しい関係にあるとされる『法華経』（鳩摩羅什訳）に用いられる「読誦」あるいは「誦」という漢訳語は梵語原典では本来どのような語を訳したものなのか、その梵語（Skt.）の元来の意味はどうであったのかを検討すると、「読誦」と訳される主なSkt. は少なくとも四種類数えられる。

1 **svādhyāya**：自ら朗誦すること（self-recitation）、自己に対してつぶやくこと：ヴェーダの学習、神聖な学習、聖典の熟読[80]。
（ヴェーダ以来の読誦を指す語で、聖典を暗誦することであり、基本的には一人で行なわれるものである。『最勝王経』にもまれに出て来るが、『法華経』ではしばしば用いられている。初期仏教でも「読誦しなければ聖典が汚れる（asajjhāyamalā mantā[81]）」といい、この語（svādhyāya のPāli語sajjhāya）が用いられている。）

2 **vācayati**：（語根vac（言う）の使役法）書かれたものをして語らせる（etwas Geschriebenes *reden lassen*[82]）。
（書かれた経典を仏陀と見なし、仏陀に代わってそのことばを朗読する。いわば経典に内蔵された法界を顕現せしめることを意味する。）

3 **dhārayati**：保持する（to hold）、運ぶ（to bear, carry）、実践する（to practice[83]）。形容詞dhārin, dhāraka（受持する）、名詞dhāraṇī（陀羅尼）はその派生語。

(『法華経』『最勝王経』などで「受持読誦」と訳されるが、元来は「受持」の意。)

4 pāṭhayati：(語根paṭh（読む）の使役法) 話すこと・読むことを教える、読む(84)。

このように「読誦」という漢語が種々の梵語の訳語として使用されている漢訳経典がわが国では読まれて来た訳であるが、その際vācayatiの「書かれたものをして言わせる」というような意味は恐らく意識されずに読まれたと考えられる。まして梵文原典を読むことが殆どなかった状況では、「読誦」という語がどの場合にvācayatiであるかを判断する術もなかったであろう。もしそうだとすれば、経巻そのものが仏陀であるという表象、あるいはそれをして語らせるというような意識が持たれないままに読まれたと推察される。また、国分寺に七重の塔を建てて金字の『最勝王経』を安置し、各寺に『最勝王経』を配布してそれを読誦させた場合も、ただ経典を供養すべきであるという経文に従って、形式的にそれが塔に安置され供養されたという嫌いがある。

しかしもう少し掘り下げて考えてみよう。塔は元来仏舎利を納め供養するための建造物である。それにもかかわらず経典が、各国分寺の塔に置かれたのである。それは一体何の為に行われたのであろうか。もし仏舎利の代わりに経典が安置されていたのであれば、それは経典を仏舎利に代わる仏陀の形見あるいは目印と見なす営みであった筈である。そのような観念は前述の依空満願品の文からも窺われる。しかし経典を塔に安置するということと読誦の行為との関連性が明確に意識されることは一般的には困難であったと想像される。なぜなら、経典が仏陀であるということは視覚的にそのように見なされ難く、経巻が仏舎利や仏像のように礼拝の対象として意識され、その上でそれを繙いて読誦するという文化は、日本においてあまり一般化しなかったと想われる。仮にある程度受容されたとしても、塔に安置された経典をして、読誦によって言わせる、語らせるというシンボリズムは形成され得たか否か、疑問である。古代以来の日本における読誦信仰のあり方の、一つの問題として考察の余地があるであろう。

ともあれネパールの読誦儀礼に明らかなように、経典はまずは仏陀と同様の礼拝供養の対象であり、vācayatiの意味からすれば、読誦はその経典をして「言わせる」行為でもある。そのような読誦の意義が向後見直されることを期待したい。

（ふるさか　こういち・大阪教育大学名誉教授）

略号

- 曇訳または曇：曇無讖訳『金光明経』(『大正』16, pp. 335b-358a)
- 真訳または真：真諦訳『金光明経』(『合部金光明経』所収。『大正』16, pp. 359c-402a)
- 義訳または義：義浄訳『金光明最勝王経』(『大正』16, pp. 403a-456c)
- 疏：慧沼（六五〇—七一四）『金光明最勝王経疏』(『大正』39)
- Vd.：S. Vāgaci (Bagchi) (ed.) Suvarṇaprabhāsasūtram. Buddhist Sanskrit Texts (Vaidya本) No. 8, Darbhanga, The Mithila Institute. 1967.
- Pk.：'Phags pa gser 'od dam pa mdo sde'i dbang po'i rgyal po zhes bya ba theg pa chen po'i mdo（聖微妙金光明極勝王大乗経〔金光明最勝王経〕：大谷No. 175, 東北No.556）Jinamitra, Śīlendrabodhi, Ye shes sde訳（影印北京版）

註

（1） Vd. I, 18.『大正』16, 335b.

（2）例えば東大寺の最勝十講、金剛峯寺の御最勝講などがよく知られている。薬師寺の最勝会は明治期以来途絶えていたが、平成十六年に復活を遂げた。
（3）Giuseppe Tucci, The Peligions of Tibet, tr. by G Samuel, University of California Press, 1980, p. 72.
（4）Alex Wayman, Mkhas Grub Rje's Fundamentals of the Buddhist Tantras, Mouton 1968, pp. 108-110.
（5）疏、『大正』39. p. 177c.
（6）『高僧伝』、『大正』50, p. 336b.
（7）『歴代三宝記』『大正』49, p. 98c：宇井『印度哲学研究』6, p. 124.
（8）北周武成年間（五五九～五六〇）に長安に至り隋代まで活躍した。『続高僧伝』大正50, 433c-434a：C２序の元・明版では「耶舎崛多」
（9）金岡秀友『金光明経の研究』大東出版社、一九八〇年、一一九―一二〇九頁
（10）『大正』50, 710b-711b.
（11）疏、『大正』39. p. 178a.
（12）『大慈恩寺三蔵法師伝』『大正』50, 275b.
（13）井上薫『日本古代の政治と宗教』吉川弘文館一九六一年、一二三五頁、上田雄『遣唐使全航海』草思社、二〇〇六年、七一頁
（14）日本古典文学大系六九、岩波書店、一六四頁
（15）井上、前掲註(13)一九五―六頁
（16）上田雄『遣唐使全航海』草思社、二〇〇六年、一〇四頁
（17）『続紀』十一。『元亨釈書』によると、この年道慈は「最勝会」を大極殿において啓いた、とされる。
（18）井上、前掲註(13)二五六頁f
（19）「甲申、遣使於四方国、説金光明経・仁王経」『日本書紀』二十九。
（20）天武九年（六八〇）二月、朱鳥元年（六八六）七月、持統六年（六九二）閏五月、八年（六九四）五月（百部を諸国に送り、正月に読ましむ）、十年（六九六）十二月（『日本書紀』二十九）：大宝二年（七〇二）十二月、三年（七〇三）七月、慶雲二年（七〇五）四月（『続日本記』二、三）
（21）『続日本紀』十。
（22）『続日本紀』十一。
（23）『続日本紀』十一。
（24）近年の説。橋本聖圓著『東大寺と華厳の世界』、五三頁

（25）『東大寺銅版銘』、『続日本紀』十四）。
（26）『正倉院文書』（「牒」）。
（27）『続日本紀』十五。
（28）筒井英俊編纂・校訂『東大寺要録』国書刊行会、一九四四年、二〇〇三年、一一三頁
（29）前掲註(28)、九〇頁
（30）橋本聖圓、前掲註(24)、五八頁
（31）taṃ pravakṣyāmy adhiṣṭhānaṃ māṅgalya-deśanottamam/ sarva-pāpa-vināśārthaṃ sarva-pāpa-kṣayaṃkaram《5》(Vd. p. 2, 3-4)
（曇無讖訳）我今當説　懺悔等法　所生功徳　為無有上
能壊諸苦　盡不善業（『大正』16, p. 335b)
（義浄訳）我復演妙法　吉祥懺中勝　能滅一切罪　浄除諸悪業（op. cit., p. 404a)
（32）「吉祥堂　吉祥御願於此院修之。天暦八年吉祥院焼失。由之移羂索院行之。」『東大寺要録』、九三頁
（33）『大正』39, p. 191b.
（34）梵本に「受持すべし」に相当する語はない。
（35）『大正』16, p. 404a-b; Vd. p. 2, 7-3, 2; Pk. 160a7-160b5.
（36）「演説する」は「聞かせる」（śrāvayanti）の訳である。
（37）Skt: pūjāṃ karonti; Tib: mchod pa byed pa rnams.
（38）「恭敬せらるべし」はSktでは pūjitā; Tib：ではmchod par 'gyur（供養される）とある。
（39）この句は梵文でyatteṣāṃ prasṛtaṃ bhoti（およそ彼らが為したこと）となっている。
（40）『大正』16, p. 404b; Vd. p. 3, 5-10; Pk. 160a7-160b5.
（41）この儀礼の取材については密教研究者スダン・シャキャ氏のお世話になった。記して謝意を表わしたい。
（42）『大正』16, p. 405b; Pk. 163a6-8. 梵本、曇訳になし。
（43）「仏は血肉の身に非ず。云何ぞ舎利有らん。方便して身骨（upāya-dhātu）を留むるは、諸衆生を益せんが為なり。」（『大正』16, p. 406c; Vd. p. 9, 3-4; Pk. 166a3-4)
（44）『大正』16, p. 410c.（Cf. Pk. 177b1）.
（45）『大正』16, p. 411a.（Cf. Pk. 177b8-178a4）.
（46）『大正』16, p. 416b.（Cf. Pk. 193a4-b5）.

(47)『大正』8, p. 595c-597c：拙稿「*Aṣṭasāhasrikā Prajñāpāramitā*の経典読誦と*Abhisamayālaṅkārāloka*の信解理解」四天王寺国際仏教大学紀要、第四四三号、一三三頁
(48)『大正』16, p. 416c.（Cf. Pk. 193b6-8）.
(49) *op. cit.* p. 417a.（Cf. Pk. 194a8-b1）.
(50) *op. cit.* p. 417b.（Cf. Pk. 194b7-195a1）.
(51) *ibid.*（Cf. Pk. 195a2-5）.
(52) *ibid.*（Cf. Pk. 195a5-7）.
(53) *ibid.*（Cf. Pk. 195a7-b2）.
(54) *op. cit.* p. 417b–c,（Cf. Pk. 195b2-4）.
(55) *op. cit.* p. 417c,（Cf. Pk. 195b4-5）.
(56) *ibid.*（Cf. Pk. 195b6-7）.
(57) *ibid.*（Cf. Pk. 195b7-196a1）.
(58) *op. cit.* p. 422a.（Cf. Pk. 206b1-5）.
(59) Pk. 206b2-3.
(60)『大正』16, p. 376c.
(61) mi brdzi zhing gtsad mar bgyi'o＼（Pk. 207b3）.
(62) a place of religious worship（Apte）; Tib. : mchod rten（Pk. 207b3）.
(63) *op. cit* p. 422b.（Cf. Pk. 207a8-b4）.
(64) *ibid.*（Cf. Pk. 207b5-6）.
(65) *op. cit* p. 426b-c´（Cf. 真訳『大正』16, p 381c; Pk. 217b7-218b1）.
(66) Tib: rim gro（舎利）：経典を仏舎利のように見なして供養するという観念が明示されている。
(67) *op. cit* p. 426c´（Cf. 真訳『大正』16, p 381c; Pk. 218b3-7）
(68)「若し苾芻法師有りて」は「此の金光明最勝王経に於いて恭敬供養し」の前に置くべきであろう。
(69) Skt: sūtrendra-dhāriṇāṃ; Tib: mdo sde'i dbang po 'di 'dzin pa：（経王を受持するもの）。
(70) Skt: bhikṣūṇāṃ saṃcodanāṃ kariṣyāmaḥ：（比丘たちを鼓舞するであろう）。
(71)『大正』16, p 427a.（Cf. Vd. 37.3-7; Pk. :219b8-220a4）.
(72) *op. cit* p427a-b.（Cf. Vd. 37.8-16; Pk. :220a4-b4）.
(73) *op. cit* p429b.
(74) Vd. p. 46,1-6; Pk. 228a2-4.
(75)『大正』16, p429c.（Cf. Vd. 47.1-17; Pk: 229a1—b4）.
(76)『高僧伝』、『大正』50, p. 336a.
(77) 宇井伯寿「真諦三蔵伝の研究」『印度哲学研究』第六巻、岩波書店、一九六五年、一三三頁
(78) P. C. Majumdar, The Disintegration of the Empire, The Classical Age Chap. V, The History and Culture of the Indian People, Bharatiya Vidya Bhavan, 1962, pp. 33-41.
(79) ネパールの九法宝（Nava-dharma, Nava-sūtra）：
1. Lalitavistara（普曜経）
2. Aṣṭasāhasrikā-prajñāpāramitā（八千頌般若経）
3 Daśabhūmīśvara（十地経）
4 Gaṇḍavyūha（華厳経入法界品）
5. Laṅkāvatāra（入楞伽経）
6. Suvarṇa-prabhāsa（金光明経）
7. Samādhirāja（三昧王経）
8. Saddharma-puṇḍarīka（妙法蓮華経）
9. Tathāgataguhyaka（秘密集会、または大宝積経密迹金剛力士会）
（山田龍城『梵語仏典の諸文献』平楽寺書店、一九五九年、一〇三頁、田中公明・吉崎一美『ネパール仏教』春秋社、一九九八年、一一七頁、Āśākājī Vajrācārya, Mūla va Nepāla bhāṣā sahita Suvarṇa Prabhāsa Sūtram, Nepāla Bauddha Prakāśana, Patan, 1985, p. ka参照）
(80) V. S. Apte's The Practical Sanskrit-English Dictionary, pt. III. Poona, 1959, p. 1736.
(81) Dhammapada 241.
(82) Otto Böhtlingk und Rudolph Roth, Sanskrit-WörterbuchVI, Meicho-Fukyu-Kai, 1976, s. 621.
(83) Apte, *op. cit.* pt. 11, p. 866.
(84) A. A. Macdonell, A Practical Sanskrit Dictionary, Oxford, 1924, p. 150.

華厳一乗と法華一乗
―華厳学における『法華経』の位置づけ―

吉田叡禮

はじめに

『華厳経』も『法華経』も共に一乗をかかげる仏教経典である。東アジアの仏教では、両経はたいてい高い位置づけが与えられ、重視されてきた。日本もその例外ではない。

一乗という語には、釈尊と同じさとりに至る、すなわちブッダに成るための唯一の教え（一仏乗）という意味がある。このことを最も明確に示しているのが、大乗経典として般若経典類に次ぎ極めて初期の段階に成立した『法華経』である。『法華経』のメインテーマは、法身仏の常住説法と、会三帰一の二つに分けられる。会三帰一とは、仏教を実践するにあたって声聞乗、縁覚乗、菩薩乗という三種の在り方（三乗）があるのに対し、これらは究極的には唯一つの仏の在り方（一乗）に帰すべきであるという説である。『法華経』は、三乗の人々が信じる教えは廃するが、三乗の人々を見捨てることはせず、これを救って一乗の中に摂取するのであり、声聞であれ縁覚であれ、一仏乗の教えに目覚め、仏子としての自覚に目覚めることで、未来には必ず成仏するという授記を得ると説くのである。

同経の譬喩品には、「三車火宅の喩」と呼ばれる譬喩が説かれており、声聞、縁覚、菩薩の三乗をそれぞれ羊車、鹿車、牛車の三車で示し、一乗を大白牛車で示している。この一乗と三乗の関係をめぐって、中国では三車家と四車家との対立があった。三車家では、大白牛車は三車以外の車ではなく、三乗のうちの菩薩乗のことであるとした。これに対して四車家では、大白牛車と他の三車とは異なり、羊鹿牛の三車は権教であり、大白牛車こそ実教、すなわち真実の立場であるとした。

主に『法華経』や『華厳経』を重んじる天台学派や華厳学派の人々は、四車家の立場をとり、三乗方便・一乗真実を唱えた。これに対して法相唯識学派の人々は、これに異を唱えて三車家の立場をとり、主に三乗真実・一乗方便の立場を示した。日本平安期において天台宗の最澄と法相宗の徳一の間で行われた一乗・三乗論争は、これを背景としている。

華厳学の伝統では、両経についておおよそ次のような価値的特質を見いだしてきた。すなわち、『華厳経』は、釈尊がさとりを開いて未だ説法に踏み切る以前、菩提樹下を離れずして天上や地上に舞台を次々と移し、さとりの内容を直接示した経典である。しかも、ブッダ自身は（若干の例外を除いて）口を開くことはなく、その会座に集まる菩薩たちによってブッダの徳が賛歎されるという形式で説かれている。その内容は「果上現の法門」と言われるように、第二義に降りることなく――『華厳経』が方便を軽んじることは決してなく、むしろ重んじているが――、さとりの立場から直接的にさとりの世界（自内証）を示す超絶的な教えを示した経典である。これに対し、『法華経』は方便と真実とを併せ持ち、むしろ方便を駆使して段階を設け、あらゆる性質と能力をもつものを真実へと導く包摂的な接化の教えを内容とする経典である。

　ところで、東アジア地域における仏教の傾向として、主に中国の仏教では浄土、朝鮮の仏教では華厳、日本の仏教では法華に対する信仰が強いという傾向が指摘できる。特に日本で主に『法華経』を重視する傾向はかなり早い時期からあったと思われる。具体的なことは明確ではないが、東大寺で華厳が講じられるようになった当初において、法華が重んじられる傾向があったことが窺知されることは興味深い。

　たとえば、東大寺要録所収の承和十三年の『東大寺桜会縁起』に拠れば、大仏建立の詔が発布された約二年半後の天平十八年（七四六）三月に羂索堂で法華会が行われ、承和十三年（八四六）まで連綿と厳修されていたことがわかる。この法華会は良弁僧正が創始したと伝えられ、現在に至るまで法華会は東大寺において重要な行事のひとつとなっている。その後、平安期に天台宗が齎されたことで、日本では法華信仰が広まり、さらに山林修行者や隠遁僧たちが『法華経』を信仰したことなどから、日本に法華信仰が定着した。

　本稿では、まず華厳教学の中で法華が如何に位置づけられてきたかを先行研究に基づきつつ概観し[1]、これを受けて日本華厳において『法華経』が高く位置づけられる教理的必然性を確認したい。

一　中国華厳における法華の扱い方

(一)　智儼による法華の扱い方

　事実上、華厳教学を確立した至相大師智儼（六〇二～六六八）は、『法華経』を如何に扱っていたであろうか。彼は『法華経』を三乗の経典として『華厳経』との間に差をつける立場を示す一方、彼の教学において重要な意味をもつ同別二教判では、『華厳経』は別教一乗であるとし、同教一乗を説明する際には『法華経』の会三帰一説を用いて説明している。智儼は別教と同教とに同等の価値を見出しているが、あらゆる教えや機根を摂取する側面である同教のほうに力点が置かれているので[2]、彼における『法華経』の位置づけは、『華厳経』を補佐する役割をもつものと捉えていたと考えられ、決して低い位置づけを与えていたわけではないことが指摘できる。

(二)　法蔵による法華の扱い方

　ところが智儼の弟子の賢首大師法蔵（六四三～七一二）は、智儼の考え方を承けつつも、『法華経』で会三帰一によって示される真実の教えとは『華厳経』に他ならないとし、『華厳経』が余経に超絶していることを強調するために、『法華経』の価値を低く扱う傾向がある。[3] 法蔵の場合は、別教一乗は円教とほぼ同義となり、『法華経』を別教一乗たる『華厳経』とは異なる同教一乗として規定し、『法華経』を華厳の下に位置づけようとした。

(三) 慧苑による法華の扱い方

ところが、法蔵の弟子の浄法寺慧苑（六七三頃～七四三頃）は『続華厳経略疏刊定記』で、『華厳経』は事事無碍門、『法華経』は楞伽・密厳・維摩・涅槃・勝鬘・仁王などの経と共に主に理事無碍門を説くという区別を設けつつ、法性を重視する立場から、理事無碍門も事事無碍門も彼の四教判の中では最高位の第四真具分満教に収められる。また、『華厳経』にも理事無碍が説かれ、理事無碍門とされる経にも事事無碍が説かれていることを認めており、両者の相違は宗趣、すなわちメインテーマをどこに置くかの相違として見ている。[4]

(四) 澄観による法華の扱い方

清涼澄観（七三八～八三九）は法蔵と同様に、法華はその他の教を摂取して華厳に帰入させる教えであり、法華も華厳を根本としていると述べるが、[5] 天台智顗の立てた教判である化儀・化法の四教を解釈する際には、化儀（教えの形式）の面からいえば、華厳は「頓中の円」、法華は「漸中の円」であって二経は異なるが、化法（教えの内容）の面からいえば、二経は異ならないとしている。[6]

(五) 宗密による法華の扱い方

澄観の弟子である圭峰宗密（七八〇～八四一）は『円覚経大疏鈔』で、『法華経』と『涅槃経』は会権帰実の教えであり、大乗漸教の中の終極の教えであるとしており、[7] その意味では『華厳経』と一線を画す。ただし、『禅源諸詮集都序』では見方を変えて、法華は華厳と深浅異ならないとし、三教判の中で最も高く位置づけられる顕示真心即性教として一括りにしている。[8] この点に関しては慧苑と軌を一にしていると言えよう。

(六) 浄源による法華の扱い方

宗密の後は会昌の廃仏が起り、さらに五代の動乱期に入ったことで、この時期の華厳学の動向を具体的に伝える資料がほとんど残されていない。しかし、北宋代に高麗の義天（一〇五五～一一〇一）から多くの華厳関係の章疏をはじめとする多くの典籍を入手したことを一つの機縁として、晉水浄源（一〇一一～一〇八八）が教団として華厳の伝統を中興した。[9] その浄源が示寂の年、義天への信書（『大覚国師外集』巻三所収「大宋沙門浄源書」第二）の中で次のように述べている。

> 吾首於花嚴老注法花、二經佛教之表裏、始終之絶唱、吾得而畢之、豈非夙志之幸乎。（韓仏全四・五七二）

浄源は「わたしは初めに華厳を学び、年を取ってからは法華に意を注いだ。ふたつの経典は仏の教えの表裏であり、釈迦一代の始めと終わりを飾る絶唱である。わたしはこれを全うでき、なんと幸せであろうか」と述べ、華厳と法華を仏教の表裏と捉え、特に重視していたことが知られる。また、『法華経』の代表的な註釈書を義天に求めていることからも、[10]『法華経』に対して大いに関心を寄せ、研究していたことが窺知できる。
宋代の呉越地方では、華厳学に先立ち天台学が復興し、学僧たちによって盛んに研究がなされていた。華厳関係章疏を天台の教系に属す学僧が講じることもあり、天台思想によって華厳学が理解されることもあった。浄源が首都開封から呉越地方に移ってきた頃は、天台学僧の間で行われていた論争が緻密さを極めていた時であり、この辺りの仏教学の主流が天台学にあったと言っても過言ではない情況であった。浄源の師である長水子璿（九六五～一〇三八）は華厳学を専門としていたが、その著『起信論筆削記』の中で華厳学と天台学との会通を行っているのも、そういった傾向を反映しているに違いない。

浄源の弟子となった高麗の義天も、在宋期間中、慈弁大師従諫（一〇四二～一〇九一）より天台を学び、華厳の有誠（生没年不明）とは、華厳と天台との同異および両宗の幽妙の義を論じ、[11]智顗の塔に参っては、天台教学を本国に持ち帰って興隆する旨を誓い、[12]実際に帰国後は朝鮮天台の開祖と称されるようになる。[13]また、義天は「大宋天台塔下親参発願疏」において、「賢首の五教は大いに天台に同ず」[14]とも述べている。

浄源が『法華経』を重んじるのは、このように天台学が隆盛していた周囲の情況と深い関係があろう。宋代以降の中国仏教には諸教融合の傾向が指摘できるが、華厳中興教主と称される浄源が『法華経』に対して『華厳経』と同等の高い価値を見出していることは、その前後の華厳学の傾向を知る上でも重要な示唆を与えるものである。

㈦ 道亭による法華の扱い方

道亭（一〇二三～一一〇〇）は子璿や浄源と時代を接する華厳学僧であり、法蔵の『華厳五教章』に中国で初めて注釈を施した人である。法蔵の『華厳五教章』によれば、法華は一乗であるといっても、三乗に相対する一乗であるから、同別二教判においてはこれを同教一乗とし、五教判の中では一性一相を説く終教とされる。しかし、道亭は次のように述べて、法華に同教の要素と別教の要素がともに有るとしていることが注意される。

今既立別教一乗、何以廣引法華對三之一耶。然法華之一意兼両勢。若乃會三歸一、一屬於同。稱性融通法本如是、故屬於別。
（卍続蔵一〇三・九六b―c）

すなわち、「絶対的な別教一乗を論じる際に、どうして三乗と相対する一乗である法華を引用するのかとの自問に、「法華の一意は両勢を兼ねる」と答え、『法華経』が「会三帰一」を説いている点は同教に属し、「称性融通法本如是」なる点は別教に属すとする。『法華経』は別教をも説示しているから、それによって会三帰一し、三乗人による華厳別教一乗への趣入が可能となるのだと考えているのである。『法華経』にも、華厳別教の内容を意味するような、称性融通法本如是が説かれているとする点は、他の華厳学派の人々には見られない彼独自の説であり、彼の周囲で当時隆盛していた天台教学の影響も考慮する必要があろう。[15]

道亭はさらに法華に華厳と近似している点が認められることを指

摘し、華厳と法華の同異を論じている。[16] 彼によれば、二経の異なる点は、華厳が初発心時便成正覚や事事無碍・重重無尽の法界を示すのに対して、法華は最後開顕を説き理事無碍しか説かないことであり、同じ点として、法華は本（一乗）から末（三乗）を流出し、末は本に帰入することを説いており、この流出や帰入の本は華厳であって、理と事が円融して華厳の世界となるから、法華にも別教に属す部分があるということになる。

(八) 師会による法華の扱い方

南宋代になって慧因院を活動拠点としていた可堂師会（一一〇二～一一六六）は、法蔵の『華厳五教章』に注釈して『華厳五教章復古記』を著し、その中でかつて道亭が法華に同別二教が具わっているとしたことに対し批判を加えている。

> 古人有曰、法華一乗《ママ》兼両勢等、其言已錯。（中略）法華宗於會三義當同教。非以無盡爲宗。（続蔵一〇三、二〇二d）

すなわち、道亭が法華一乗には同別二教が具わっていると言っているのは誤りであり、法華の会三帰一はあくまでも同教一乗であり、無尽を宗としていないとして、法華には別教的内容は説かれていないとする。師会の教学の特徴は、華厳の別教は「卓絶独立」しており、それ以外の三乗は虚空の如く無体であるとして、華厳別教独尊の立場を示す一方、同教の意味を法華の会三帰一のみに限定して、三乗別機の為の方便はレベルが低いという理由から、これを切り捨てていくところにある。[17] ただし、法華を華厳五教判のうちの終教に配当するのではない。終教は、あくまでも法華の開会によって破される三車に属するものであり、法華に対しては同教一乗として他教に比して比較的特別な位置づけを与えていることは注意しなければならない。[18]

師会の教学には、セクト的なものさえ感じられるが、このような態度に賛同した人々[19]は、何らかの形で慧因院に関わっている。北宋代以来、江南地方では天台学を仏教学の中心に据える学僧が盛んに活躍していたが、師会はそういった状況から脱して浄源以来の華厳の教団を確固としたものにするべく、華厳の卓越性を強調し、杭州慧因院における一時期の学風を築いた。

二　日本華厳における法華の扱い方

(一) 寿　霊

日本の華厳学の方向性を築いたのは、後の影響状況からいっても、奈良朝末期に『五教章指事』を撰した寿霊（七五七～？）であったといえる。

寿霊は澄観を知らないが、彼もまた『法華経』は三乗を遮って華厳一乗に帰入するための教えであるという立場をとっており、さらに、法華を信じない人は華厳をも信じず、これを逆に言えば法華を信じる人は華厳をも信じることになるという。[20] 寿霊はあらゆる機根の人を接化するという『法華経』の特性を重視していることが指摘できる。

寿霊は『般若経』を存三之一（三乗の要素を存する一乗）、『法華経』を遮三之一（三乗を破する一乗）、『華厳経』を直顕之一（二乗に対することなく直ちに真理を示す一乗）と規定していることからみても、[21]華厳と法華に一線を引いてはいるが、法華にも別教の内容が説かれており、華厳にも同教の内容が説かれているとしている。そして、それなのになぜ法華を同教一乗、華厳を別教一乗となづけるのかとの自問を設け、二経の関係を説明している。すなわち、『法華経』を同教となづけるのは、この経が多く同教の内容を説き、別教の内容は少しだけ説いているからであり、また、三乗と一乗と和合して説くからでもあるとし、かたや『華厳経』は別教の内容が多く、同教の内容は少ないので別教となづけるのだとする。[22]『法華経』にも少しではあるが別教一乗の内容が説かれているとしている点は、智儼とも法蔵とも慧苑とも異なり、これ以上ないほど『法華経』の位置づけを高く持ち上げ、『華厳経』と同じレベルにまで引き上げていることが窺えよう。このような態度は、後の日本の華厳学僧たちに承け継がれていく。

(二) 普 機

平安初期に天長六本宗書の一つ『華厳一乗開心論』を著した普機（生卒不詳）は、慧苑の教判に基づいて理事無碍宗と事事無碍宗をあげ、前者は楞伽・密厳・維摩・法華・涅槃・勝鬘・仁王などの経、後者は華厳と如来不思議境界経などであるとしている。しかし、その直後に自問自答を設け、『華厳経』には理事無碍も説かれているのに、どうしてただ事事無碍宗にのみ入れるのか、仁王・維摩・涅槃などの経にも事事無碍の相が説かれているのに、どうして事事無碍宗に入れないのかと自問している。法華については会三帰一を宗としているからであるとの自答を出しているが、[23]『法華経』にも部分的に事事無碍が説かれているとするのは、前にみた寿霊の説を承けたものと考えられる。

(三) 増 春

増春（生卒不詳）の『華厳一乗義私記』は天暦年間（九四七～九五六）に問答形式で記されたものである。法相師との対論を想定しているが、既に確立していた天台宗への対抗意識も強く表われている。しかし、『法華経』に関しては、やはり寿霊と同じく同教と別教の内容がともにあり、やはりその量が多いか少ないかの違いがあるのみとしている。[24]

(四) 凝 然

鎌倉時代の凝然（一二〇四～一三二一）は、多くの著作を残し、その教学は後の東大寺における華厳学の伝統を築いた。彼もその著『華厳五教章通路記』で、華厳と法華にはともに同教の内容と別教の内容があり、どちらが多くとかれているかで区別をしている点は、寿霊の説を承けている。[25]また、彼の時代には、『五教章』の注釈書など、宋朝で撰述された華厳典籍が日本に入ってきているので、彼もこれを大いに参照し、道亭の註釈も利用している。

なお、凝然は天台学と華厳学との差異を示しながらも、部分的に華天の類似性を認めるなど、天台学を華厳の中に取り込もうという総合学的態度を見せている。

(五) 湛 睿

凝然とほぼ同時代に関東で活躍していた湛睿（一二七一～一三四

六）も、宋朝の華厳教学を利用して自説を補強している。凝然に比べると、笑菴観復（〜一一四一・一一五二〜）や遼の鮮演（一〇四九〜一一一八）など、諸教融合的色彩の強い章疏を好んで用いる傾向がある。

三　日本華厳が法華を重んじる必然性

天平時代、初めて『華厳経』を講じた審祥（生卒不詳）[26]は、日本から新羅に留学して帰国したとする説と、新羅から日本に渡ってきた渡来僧であったとする説の二説がある。彼の著作が残っていないため、その思想は詳らかでないが、彼の将来目録に録されている全部で約六百巻におよぶ経論のうち、中心となっているものは主に華厳と法相に関するものであり、審祥の仏教思想は華厳と法相唯識を軸にしていると考えられる[27]。

また、このころの日本では、新羅へ留学した僧たちの活躍が目立つが、そのほとんどは法相宗に属する僧たちであった。審祥の将来目録にも新羅の法相唯識文献が多く録されており、このことは、彼が新羅の法相唯識学に深い関心を寄せていたことを窺わせる。

そのほか、目録には起信論関連の章疏と共に法華関連のものが一三部ほど確認できることも注意される。新羅の法相唯識学派の学僧たちの中には『法華経』に関わる注釈書が多いことから、審祥がその影響を受けている可能性が考えられる。

後の寿霊も、新羅法相唯識学派による法華経関連の著作を重視していたことが窺える。奈良時代以来の日本仏教に見られる『法華経』への強い関心は、当時の日本仏教にとって最先端の学問であったと目される新羅の法相唯識を学んだ留学僧たちによって助長された可能性が充分に考えられる[28]。

まとめ

上来見てきたように、中国華厳では、華厳学の確立を意図した法蔵や、教団の強化を意図した宋代の師会のように、他学派を意識した教判を打ち立てる意図をもつ場合を除き、『法華経』は尊重されてきたのであり、時代が下るに連れてその傾向は強くなる。

日本の華厳学では、初期の段階から『法華経』を『華厳経』と同等に高く位置づけてきた。その端緒は不明としなければならないものの、当時の日本仏教に大きな影響を与えていた新羅において、とくに法相唯識の学僧たちによって『法華経』が重んじられていたようであることと関連が有ると予測され、注意を要する。そのような風潮の中で、後の東大寺の基礎を築いた良弁も『法華経』を重んじていたのではないだろうか。

また、最初に述べたように、『華厳経』は仏のさとりの内容を直接示したものであり、『法華経』はあらゆる機根を究極の真理へと導く接化に重きが置かれている。その意味で、『華厳経』は仏を説き、『法華経』は法を説く経典であると言える。『法華経』が宗派を越えて重んじられるのは、そのようなはたらきが『法華経』にあるためであろう。そういったことと関連があるのかも知れないが、全国の国分寺に護国経典である『金光明経』とならんで『法華経』が納められたことも、『法華経』を高く位置づける必然性を与えているはずである。

その後、平安時代に入り、最澄によって天台宗が本格的に齎されると、法華信仰は更に日本の土壌に根づき、鎌倉時代以後の華厳学においても、寿霊以来の『法華経』を高く位置づける態度を改めることなく、日本華厳の伝統となっていった。

ここで考察した如く、日本仏教が極めて早い時期から『法華経』を尊重してきた縁由を論じる際には、これを新羅仏教の動向と共に考察する必要がある。このことを裏づけるため、資料的な限界がつき纏うものの、新羅法相唯識学派が『法華経』を如何に位置づけていたかが、今後の大きな課題となる。

（よしだ　えいれい・花園大学専任講師）

註

（1）主に拙稿（吉田剛）「趙宋華嚴教学の展開—法華經解釋の展開を中心として—」（『駒澤大学仏教学部論集』第二十七号、一九九六年十月）

（2）同別二教は智儼の教学の要であるが、智儼は『華厳経』の独尊性を強調する別教一乗よりも、その融会性を意味する同教一乗にこそ華厳円教の特色が発揮されていると把捉している。（吉津宜英『華厳一乗思想の研究』東京、大東出版社、一九九一年七月、二四六頁）

（3）吉津宜英氏の次の文が参考になる。「法蔵の同別二教は別教一乗のみが円教とされ、『華厳経』の内容とされ、同教一乗や同教は、ある時は『法華経』の内容とされたり、ある時は三乗の範疇で扱われたりして、明らかに同別二教の間に扱いの差別が生じている。別教一乗はできるだけ高く位置づけようとし、同教や同教一乗は低く位置づけようとしている。この点は智儼との大きな差異となっている。私はここに『法華経』を所依とする一乗大乗家たちへの批判が含意されていると見る。」（同前註）

（4）慧苑『続華厳経略疏刊定記』「第三眞具分滿教中。初通宗者。謂此宗中雖說理事無礙眞。莫不皆顯有爲無爲非一非異。是故通名爲無爲非一異宗也。二別宗者。謂於前通宗之内。分成兩宗。一理事無礙宗。此即楞伽密嚴維摩法華涅槃勝鬘仁王等經。二事事無礙宗。謂即此經及如來不思議境界經等。」（卍続蔵一五・二七b〜二九a）

（5）澄観『演義鈔』「我今亦令得聞是經入於佛慧即攝末歸本也。是經即是法華。法華攝於餘經。歸華嚴矣。是則法華亦指華嚴爲根本矣。（大正蔵三六・七b）

（6）澄観『演義鈔』「是故以化儀取法。華嚴之圓。是頓中之圓。法華之圓。是漸中之圓。漸頓之儀。二經則異。圓教化法。二經不殊。大師本意判教如是。又諂圓教亦名爲頓。故云圓頓止觀。由此。亦謂華嚴名爲頓頓。法華名爲漸頓。以是頓儀中圓頓、漸儀中圓頓故。」（大正蔵三六・五〇a）

（7）宗密『円覚経大疏鈔』「於中法華涅槃是會權歸實。大乘漸教中終極之教也。」（卍続蔵九・四三五b）

（8）宗密『禅源諸詮集都序』「法華涅槃是漸教中之終極、與華嚴等頓教深淺無異、都爲第三顯示眞心即性教也」（大正蔵四八・四〇八c）

（9）宋代呉越における浄源の華厳復興の経緯については、拙稿「晋水浄源と宋代華厳」（花園大学禅学研究会『禅学研究』第七七号、一九九九年三月）参照。

（10）『大覚国師外集』巻三所収『大宋沙門浄源書』第二（韓仏全四・五七一上）

（11）林存撰『僊鳳寺大覚国師碑』（『朝鮮金石総覧』所収。または韓仏全四・五九五b『大覚国師外集』巻十三所収）

（12）村中祐生「楞厳経の解釈にみる天台教義」（『天台学報』二六号、一九八四年一一月）

（13）義天の事跡と思想については、大屋徳城「義天の思想及び信仰」（『高麗続蔵雕造攷』一九三七年十月、京都。第八章、一〇六—一〇七頁）参照。

（14）『大覚国師文集』巻第十四所収（韓仏全四・五五二上）

（15）天台学では、『法華経』に対して二妙を設け、法華経に相待妙と絶待妙とがあるとする。たとえば、智顗は『法華玄義』巻二上において次のように説いている。「二、明妙者、一通釈、二別釋。通又爲二、一相待、二絶待。此経唯論二妙、更無非絶非待之文。若更作者、絶何惑、顯何理、故不更論也。」（大正蔵三三、六九六b）。この相待妙と絶待妙とは、華厳教学において説かれる絶待的な円融を顕わす別教と、相対を示して相即を説く同教に極めて近い概念である。また、湛然は『止観義例』巻下（大正蔵四六、四五七a）でこれを引き、絶待は華厳だけではなく、法華にも絶待の立場があるという理由から、法華を漸円とする澄観の説を批判している。このように説く天台教学の伝統を踏まえ、道亭は法華に同別ありとしたのであろうか。

(16) 法蔵は『五教章』で『法華経』の「我に是くの如き七宝の大車あり、其の数無量なり。無量の宝車にして適に一に非ず」という一文について、「此れ一乗無盡の教義を顕わす。此の義は広く説くこと華厳中の如し。此れは別教一乗に約して以て異を明かすのみ」と述べ、『法華経』譬喩品に出てくる大白牛車は華厳の別教を意味していると説明しているが、道亭はこの箇所に注して、次のように解釈している。「釋曰、此顯一乘無盡等者、則是所依體事理事教義十對二十事、周遍含容重重無盡也。此義広如華嚴、略如法華者、且法華是隨宜漸教之終、華嚴是称性円融之始、経宗既異、安得同年而語哉。然則然矣。依古佛之道吾祖之教、未嘗不異而未嘗不同也。何則語如来初成正覺。頓演華嚴無盡義海、此為別教。最後開權方說法華一実之旨。此爲終教。曰未嘗不異。若乃於一佛乘分別說三、從本而流末、會三乘歸一乘、攝末而歸本。此本無別。故曰未嘗不同也。若約法華羅列義相、三諦円明、但当理事無礙、故属於終也。華嚴海印炳現德相無涯全彰事事無礙。故屬於別。此是吾祖之教、未嘗不異也。洎乎法華理事既円融同性海、其百川浩蕩同帰于海、海無異味。故屬於別。演義云、即此同中必有別義。故曰未嘗不同也。此之同異。賢首宗乘、約義斯顯。若天台時部、独美法華。不知法華終帰本教。此約別教一乘。以明異者、上云、法華意兼両勢。斯現二也」（続蔵一〇三・九八a～b）

(17) 師会『華厳一乗分斉章焚薪』「夫別教一乘、円融具德、卓絶独立、餘如虚空。縱収諸教、一一同円。故曰唯有一乘、更無餘也」（卍続蔵一〇三・一六六a）。拙稿「可堂師会の一義同教説」（『駒澤大学大学院佛教学研究会年報』第三二号、一九九九年九月）及び同「可堂師会の一義同教説」（『駒澤大学大学院佛教学研究会年報』第三二号、一九九九年九月）参照。

(18) 師会は『復古記』において、「終教は法華の前にあり」とする。「是權教者、謂三乘中就法華前、以分權實、如云金剛般若三乘始教、大品般若是三乘終教。清涼所以不取光宅者、以法華之前、不分權實、玉石俱焚也。」（卍続蔵一〇三・二四四d）

(19) 善熹・希迪・『釈雲華尊者融会一乗義章明宗記』の著者など、慧因院に関係した一時期の学僧たち。

(20) 寿霊『五教章師事』「案云。以不信法華人。不信華嚴故。反此明知。信法華人。即信華嚴」（大正蔵七二・二一二a―c）

(21) 寿霊『五教章師事』「言一乘者。有其多義。一存三之一。如般若等經。不破三乘之疑執。亦不會二乘之行果。唯就空理。說一乘故。如十義一乘等。二遮三之一。如法華等經。會二乘之行果。遮三乘之別執。說一乘故。三直顯之一。如華嚴經。不對二乘。無可破故」（大正蔵七二・二〇一a）

(22) 寿霊『五教章師事』で、「問。若依此文、法華中亦說別教義、華嚴經亦有同教義。何以故、法華名同教一、華嚴目別教一。答、約多分義、目同別耳。謂法華中、多說同義、少說別義、故目同教。又三乘一乘和合說故。華嚴經中、別教義多、同教義少、故名別教」（大正蔵七二、二一一b）

(23) 普機『華嚴一乘開心論』下本一「第二明宗趣者。通有兩宗。一理事無礙宗。此即楞伽密嚴維摩法華涅槃勝鬘仁王等經。二事事無礙宗。謂此經及如來不思議境界經等。問。華嚴等亦說理事無礙。何獨事事無礙宗攝。仁王維摩涅槃經等亦說事事無礙之相。何不事事無礙宗收。答。兼正異故。又仁王等唯依業用說故。此經具德相等故。若隨部宗者初理事無礙宗中。如楞伽以五法三自性八識無我爲宗。內證聖智所行境界爲趣。或以一百八句爲宗一心爲趣。密嚴以現法樂住內證智境爲宗。維摩以抑挫二乘顯菩薩解脫爲宗。法華以會三歸一爲宗。勝鬘以空智如藏及攝受正法爲宗。涅槃以佛性常住爲宗。仁王以三種般若爲宗。後事事無礙宗中不思議境界經以如來不思議境界三昧爲宗」（大正蔵七二・一四a―b）

(24) 増春『華厳一乗義私記』「問。法花一乘與華嚴一乘爲同異乎　答。有同在異問。意何　答。以法花一乘說同教別教華嚴一乘說同教別教同也。以華嚴一乘多說別教義法花一乘多分說同教義異也。法花經七寶大車其數無量等云文。是說別教義。會昔三因三果令入平等大會一乘。是說同教義也。華嚴經說帝網重重無盡法門文。是說別教義。舍利弗文殊邊迴心悟十大法門等。是說同教義也」（大正蔵七二・三八a）

(25) 『華厳五教章通路記』巻第二「問、同別二門属何教典。答、華嚴經具同別二門。如法花中又有同別、餘諸教中又同教一乘之義。自外多是三乘等法。若據傍正多少義者、華嚴多正明別教義。傍少說同。法花多正說同教義、傍少說別……」（大正蔵七二、三〇一b）

(26) 審祥の生卒年は未詳だが、その没年は七四五年一月から七五一年の一月十四日の間と推定される。（堀池春峰『南都仏教史の研究』上、法藏館、一九八〇年）

(27) 平岡定海『日本寺院史の研究』（吉川弘文館、一九八一年）。

(28) 新羅法相唯識学派において『法華経』が重視されており、新羅仏教の強い影響下にあった当時の日本仏教が、その傾向を承けている可能性があることについて、大韓民国、金剛大学校の金天鶴氏から資料の提供と共に多くのご教示を戴いた。ここに謝意を表する。

正倉院文書と東大寺法華堂

石上英一

この報告では、法華堂の造立及びその本尊の不空羂索観音の造像の検討の参考のために、それらに関わる正倉院文書の概要を提示し若干の関連史料を整理することとしたい。

一　正倉院文書

(一)　正倉院文書の諸相

いわゆる正倉院文書には、北倉の献物帳などから、狭義の正倉院文書（宝物名「正倉院古文書」）までいくつかの史料群がある。広義の正倉院文書の内容は次の如くである（正倉院事務所『正倉院宝物』1～10、毎日新聞社、一九九四～七年、参照）。なお、「北倉157」は宝物番号を示す。

①北倉宝物の施入・管理に関する文書

a　**献物帳**（北倉収納）

1　天平勝宝八歳（七五六）六月二十一日国家珍宝帳（北倉157）聖武天皇七々忌に光明皇太后が東大寺毘盧舎那仏（大仏）に奉献した遺品の目録。

2　天平勝宝八歳六月二十一日種々薬帳（北倉158）1と同時に奉献された薬の目録。

3　天平勝宝八歳七月二十六日屛風花氈等帳（北倉159）追納品の目録。

4　天平宝字二年（七五八）六月一日大小王真跡帳（北倉160）光明皇太后が大仏に奉献した王羲之・王献之の真跡の書の目録。

5　天平宝字二年十月一日藤原公真跡屛風帳（北倉161）光明皇太后が大仏に奉献した亡父藤原不比等筆屛風の目録。

b　**出納文書（宝物勘検文書、宝物出納文書等）**（北倉収納）

1　延暦六年（七八七）六月二十六日曝涼使解（北倉162）曝涼使が北倉の香薬・雑物等の曝涼点検を太政官に報告した文書。

2　延暦十二年（七九三）六月十一日曝涼使解（北倉163）曝涼使が北倉宝物の曝涼点検を太政官に報告した文書。内裏・御蔵・三綱所の三通のうちの御蔵分。

3　弘仁二年（八一一）九月二十五日勘物使解（北倉164）
北倉宝物の点検報告。内裏・御倉・三綱所の三通のうちの御倉分。

4　斉衡三年（八五六）六月二十五日雑財物実録帳（北倉165）
北倉宝物の点検報告。

5　礼冠礼服目録断簡（北倉166）
斉衡三年六月二十五日雑財物実録帳の首部の一部。

6　雑物出入継文（北倉167）
題籤に「雙倉北継文」とある往来軸が左端にあり。天平勝宝四年（七五二）から弘仁五年（八一四）までの北倉（雙倉）の宝物出入文書の継文（錯簡あり）。斉衡三年（八五六）の加筆あり。

7　沙金桂心請文（天平勝宝九歳正月十八日請沙金文・天平宝字三年三月十九日請桂心文）（北倉168）
孝謙天皇が東大寺に沙金・桂心を請求した文書。

8　出蔵帳（天平宝字三年十二月二十六日）（北倉169）
題籤に「天平宝字三年／御剣出」とある往来軸あり。

9　出入帳（雙倉北雑物出用帳）（北倉170）
題籤に「双倉北物用帳／東大寺〈天平勝宝八歳／始〉」とある往来軸、右端にあり。天平勝宝八歳十月三日始。

10　王羲之書法返納文書（延暦三年三月二十九日）（北倉171）

11　雑物出入帳（双倉雑物下帳）往来軸あり（北倉172）
題籤に「双倉／雑物下帳」とある往来軸、右端にあり。弘仁二年（八一一）六月十七日～天長三年（八二六）九月一日の文書六点の継文。

12　御物納目散帳（北倉173）
明治二十七年（一八九四）に、整理の過程で正倉院文書（狭義）に混入していた出納文書を集めたもの。天平宝字元年閏八月二十四日文書断簡以下、寛喜三年（一二三一）までの宝物出納文書、弘仁二年宝物点検文書、寛喜二年（一二三〇）鏡盗難関係文書を集成。

②写経所文書

c　正倉院文書（狭義）
宝物名は「正倉院古文書」（中倉15～20）。東大寺（造東大寺司）の写経所に伝来した写経事業文書。元禄の開封の際には南倉に二櫃に分かれて収納されていた。この中には、明治時代の整理の過程で混入した出納文書や、宝物から発見された文書（買新羅物解）など、写経事業文書ではないものが紛れ込んでいる。

d　正倉院文書の往来軸（中倉22、『正倉院宝物銘文集成』、『正倉院宝物』中倉Ⅲ）
正倉院文書から分離した往来軸（軸の一端に題籤を作り出した巻物の軸）の完形品（中倉22　往来、第1号―62号）、題籤など上部のみ残る往来軸（中倉22　往来　残欠、第1号―第9号）、題籤の一部や全部が欠失したり軸の一部のみ残る往来軸（中倉22　往来残欠、第10号―第15号）

e　近代に献納された正倉院文書（庫外品）
図書寮文書や日名子文書のように、一旦、正倉院庫外に出た正倉院文書（狭義）で、後に正倉院に戻ったもの。

③造東大寺司文書

f　文書木簡（『正倉院宝物』中倉Ⅲ）

造東大寺司あるいは写経所で、物品や経典の管理に際して作成された木簡（中倉21　雑札）。

g　丹裏文書（北倉148　丹。『大日本古文書』二十五「丹裏古文書」、『正倉院宝物』北倉Ⅱ）

造東大寺司で保管する顔料の丹の裏紙に利用された造東大寺司の反故文書。巾着裏の状態で丹を入れたまま保存されている。

④東大寺文書

h　所領施入文書（中倉14、『正倉院宝物』中倉Ⅲ）

東大寺印蔵伝来の文書で、明治初年に皇室に献納された東大寺献納図書（所領の由緒を示す文書・絵図・銅板及び山水図など）のうち施入関係の文書群。

1　天平勝宝元年（七四九）東大寺封戸勅書
2　天平勝宝四年（七六〇）東大寺封戸処分勅書
3　天平勝宝四年（七五二）造東大寺司牒
4　天平勝宝八歳（七五六）六月九日東大寺山堺勅定
5　天平勝宝八歳（七五六）六月九日東大寺山堺四至図
6　弘仁九年（八二〇）三月二十七日酒人内親王施入帳

i　東南院文書　一一二巻（中倉14）

東大寺印蔵伝来の東大寺寺家の文書で、東大寺献納図書のうちの一つの文書群。八世紀の文書が多数ある。正倉院文書（狭義）に整理の過程で混入し、その後の正倉院文書再編で東南院文書に戻されたものもある。またさらにその際、誤って東南院文書に混入してしまった正倉院文書がある（東南院文書第七帙之四）。なお、宝庫に収納されていた東南院文書が最終的に正倉院宝物となったのは、明治十七年以降とされている（西、二〇〇二）。東京大学史料編纂所編『大日本古文書』東大寺文書・東南院文書一〜三に翻刻されている。

j　東大寺開田図（中倉14、東大寺献納図書のうち）

東京大学史料編纂所編『東大寺開田図』、『日本荘園絵図聚影』近畿二、『正倉院宝物』中倉Ⅲに収録。

⑤宝物に附随した文書、宝物の材料に使用された反故紙

k　新羅文書（新羅からの舶来品に附属したり使用されている文書）

1　佐波理加盤附属文書　新羅から輸入された佐波理製加盤（南倉47）に附随する文書（鈴木、一九八五）

2　氈の白布貼箋文書　新羅から輸入された氈に縫い付けられている布荷札箋二点（中倉七四号櫃新六号花氈残闕、北倉151花氈6号。『正倉院宝物銘文集成』二五〇・二五一号）

3　新羅村落文書　華厳経論の帙（中倉59）に使用された文書（『正倉院宝物銘文集成』50号）

成立年代については、六九五年説、七五五年説、八一五年説あり。

4　佐波理匙を束ねた紙縒（南倉44　佐波理匙1—5号）

墨が見え文書が利用されていると推定される。

l　器物の材料に転用された文書

1　買新羅物解　鳥毛立女屏風（北倉）の画面・屏風枠の下張りに使用された天平勝宝四年（七五二）の新羅使との交易を内蔵

寮に申請した諸家等の文書で、屏風修理の際に取り外されたり、そのまま屏風に残されているもの（『正倉院年報』一二号、一九九〇年）。取り外されたものは「尊経閣古文書纂」編年文書の内に七点が成巻され（尊経閣文庫所蔵。重要文化財。東野、一九七七B）、倉内に残されていたらしい残片は正倉院文書（続修後集四十三）に編成されており、さらに原本所在不明の断簡がある（皆川、一九九四）。

2　鳥兜内貼文書　舞楽衣装の緋絁鳥兜残欠（南倉3）の内貼に転用された丹後国府関係文書（東野、一九七七A。『正倉院の絵画』。『正倉院宝物』南倉Ⅳ）

3　大嶋郡印文書　塵芥唐櫃第80号から発見された周防国大嶋郡の郡印の捺された文書断簡。反古として器物の充填材や緩衝材として利用され、大嶋郡から京進された調塩等諸物資と共に東西市経由などで東大寺に入ったものの可能性がある（飯田、二〇〇七・二〇〇八）。

m　典籍・経典

1　「雑集」（北倉3　御書）　天平三年（七三一）、聖武天皇書写。中国の詩文集。

2　「杜家立成」（北倉3　御書）　光明皇后書写。中国の杜正蔵撰書簡文例集。

3　「楽毅論」（北倉3　御書）　天平十六年（七四四）、光明皇后書写。戦国時代燕の武将楽毅の事蹟を魏の夏侯玄が記した書。王羲之書の模本を臨書。

4　梵網経

(二)　写経所文書としての正倉院文書

上述のように、宝物名を「正倉院古文書」とし、学界で「正倉院文書」と略称されているのが、造東大寺司の写経機関（以下、写経所と称する）に伝来した、写経事業に伴う文書群である。

正倉院文書には、神亀四年（七二七）より宝亀七年（七七六）までの文書が伝えられている。造東大寺司の写経所は、聖武天皇の夫人であった藤原光明子の家政機関における写経組織から発展したものである。光明子が天平元年（七二九）に皇后となるに伴い、家政機関の写経組織は皇后宮職の写経組織となった（鷺森、一九九六。山下、一九九九）。ついで、それが天平十年（七三八）に建立が企てられた福寿寺の写経所、天平十四年（七四二）に金光明寺の写経所へと発展し（山下、一九九九。栄原、二〇〇〇・二〇〇三）、天平十九～二十年頃に造東大寺司の写経所となった。

皇后宮職の写経組織では、天平五年（七三三）頃から一切経書写事業が開始されていた。皇后宮職では、一切経書写を、玄昉が天平八年（七三六）に唐より持ち帰った開元釈経録と経巻に依拠した事業に変更した。皇后宮職の一切経書写は、光明皇后の御願による事業であった。光明皇后願経は、天平十二年五月一日の日付の願文により五月一日経と称されている。

五月一日経は、願文が作成された後も書写が進められた。天平十四年十二月十三日の時点で経律論集伝四五六一巻が十二櫃に納められていた。天平十五年五月からは開元録の経律論の未写部分のみならず、章疏や録外経の書写が進められた。天平勝宝元年（七四九）頃に一応書写が終了したが、さらに天平勝宝二年～六歳にも書写が続けられ、天平勝宝七～八歳に勘経が行われた。

そして正倉院文書には、光明皇后願経（五月一日経）の書写・勘経と、同時に行われた各種の写経、天平宝字年間の光明皇太后の不豫・崩御に伴う大規模な写経、孝謙天皇願経である景雲一切経の勘経のための五月一日経の貸し出し、宝亀年間の一切経書写の分担書写などについての文書（皇后宮職・造東大寺司や写経所の発信文書やその案、皇后宮職・造東大寺司や写経所へ来た文書）・帳簿群が含まれる。

光明皇后願経（五月一日経）は、造東大寺司の停止の後、東大寺の下如法院に納められていた。下如法院は、延喜十二年（九一二）には綱封とされたが（『東大寺要録』巻四・諸院章）、その朽損により、その収蔵品は天暦四年（九五〇）六月僧綱牒により「正蔵三小蔵南端蔵綱封」（綱封の正倉院南倉）に移され、更に文治元年（一一八五）十一月十五日に一切経は他蔵に移され、次いで尊勝院聖語蔵に移された（堀池、一九七〇B）。

正倉院文書は、下如法院に収蔵されていた五月一日経と共にあって天暦四年に正倉院南倉に移されて近世に至ったか、延喜二十年十二月十四日に東大寺境内の「阿弥陀堂・薬師堂等雑物」とともに羂索院双倉に移されさらにそれらが天暦四年に正倉院南倉に移されたものと推定されている。

写経所文書の中には、一部、反故として使用された戸籍・正税帳などの公文や、皇后宮職との関係で反故として使用された興福寺西金堂造営文書、写経所で使用された造東大寺司の反故文書、写経所官人が担当した造東大寺司の事業に関する文書（造石山院所の文書など）なども含まれる。しかし、写経所文書の中心となるのは、あくまでも写経事業に関わるものであって、金鍾（鐘）寺・福寿寺・金光明寺そして東大寺の造営に関わる文書は例外としてしか伝えられなかった。したがって、正倉院文書の中には、直接に法華堂造営や不空羂索観音像の造像、あるいは東大寺の堂舎造営や仏像制作について記す文書はほんの少ししかない。

㈢　正倉院文書の整理と編成

皆川完一（皆川、一九七二）、西洋子（西、二〇〇二）により明かにされている正倉院文書の整理・編成の過程は、概略、次の如くである。

①第一段階　正集（当初は正倉院文書などと称され、のち正集と称される）の編成

天保四年（一八三三）十月から天保七年六月まで宝庫修理のために正倉院が開封され、穂井田忠友が南倉にあった文書櫃三つ（元禄六年（一六九三）開封の際、金・方の櫃の外に、臣櫃にも新たに入れられた）のうち二つ（金・方）を整理し、文書を抜き出して「正倉院文書」四十五巻（のち正集と称される）を編成し、その写本を作成した。

②第二段階　続修・続修別集・続修後集・塵芥の編成

明治五年（一八七二）八月、社寺宝物調査による東大寺調査で正倉院が開封され、奈良で宝物調査が行われたが、正倉院文書調査がどのように行われたかは不明という。

次いで、明治八年、奈良博覧会への出陳のために正倉院が開封され、同年九月、東京の内務省の浅草文庫に運ばれ、内務省と教部省により続修（「続修古文書」）五十巻が編成され、引き続いて同文庫で明治十四年までに続修別集（「続修古文書別集」）五十巻、続修後集（「続修古文書後集」）五十二巻が編成された。

この過程で、続修・続修別修・続修後集の間で文書の配置替えが行われている。また、成巻の残りは、「未修古文書」として仮編成された。これらの編成の結果は、『正倉院古文書目録』（三冊、明治十五年内務省図書局写、内務省旧蔵、内閣文庫所蔵）に記録されている。

この間、明治十年（一八七七）二月の正倉院開封の際、塵芥文書が運び出され、内務省が東京で、明治十四年までに塵芥（「塵芥文書」）三十九巻を編成した。明治十五年（一八八二）年三月、塵芥三十九巻が正倉院に還納され、ついで十一月、編成済みの文書が未修古文書と共に正倉院に還納された。

明治十七年（一八八四）五月、正倉院宝庫は宮内省所管となり、十八年七月、宮内省図書寮の所管となり、二十二年七月、宮内省帝室博物館の所管となり、さらに二十五年八月には正倉院御物整理掛が設置された。図書寮所管の時期に『正倉院御物目録古文書』（三冊、東京大学史料編纂所所蔵明治二十二年書写本による）が作成された。

明治二十二年（一八八九）までの間に、続修後集巻二十八―三十六の九巻を東南院文書の混入と判断し、東南院文書に戻して、その第七帙第十九巻とした。この際に本来の正倉院文書である宝亀三年四月奉写一切経司食口帳断簡（『大日本古文書』十九、一七一頁。紙背は神護景雲四年八月二日刑部広浜自進貢進文、『大日本古文書』東大寺文書之三（東南院文書之三）、三七四頁）が東南院文書第七帙第四巻に混入した。

明治二十七年、続修後集などから、正倉院宝物出納文書が抜出され、御物納目散帳（『大日本古文書』四―二三四頁、及び二十五附録正倉院御物出納文書、八六～九八頁）が編成された。その後に、続修後集の残りの巻三十七―五十二が、現状の巻二十八―四十三に改められた。

③第三段階　続々修の編成

明治十五年に内務省図書局が作成した『正倉院古文書目録』三・未修古文書目録により、未編成のものが「未修古文書」として仮編成されていたことが知られる。明治十八年（一八八五）、宮内省図書寮が作成した『正倉院御物目録』のうちの第十二冊に「未修古文書目録」があり、その謄写本（大正十二年書写）が宮内庁正倉院事務所に所蔵されている（飯田、二〇〇一・二〇〇二・二〇〇三）。また、図書寮本『正倉院御物目録』を明治二十二年四月に写した史料編纂所所蔵写本の『正倉院御物目録』にも古文書二・未修古文書があるので、その頃までは、まだ未修のままで成巻されていなかったことがわかる。その後、明治二十五年（一八九二）六月、宮内省に御物整理掛が設置され、明治三十七年まで存続した。この間、明治二十七年に御物整理掛が東京で未修古文書及び「塵芥」（現在、塵芥文書と称されているものとは別）などとされていた未整理文書の続々修への再編成を行い、続々修（「続々修正倉院古文書」）四四〇巻二冊（巻数には僅かな変更があり、四四〇冊は大正二年『正倉院御物目録』の数）が編成され、明治二十八年に正倉院に還納された。

明治三十五年（一九〇二）六月、『続々修正倉院古文書目録』（史料編纂所所蔵宮内庁内事課本写本）に、続々修の後半部分と未修古文書との対応が記入されている。その後、編成の若干の修正が行われたが、現在の状態は、奈良帝室博物館編『正倉院古文書目録』（昭和四年（一九二九））が示すものとなっている。

(四) 正倉院文書の利用

①『大日本古文書』

東京帝国大学文科大学史料編纂掛（現、東京大学史料編纂所）は、明治三十三年（一九〇〇）、奈良時代以降の古文書の編年史料集として『大日本古文書』の刊行を計画し、奈良時代史料の中心である正倉院文書の調査を宮内省に出願し、同年の開封から調査を開始した。そして、明治三十四～三十七年（一九〇一～四）に、正倉院文書を中心とした奈良時代編年古文書集である『大日本古文書』一―六を刊行した。一方、平安時代以降の古文書を編年により編纂することは困難であるとされ、明治三十六年（一九〇三）には『大日本古文書』家わけの刊行が決定され、同時に、正倉院文書調査の結果、その全体の写本の作成とそれによる続々修までを包括した断簡接続調査による翻刻を行うことが必要であるとされた。

明治三十六～三十八年（一九〇三～五）作成の正倉院文書全体の謄写本と、年々の調査による断簡配列復原研究により、明治四十年（一九〇七）から『大日本古文書』追加の刊行を始めた。正倉院文書編年史料集へと性格を変えた『大日本古文書』は、家わけに対して、「編年文書」と称されるようになった。追加（一～十七）（七～二十三）は、続々修等の編年配列のみならず、一～六では原本に拠れなかった文書や、断簡配列が不十分であった文書の再録を行った。その後、昭和十一年（一九三六）に追加十七刊行の後、追加までに未収録の正倉院文書、丹裏文書、正倉院御物出納文書を補遺一・二（二十四・二十五）として昭和十四・十五年（一九三九・四〇）までに刊行した。

②目録

帝室博物館正倉院掛編『正倉院古文書目録』が昭和四年（一九二九）に刊行された。

東京大学史料編纂所では、『大日本古文書』編年文書二五冊の刊行後も続けられてきた調査の成果により、『正倉院文書目録』（東京大学出版会）を一九八七年から刊行している。

一・正集　一九八七年　　二・続修　一九八八年
三・続修後集　一九九四年　　四・続修別集　一九九九年
五・塵芥　二〇〇四年

③宝物調査の成果

宮内庁正倉院事務所では、一九八八年より、正倉院文書の宝物調査の成果に基づき、精細な写真版と調査所見を掲載した『正倉院古文書影印集成』（八木書店）を刊行している。

一　正集　一～二一　表　　二　正集　二二～四五　表
三　正集　一～二一　裏　　四　正集　二二～四五　裏
五　続修　一～二五　表　　六　続修　二五～五〇　表
七　続修　一～二五　裏　　八　続修　二五～五〇　裏
九　続修後集　一～二二　表　　十　続修後集　二三～四五　表

十一　続修後集　一～四五　裏　　十二　続修別集　一～二二　表
十三　続修別集　二三～五〇　表　　十四　続修別集　一～五〇　裏
十五　塵芥　一～二〇　表　　十六　塵芥　二一～三九　表
十七　塵芥　一～三九　裏

また、正倉院文書のマイクロフィルムも作成されている。

④データベース

東京大学史料編纂所より「奈良時代古文書全文データベース」（『大日本古文書』編年文書のフルテキストデータベース）、大阪市立大学より「ＳＯＭＯＤＡ」（正倉院文書のテキスト・画像の複合データベース）として公開されている。

このようにして、正倉院文書は、学術資料として公開され利用できる環境が整備されている。

二　不空羂索経典の書写

法華堂は、八世紀には本尊の不空羂索観音により羂索堂と称されていた。したがって、正倉院文書の、不空羂索観音信仰及び羂索堂に関連する文書を紹介する。なお、『大日本古文書』編年文書の出典は、一巻一頁を「大日本古文書一―一」の如くに記す。

㈠　不空羂索経典

不空羂索経典類は、『開元釈経録』（唐僧智昇（六五八～七四〇）、開元十八年（七三〇）撰、二〇巻。『大正新脩大蔵経』55目録部（No.2154））の巻七・八・九に掲げられている。

○巻七　総括群経録上之七　隋・沙門闍那崛多

Ａ　不空羂索呪経一巻〈亦云不空羂索観世音心呪経、初出与唐訳不空羂索神呪心経等同本、開皇七年（五八七）四月出、五月訖、僧曇等筆受、彦琮序、見長房録〉〔五四八頁〕

○巻八　総括群経録上之八　唐・沙門釈玄奘

Ｂ　不空羂索神呪心経一巻〈見内典録第二、出與隋崛多等出者同本、顕慶四年（六五九）四月十九日、於大慈恩寺翻経院訳、沙門大乗光筆受〉〔五五六頁〕

注：『仏書解説大辞典』「不空羂索呪経（闍那崛多訳）の異訳であって、其の内容は全く同一である」

○巻九　総括群経録上之八　唐・婆羅門李無諂

Ｃ　不空羂索陀羅尼経一巻〈一名普門、此有十六品、是梵本経、沙門波崙製序第二、出與宝思惟訳三巻者同本〉〔五五六頁〕

李無諂伝に「遂於仏授記寺翻経院、為訳不空羂索陀羅尼経一部、沙門波崙筆受、至久視元年（七〇〇）八月、将所訳経、更於闕賓重勘梵本方写流布」とあり。

○巻九・総括群経録上之八　唐・沙門阿儞真那（宝思惟）

Ｄ　不空羂索陀羅尼自在王呪経三巻〈亦名不空羂索心呪王経、長寿二年（六九三）七月、於東都仏授記寺訳、沙門徳感筆受、初出與李無諂出訳一巻者同本〉〔五六六頁〕

注：『仏書解説大辞典』「北天竺婆羅門大首領李無諂訳の不空羂索陀羅尼経（大正二〇・四〇九）と同本異訳」。

○巻九・総括群経録上之八　唐・沙門菩提流志

Ｅ　不空羂索神変真言経三十巻〈当第四出旧訳単巻者、即是此経初品、神龍三年（七〇七）夏、於西崇福寺訳、弟子般若丘多助

宣梵本、至景龍三年（七〇九）春功畢〉〔五六九頁〕
F　不空羂索呪心経一巻〈見大周録第三、出與不空羂索神呪経等同本、長寿二年（六三九）、於仏授記寺訳〉〔五六九頁〕
　注：『仏書解説大辞典』「不空羂索呪経（闍那崛多訳）の異訳にして、其の内容は全く同一である」。

右の六経典を整理すると、次の三系統となる。

1　「観世音菩薩の不空羂索王呪、並びに其の功徳を説いた経」（『仏書解説大辞典』）で同本異訳の、A不空羂索呪経一巻（五八七年、闍那崛多訳、大正新脩大蔵経20巻、No.1093）・F不空羂索呪心経一巻（六三九年、菩提流志訳、大正新脩大蔵経20巻、No.1095）・B不空羂索神呪心経一巻（六五九年、玄奘訳、大正新脩大蔵経20巻、No.1094）

2　「不空羂索観世音の根本呪即ち一切明主不空羂索自在王陀羅尼の功徳並びに諸種の　成就法を説いた」（『仏書解説大辞典』）、同本異訳のD不空羂索陀羅尼自在王呪経三巻（六九三年、宝思惟訳、大正新脩大蔵経20巻、No.1097）とC不空羂索陀羅尼経一巻（七〇〇年、李無諂訳、大正新脩大蔵経20巻、No.1096）

3　「不空羂索観音の真言陀羅尼、念誦法、曼荼羅、功徳等を説けるもので、総じて七十八品より成つてゐる」（『仏書解説大辞典』）、E不空羂索神変真言経三十巻（七〇九年、菩提流志訳、大正新脩大蔵経20巻、No.1092）

（二）優婆塞貢進解等に見える不空羂索呪

堀池春峰氏は、皇后宮職・金光明寺に貢進された優婆塞・優婆夷（得度以前の段階にある在俗の仏教者）四十三人の資料一覧「「憂婆塞進解」に見える読経・誦経・誦呪」を示している（堀池、一九七二）。この一覧に採録された優婆塞・優婆夷のうち、次の十一名が不空羂索呪を誦呪できると記されている。

1　秦公豊足、年二十九、浄行八年、美濃国、羂索呪〔天平四年（七三二）三月二十五日僧智首解（大日本古文書一―四四七～四四八）〕

2　鴨県主黒人、年二十三、浄行八年、山背国、羂索陀羅尼〔天平六年七月二十七日優婆塞貢進解（大日本古文書一―五八三～五八四）〕

3　葛井連広往、年十八、右京、不空羂索陀羅尼〔天平六年七月二十七日優婆塞貢進解（大日本古文書二四―四二～四三）〕

4　溝辺浄土、年十九、河内国、不空羂索陀羅尼〔天平八年十二月優婆塞貢進解（大日本古文書二四―四七～四八）〕

5　小治田朝臣於比売、年四十、右京、師主尼宝蔵、不空羂索陀羅尼〔天平十四年十一月十四日尼宝蔵解（大日本古文書八―一三三～一三四）〕

6　船連次麻呂、年三十、河内国、浄行二十一年、師主興福寺僧禅光、不空羂索陀羅尼〔天平十四年十二月二十三日治部少録船連多麻布解（大日本古文書二―三二三～三二四）〕

7　日置部君稲持、年四十、山背国、師主薬師寺僧平註、不空羂索陀羅尼〔天平十五年正月八日出雲守多治比真人国人解（大日本古

文書二―三三二～三三三））
8　荒田井直族子麻呂、年十六、尾張国、師主元興寺僧賢璟、羂索経呪（天平十五年正月九日優婆塞貢進解（大日本古文書八―一六二））
9　名不詳、浄行十年、師主坂田寺尼信勝、羂索経陀羅尼（年月日欠優婆夷貢進解（大日本古文書八―一三七～一三八））
10　寺史妖麻呂、年二十、浄行四年、右京、羂索陀羅尼（年月日欠優婆塞貢進解（大日本古文書二四―三〇一））
11　秦伎美麻呂、年二十一、大倭国、羂索陀羅尼（年月日欠優婆塞貢進解（大日本古文書二四―三〇三））

十一人が誦呪する不空羂索経典の名は、羂索呪一例、羂索陁羅尼三例、不空羂索陁羅尼五例、羂索経陀羅尼一例、羂索経呪一例である。これらの陀羅尼（呪）は、第1系統の各一巻の経典のうち、A不空羂索呪経かB不空羂索神呪心経のいずれかに収められている陀羅尼（呪）であると考えられる。すなわち、秦公豊足の事例から、天平四年に、美濃国において既に不空羂索経典が流布していたことがわかる。

(三)　皇后宮職の写経組織における不空羂索経典の書写

法華堂の不空羂索観音像の形象（浅井和春、一九九〇・一九九八。片岡直樹、二〇〇三）が、どのような経典のどのような記載に基づき造形されたのかは論じることができないが、そのような議論の一素材として、造東大寺司の写経所及びその前身組織の写経所における、不空羂索観音経典類の書写の状況を概観しておきたい。

①天平八年書写の不空羂索経

天平三年（七三一）八月頃（前欠）より天平九年十一月に至る写経目録（続々修十二帙三。大日本古文書七―五～三二）の、天平八年九月一日の記に、最勝王経十巻、法華経八巻と共に雑経十巻が内親王（阿部内親王）の為に書写されたこと、雑経十巻中に「不空羂索経一巻」が含まれていたことが記されている。

この内親王の為の写経については、天平九年三月十三日皇后宮職解案（写経勘紙解案。続々修三十七帙九。大日本古文書二―二五～二六）、（天平九年）九月一日皇后宮職解草案（経本幷用紙注文。続々修三十七帙九。大日本古文書二十四―五八～五九）にも記されている。この不空羂索経一巻は、胡桃紙十四紙に書され、名称と料紙数から考えて、Aの闍那崛多訳の不空羂索呪経一巻と推定される。この不空羂索経は、五月一日経ではないが、書写の際に底本となった経巻が皇后宮職の写経組織またはその周辺にあったと考えられる。

②玄昉将来の不空羂索経

皇后宮職の写経組織では、天平五年（七三三）頃から開始されていた一切経書写を玄昉将来の開元釈経録に基づく書写に変更し、天平八年九月二十九日より玄昉が唐より持ち帰った経巻の借用を開始した（天平八年九月二十九日始経本請和上所帳（写経請本帳）。続々修十六帙八。大日本古文書七―五四～九〇。皆川、一九六二。栄原、二〇〇〇、四三頁。山下、一九九九、三〇頁）。

経本請和上所帳とは、帳の首の題「自天平八年九月廿九日始経本請和上所」に記されるように、「和上所」（玄昉）より「経本」（一切経書写の底本となる本経）を「請」（借用）し、返却した記録である。経本請和上所帳の天平九年三月十二日請本文（「請本」（本経借用依頼）のために玄昉に送った文書の内容を帳簿に略記した記録）の奥に「不空羂索呪経一巻」が記され、「今送」と注記し抹消されている（大日本古文書七―七一）。この記事は、皇后宮職が天平九年三月の頃に玄昉将来経の不空羂索呪経を一切経書写に用いるために借用し、新規に書写した後、または既にあった写本との対照の後に返送したことを示す。この不空羂索呪経は、恐らくAの闍那崛多訳の不空羂索呪経一巻であろう。

　天平十年二月八日に始められた能断般若経一百巻等一百十巻の書写の目的は不詳であるが、その中に不空羂索経二巻が含まれている（天平十年二月八日始経師等行事手実。大日本古文書七‐一二六～一六五）。

　天平十年に光明皇后願経の書写推進のために皇后宮職の写経組織を強化して設置された写経司の活動に関する文書の継文である写経司雑受書幷進書案文及返書（続々修十七帙一、大日本古文書七―一六七～一七九）は、天平十年三月三十日から天平十一年十一月二十九日の文書を収める。その中に、一点、時期が溯る天平九年十月二十五日内匠寮返納経文（大日本古文書七―一七五～一七六）が入っている。これは、皇后宮職から内匠寮に貸し出した四十五巻の経典が返納されたときの目録であるが、不空羂索経一巻、観世音秘密蔵呪経一巻、観世音菩薩授記経一、十一面観世音神呪経一巻に「僧正」の注記が加えられている。「僧正」の注記は、これら四経が玄昉の将来経であった可能性を示している。玄昉は天平九年八月に僧正に任ぜられている。

③天平十五年頃の経典目録中の不空羂索経典

　天平十年（七三八）九月二十三日写経返納文（続々修十六帙四、大日本古文書七―一九一）は、写経司が借用していた十部十八巻の経巻を返却した文書の案である。その中に、次の三経典が見える。

不空羂索陀羅尼自在王呪経　反〈新〈三巻　三十四紙〉〉
不空羂索神呪心経一〈十三紙〉
不空羂索呪経一〈十一紙〉本　反

　不空羂索陀羅尼自在王呪経は、上述の不空羂索経典六点のうちのD（三巻）、「不空羂索神呪心経一」は同じくBである。「不空羂索呪経一」は「本」と注記されているので、新たに本経として書写に使用されたものであろう。とすると、「不空羂索呪経一」は、天平八年九月二十九日始経本請和上所帳に見える天平九年三月の頃に皇后宮職が玄昉より借用した不空羂索呪経に相当することになる。十部十八巻の経巻中にある大唐内典録十巻は、経本請和上所帳の天平九年四月二十九日請経文（大日本古文書七―八一～八三）にも「大唐内典録十巻　改送」（大日本古文書七―八二）とあり玄昉から借用したものと考えられる。したがって、この写経返納文は、玄昉から借用した経巻を返却した際の文書の案である可能性がある。ただし、他の六点が経本請和上所帳に見えないので、このことはなお検討を要する。

　金光明寺写経所が作成した経巻納櫃帳（続修後集二十三、大日本古文書七―一九七～二二一）は、甲乙丙丁戊己庚辛壬の十櫃と沈厨子に納められている経典と、貸し出し中の経典（散経）の目録である。散経の経典についての貸出日が天平十年四月二十九日から天平十五年二月二十四日なので、経巻納櫃帳の作成時期は天平十五年（七四三）二月二十四日以降となる。

経巻納櫃帳には、已櫃に（大日本古文書七—二〇七）、

不空羂索経九巻〈呉桃紙及表　紫綺緒　朱頂軸〉

又一巻〈黄紙及表　緑綺緒　朱軸〉

又一巻〈白麻紙及表　緑綺緒　漆軸〉

又二巻〈黄紙及表　緑綺緒　朱軸〉

沈厨子に（大日本古文書七—二一六）、

不空羂索神呪心経一巻〈已上並呉桃紙及表　縁綺緒　朱軸〉

と、四本の不空羂索経典が記載されている。「不空羂索経九巻」はE不空羂索神変真言経三十巻の一部と考えられる。天平十年三月末頃に皇后宮職のもとに写経司が設置されるより前の段階で書写された経巻には、呉桃紙（胡桃紙）が使用されることがあった（山下、一九九九、四〇四〜四〇九頁）。したがって、「不空羂索経九巻」（不空羂索神変真言経三十巻の一部）、は天平十年三月以前に書写されていたものである可能性が高い。「又」と記される三点四巻の不空羂索経が、三十巻本の一部をなすものか、他の不空羂索経典かは不詳である。「不空羂索神呪心経一巻」は、天平十年九月二十三日写経返納文に見える本経（玄昉将来本）により、天平十年三月以前に書写したものであろう。

このように、写経司から金光明寺写経所に至る写経機関には、天平十〜十五年段階において、次の四経典が所蔵されていたことを確認できる。

A　不空羂索呪経一巻

B　不空羂索神呪心経一巻

D　不空羂索陀羅尼自在王呪経三巻

E　不空羂索神変真言経三十巻（九巻の存在は確認される）

④五月十一日願経の不空羂索神変真言経

滋賀県大津市の聖衆来迎寺に、天平十五年（七四三）五月十一日光明皇后願文を有する経巻（五月十一日経）の不空羂索神変真言経巻三が所蔵されている。

不空羂索神変真言経については、松田誠一郎氏が、天平宝字二年（七五八）七月四日から開始された千四百巻経（千手千眼経一千巻・新羂索経十部二百八十巻・薬師経百二十巻）書写事業を分析し、新羂索経が巻六・巻三十を欠く不空羂索神変真言経であること、天平勝宝五年（七五三）二月十一日種々観世音経幷応用色紙文（続々修十四帙七。大日本古文書十二—四一一〜四一三）の奥に「観自在菩薩随心呪一巻／不空羂索神変真言経三十巻／右二経有名無実」とあることから、天平勝宝五年には日本に経巻がなく天平勝宝四年派遣、同六年帰国の遣唐使により将来されたと論じた（松田、一九八五）。

石田幸子氏は、この五月十一日経不空羂索神変真言経巻三を精査し、不空羂索神変真言経に関わる正倉院文書を分析し、松田説の論拠とされた種々観世音経幷応用色紙文の奥の書き入れは追筆であり、かつ「観自在菩薩随心呪一巻」は前述の天平十年九月二十三日写経返納文に「観自在菩薩随心経　一」とあるので、「有名無実」とは天平勝宝五年五月十一日の段階で「写経所内に存在しない」状況を意味するとした（石田、一九九八）。そして、石田氏は、五月十一日経には不空羂索神変真言経巻九も存在することを指摘した。

不空羂索神変真言経巻九は、田中光顕編『古経題跋随見録』（史料編纂所所蔵謄写本は安田善次郎所蔵本（大正八年八月十五日田中

光顕贈）を昭和九年に書写）の二に「谷森氏蔵／明治十八年十月八日／観」と注記して願文が書写されている（本文第九丁表）。「谷森氏」とは国学者谷森善臣（一八一七～一九一一年）である。

光明皇后御願経の五月十一日経は、金光明寺写経所で書写されたものではなく、また巻三・巻九以外のどの巻が五月十一日経に書写されていたのかは不明である。しかし、天平十五年五月十一日の願文を有する願経に巻三・巻九があることは、天平十五年当時、金光明寺写経所の巻納櫃帳に記される「不空羂索経九巻」が不空羂索神変真言経の一部であったとの推定を可能にすると言えよう。

三　今後の課題

正倉院文書には、直接、羂索堂の建立に関わる史料は極めて少ないが、福山敏男氏により注目されてきた若干の史料がある。

その一つは、「羂索菩薩」光背の制作に関わる天平十九年（七四七）正月八日金光明寺造物所解案（続々修四十二帙二⑨〔第29・30・31紙〕裏。大日本古文書九―三二六～三二七）である（福山、一九八二、一〇〇頁）。この文書は、金光明寺造物所が「羂索菩薩光柄花蕚等物を造らんが為」に鉄二十廷（挺）を申請した文書の案であり、羂索堂の不空羂索観音像の造像のための鉄であるか、別の不空羂索観音像のための鉄であるか意見が分かれる（片岡、二〇〇三、一〇五～一〇六頁）。本文書については、収載されている続々修四十二帙二所収の諸断簡の所属の検討にもとづき、造東大寺司の前身の造物所の解案がどのような経緯で写経所文書の中にあるのかを分析する必要があるので、次の機会に検討することにしたい。

また、福山氏が注目した正倉院文書に、羂索堂と写経所の次のような経典貸借文書がある（福山、一九八二、九六～九八頁）。

1　天平感宝元年（天平勝宝元年）（七四九）四月二十八日経本出納帳（続々修十六帙六。大日本古文書十―六二七～六三〇）所収、天平勝宝元年九月二十日奉請文（大日本古文書十―六二八）

写経所が、羂索堂に大般若経初百巻を貸出し、十一月十日に返却された。

2　天平勝宝二年（七五〇）一切経散帳（続修後集二十五、大日本古文書十一―二二三～二二七）所収、天平勝宝元年九月二十日奉請文（大日本古文書十一―二二七）

写経所が、大智度論百巻を羂索堂に貸出し、（天宝勝宝二年）三月二十九日に返却された。

3　天平十四年（七四二）七月十三日納櫃本経検定并出入帳（続々修十五帙二・三等。大日本古文書二十四―一六三～二〇〇）、第六櫃、（天平勝宝）二年二月二十二日奉請文（大日本古文書二十四―一八三）

写経所が、東大寺三綱の要請により右繞仏塔功徳経一巻を羂索堂に貸し出し、三月十五日に返却された。

4　天平勝宝三年（七五一）二月五日始写私雑書帳（続々修十一帙七、大日本古文書十一―四七二～四七五）所収、天平勝宝三年四月十八日写経所奉請文（大日本古文書十一―四七四）

写経所より、東大寺三綱における善光尼関日法要のための書写に、法花経一部を羂索堂智憬に貸し出す。

5　天平十九年（七四七）十二月六日始間写経本納返帳（続々修十九帙五、大日本古文書九―五九八～六一七）所収、天平勝宝三年

五月十二日写経所奉請文（大日本古文書九―六〇五）
写経所が、八十華厳経二部を本経として用いるために、羂索堂より借用する。

6　同所収、天平勝宝四年閏三月一日奉請文（大日本古文書九―六〇七）
写経所が、六十華厳経一部を本経として用いるために羂索堂より借用する。

7　天平宝字二年七月二十五日造東寺司請経文（続々修八帙十九裏、大日本古文書十三―四七七～四七八）
写経所が、金剛般若経一百巻を大僧都良弁の宣により羂索堂に貸し出す。

右の七点の史料は、羂索堂との経典の貸借の記録であり、羂索堂の名は天平勝宝元年（七四九）から天平宝字二年（七五八）の間に見える。

また、天平二十年十月二十八日寺堂司牒（正集七①⑴。大日本古文書―三一二九）は、良弁・智憬の署判がある写経所宛の経典借用文書である。天平二十年段階の「寺堂司」とは、金堂司ではなく羂索堂司である可能性もある。羂索堂と良弁の関わりを前提として、良弁に関わり深い僧の動向を追求することも羂索堂の果たした役割を考える上で必要であろう。

なお、東大寺の創建と山房、金鍾（鐘）寺との関係などについては、石上「コスモロジー―東大寺大仏造立と世界の具現」『列島の古代史』7、岩波書店、二〇〇六年）に若干の私見を述べたので本報告では省略した（同論文三一二頁の「玄昉の伝」は「佐伯今毛人の伝」の誤記なので訂正する）。

（いしがみ　えいいち・東京大学教授）

文献一覧

一　正倉院文書と写経所の概要
皆川完一「光明皇后願経五月一日経の書写について」『日本古代史論集』吉川弘文館、一九六二年。のち、『日本古文書学論集』3、吉川弘文館、一九八八年所収
「正倉院文書の整理と写本―穂井田忠友と正集―」『続日本古代史論集』中、吉川弘文館、一九七二年、のち、『日本古文書学論集』3　所収
「正倉院文書」『国史大辞典』七、一九八六年
「買新羅物解　拾遺」『正倉院文書研究』二、吉川弘文館、一九九四年
西　洋子『正倉院文書整理過程の研究』、吉川弘文館、二〇〇二年
杉本一樹「正倉院　文書と経巻」『朝日百科　皇室の名宝』、朝日新聞社、一九九九年
『正倉院文書』日本の美術四四〇号、至文堂、二〇〇四年
『正倉院　歴史と宝物』中央公論新社、二〇〇八年
鈴木靖民「正倉院佐波理加盤付属文書の解読」『古代対外関係史の研究』、吉川弘文館、一九八五年
東野治之「正倉院蔵鳥兜残欠より発見された奈良時代の文書と墨画」『正倉院文書と木簡の研究』、塙書房、一九七七年　A
「買新羅物解」同書、一九七七年　B
飯田剛彦「正倉院事務所所蔵「正倉院御物目録十二（未修古文書目録）」㈠㈡㈢『正倉院紀要』二三・二四・二五号、二〇〇一・二〇〇二・二〇〇三年
「塵芥唐櫃第80号（中倉202）より新発見の文書断片について」『正倉院紀要』二九号、二〇〇七年
「新たに確認した大嶋郡印の捺された文書断片について」『正倉院紀要』三〇号、二〇〇八年
山下有美『正倉院文書と写経所の研究』、吉川弘文館、一九九九年
栄原永遠男『奈良時代の写経と内裏』、塙書房、二〇〇〇年

『奈良時代写経史研究』、塙書房、二〇〇三年
山本幸男『写経所文書の基礎的研究』、吉川弘文館、二〇〇二年
宮崎健司『日本古代の写経と社会』、塙書房、二〇〇六年
鷺森浩幸「藤原光明子家に関する一史料」『続日本紀研究』三〇五号、一九九六年十二月
松田誠一郎「光明皇后不悆と唐招提寺木彫群」『仏教芸術』一五号、一九八五年一月
石田幸子「滋賀県聖衆来迎寺蔵『不空羂索神変真言経巻第三』について」『博物館学年報』三一号、同志社大学博物館学芸員課程、一九九八年十二月

二　東大寺と法華堂（一部のみ紹介）

堀池春峰「金鐘寺私考」『南都仏教史の研究　上　東大寺篇』、法藏館、一九七〇年　A
「光明皇后御願一切経と正倉院聖語蔵」、同、一九七〇年　B
「優婆塞貢進と出家人試所」、同、一九七〇年　C
「奈良時代仏教の密教的性格」『南都仏教史の研究　下　諸寺篇』法藏館、一九七二年、初出一九六〇年
浅井和春「法華堂本尊不空羂索観音像の成立」『日本美術全集』４・東大寺と平城京、講談社、一九九〇年
『日本の美術』三八二号（「不空羂策・准胝観音像」）、至文堂、一九九八年三月
片岡直樹「法華堂と不空羂索観音像の成立」大橋一章・斎藤理恵子編『東大寺―美術史研究の歩み―』、里文出版、二〇〇三年
福山敏男「東大寺法華堂の建立」『寺院建築の研究』中、中央公論美術出版、一九八二年、初出、一九三三年

考古学からみた法華堂の創建と東大寺前身寺院

高橋照彦

一　法華堂と東大寺前身寺院をめぐる研究現状

法華堂の創建をめぐっては、その本尊の不空羂索観音の造立とも絡んで、実に種々の説が提出されており、いまだに定説をみないのが現状である。特に論点となっているのが、法華堂の創建年代、所属する寺院の名称、ならびに堂内諸仏の造像の経緯であろう。本稿では、考古学の立場からの検討に力点を置いて前二者の問題を中心に議論を試みたい(1)。

法華堂の創建年代に言及する最も古い史料は、平安時代末期に編纂された『東大寺要録』である。その巻第四の諸院章において、羂索院、すなわち現在の法華堂は、東大寺前身寺院である金光明寺、ならびにそのさらに前身となる金鐘寺の堂宇であったとされており、天平五年（七三三）に創建されたと記されている。しかし、福山敏男氏により、この年代が「東大寺桜会縁起」にみえる「以去天平年、始奉…」の誤読とみなされており(2)、現在において法華堂の天平五年創建説はほとんど支持されていない。

『東大寺要録』以外には、法華堂の創建年代を直接記す史料がないため、これまでも文献史学・美術史学あるいは考古学など様々な分野からの検討がなされてきた。それらの諸説は、天平年間の後半頃という点では概ね一致するものの、細かくみれば相違がある。例えば、恭仁宮式とも呼ばれる文字を刻印された屋瓦の年代から天平十二～十五年（七四〇～七四三）頃とみるもの(3)、不空羂索観音の紫香楽からの移入説などに基づいて平城還都の天平十七年（七四五）から程ない時期を想定するもの(4)、不空羂索像の光柄・花萼などを作るための鉄の請求が天平十九年であること、「羂索堂」の史料上での初見が天平勝宝元年（七四九）であることなどから天平十九・二十年頃とみるもの(5)、などが挙げられるだろう(6)。

ただし、諸説に分かれる現況からも明らかなように、この法華堂の創建問題を探る上では決め手となる史料が欠如しており、所属した寺院の名称などを考えるためにも、単に法華堂のみを取り上げるのでは解決が難しい。そのため、東大寺前身寺院全体の成立過程を視野に入れて、それを復元しつつ検討を加えていくことが必要だと考えている。

そこで、東大寺前身寺院の研究現況についても、ごく簡単にまとめておく。まず東大寺の淵源は、一般に「山房」に求められている。(7)この山房というのは、聖武天皇の皇子が神亀五年（七二八）に夭折したことから、その菩提を弔うために発願された寺院である。しかしながら、山房起源説には反論もみられ、(8)山房の所在地の問題も含めて決着をみていない。

また、文献史料からの検討に基づけば、天平十九年（七四七）頃に成立した東大寺の前身としていくつかの寺院が存在したことは間違いない。東大寺の直接の前身として中心的な位置を占めたのが、大養徳国（大和国）のいわゆる国分寺に相当する「金光明寺」であった。そして、その金光明寺にはさらに前身の寺院が存在し、そのうち金光明寺成立以前の存立が確実なのは、「福寿寺」と「金鍾山房」の二寺である。福寿寺は、正倉院文書によれば、天平十年頃に建造を計画あるいは開始した可能性がある。(9)そして、天平十三年頃には寺観がほぼ整い、天平十四年には金光明寺に改称されたことが知られる。一方の金鍾山房は、これまで神亀五年創建の山房と同一視されてきたのであるが、両者が一致する確証はない。ただ、金鍾山房が天平十一年に福寿寺と併存していた点だけは疑いがない。(10)そして、金鍾山房も福寿寺と同様に金光明寺に併合されていったようであるが、この点にも異論がある。(11)

ひとまず上記の点を文献史学などによる研究の現況とみなし、筆者としては改めて瓦などの考古資料に基づいて、法華堂の創建と東大寺前身寺院にかかわる諸問題の一端を検討してみたい。

二　法華堂の瓦と創建年代

(一)　既往の研究と検証の方法

先にも少し触れたが、法華堂において恭仁宮所用瓦と同じ刻印が施された丸・平瓦（恭仁宮式文字瓦と呼ばれる）が用いられていたことが堂宇の修理工事に伴って明らかになった。(12)それらの文字瓦ならびに刻印はないものの同じ製作手法を有する瓦（仮に西山瓦屋の製品と総称されるもの）は、屋根に残されていた古代の瓦の大半を占めていた。(13)改築などを経つつ天平建築を今に残す法華堂の屋瓦としては、永年の使用による劣化や葺き替え時の破損などにより部分的に少しずつ差し替えられてきたことが想定され、量比から考えても恭仁宮式文字瓦などの西山瓦屋製品が法華堂における当初の瓦葺の際に使用されたものと考えざるをえない。(14)つまり、この恭仁宮式文字瓦などは、法華堂の創建を考える上できわめて貴重な実物資料と言えるのである。

その文字瓦を詳細に検討した上原真人氏は、その刻印原体における傷の進行度から、法華堂に瓦が供給された時期を分析し、恭仁宮の造営期である天平十二〜十五年（七四〇〜七四三）、特に恭仁宮造営事業の推進状況を加味して、天平十三年の初夏以降、天平十四年七月以前であると推測している。(15)ただし、この上原説に対しては主に美術史学や文献史学の立場からの反論があり、恭仁宮の造営が断絶した結果ストックされた瓦が天平十七年五月の平城還都に伴って平城宮内にもたらされたのと同様に、法華堂にも平城還都後に供給された可能性を想定する見解が根強い。

例えば上原氏の論考では、法華堂の恭仁宮式文字瓦が平城宮と同じストック瓦であった確率が数値的に二％以下ときわめて低いと試算されているのに対して、吉川真司氏は再計算を試みつつ批判を試みている。(16)ただ、確率論的な試算結果の当否を棚上げするとしても、数値の高下の判断に見解が分かれうるのは致し方ないところでもあり、文字瓦だけの分析では水掛け論となってしまう。そこで、刻印文字瓦だけに頼らずに議論を深めることが一つの打開策になるという考えのもとに、他の瓦の分析を行うことにした。

屋瓦のうち考古学的な年代決定の際に一般的に用いられるのは、文様などを有する軒先の瓦である。しかし、永年の使用などにより新しい瓦に差し替えられたことから、現在の法華堂には創建期の軒瓦が残されていない。そのため、法華堂が所在する上院地区での出土瓦を検討することが必要になる。ただし、上院地区における発掘調査は、今までのところかなり部分的である。例えば法華堂の周囲の地点でも、防災用の配管工事に伴う小面積の発掘調査が行われているが、そこから出土した軒瓦はごく断片的な資料にすぎない。(17)それに対して、上院地区においてこれまでに最もまとまって奈良時代中頃の軒瓦が出土しているのは、法華堂の北西に位置する二月堂仏餉屋の発掘調査地点である。(18)

二月堂仏餉屋下層では、奈良時代から平安時代初め頃の掘立柱建物が検出されており、それらは雑舎とみられることから、ここで出土した瓦が二月堂仏餉屋下層の建物そのものに用いられたとは考えにくい。仏餉屋は上院地区でも西北端に位置し、奈良時代には仏餉屋周辺が低湿地状になっていたとされる点からも、そこから出土した瓦は上院地区における他の堂舎の屋根瓦が廃棄された結果とみるのが妥当である。つまり、この二月堂仏餉屋下層出土瓦は、上院地区の各所からの寄せ集めの可能性が高い。ただ、「東大寺山堺四至図」によれば、奈良時代中頃の上院地区において中心的な位置を占めたとみられるのが法華堂と千手堂であり、それらの使用瓦が量としても多数であったと予想される。そして、二月堂仏餉屋地点は千手堂の所在地と比べて法華堂に近接していることからも、二月堂仏餉屋下層出土瓦は法華堂で葺かれた瓦が含まれうる最も可能性が高い遺物群であると判断できるだろう。

そうなると、この二月堂仏餉屋下層出土瓦のうち、どれが法華堂に用いられた後に廃棄されたのかが重要になる。恭仁宮式文字瓦が法華堂当初の瓦であることは確実であるので、それらの文字瓦と同時に生産あるいは使用される可能性を持つ軒瓦を抽出することによって、法華堂の所用軒瓦を絞り込むことが可能になる。以下では、そのような瓦群の検討を試みたい。(19)

(二)　仏餉屋下層出土の軒平瓦六六九一Aと軒丸瓦六二八五B

二月堂仏餉屋下層出土軒瓦のうち、恭仁宮式文字瓦と共伴して使用されうるものは軒平瓦六六九一Aである。この六六九一Aは、恭仁宮造営段階に恭仁宮式文字瓦とともに生産・供給されていた軒平瓦の大半を占めていたものであり、法華堂所用軒平瓦としては、これをおいて他にふさわしい候補を挙げがたい。しかも、この瓦当文様を持つ瓦は二月堂仏餉屋下層のうち東大寺式軒瓦が成立する以前の軒平瓦として最も出土量が多く、十二点（二十七点中、四四％）を数える点でも適切であろう。

この六六九一Aの全般的な変遷については、既に詳細な検討がなされており、[20]笵傷の進行状況などから製作年代差などが判明している。具体的には、法華寺下層→法隆寺東院→恭仁宮内裏・大極殿→平城宮第二次大極殿・法隆寺西院大講堂というように同じ笵により軒瓦が作られ続け、各所に供給されている。

これらは顎の形態に時期的変化が認められ、法隆寺東院（上宮王院）では曲線顎Ⅰ類であるが、恭仁宮以降は顎の下端に面を有する曲線顎Ⅱ類を採用している。それに対して、上院地区のものは曲線顎Ⅱ類である。法隆寺東院は『東院縁起』などによれば天平十一年（七三九）頃には主要伽藍がほぼ完成していたと推測されるため、[21]その同笵品よりは新しいということになる。

また、六六九一Aは製作年代が新しくなるとともに瓦笵の傷が進行するが、仏餉屋下層出土のものは、向かって中心から左第二単位の主葉と巻き込みのある第一支葉との間に笵傷がみられる。それは、法隆寺東院でも後半段階以降に認められるものである。また、仏餉屋下層出土品では、左第二単位の主葉と巻き込みのない第二支葉の先端との間には笵傷が認められないので、平城宮第二次大極殿など天平十七年（七四五）の平城還都以降の大半を占めるものとは異なる（図1）。このことから、法華堂の屋瓦が還都以降に生産された製品が搬入されたものではないことが裏付けられる。

さらに、仏餉屋下層出土の六六九一Aは、凸面側の叩き手法も恭仁宮のうちの内裏出土品[22]と共通する（図2）。そのことからも、法華堂所用とみられる六六九一Aは、やはり恭仁宮造営段階の瓦であり、還都以降の製品が搬入されたものとは考えられない。

上院地区仏餉屋下層では、軒平瓦六六九一Aとセットとなる軒丸瓦六二八五Bも出土している。この両者は、法隆寺東院などでも確認でき、恭仁宮造営以前からの本来のセット関係にあったことが知られている。ただし、軒平瓦六六九一Aの瓦笵が長期に使用されていたのに対して、それと対応して用いられた軒丸瓦は早くに瓦笵が損傷を起こしたようであり、年代が新しくなるのに伴って六六九一Aと組み合って用いられる軒丸瓦は次々に変化している。

具体的に言うと、恭仁宮造営段階のうち恭仁宮内裏では法隆寺東院と同じ六二八五B（KM03C）も出土するが、むしろ六二八二Ha（KM02A）が多い。そして恭仁宮内裏より建造が遅れたとみられる恭仁宮大極殿では六二八二Hもあるものの、それよりも六三二〇Aa（KM01）が圧倒的に多くなる（図3）。さらに、平城還都後には六三二〇Aaの笵型を彫り直したものも用いられており、第二次大極殿南面回廊では六二九六Aが六六九一Aのセットとして葺かれている。

このように、六六九一Aとセットになる軒丸瓦は徐々に交代していくのであり、その中で六二八五Bが上院地区にもたらされていることからすれば、恭仁宮造営でもかなり初期段階の瓦の一群が上院地区で用いられたと考えざるをえない。つまり、恭仁宮の造営末期段階にいまだ使われずストックされていた瓦が用いられたとも考えられないことになる。

ここで確認しておくべきなのは、恭仁宮などで六六九一Aとセットになりうる、六二八五B以外の軒丸瓦の存否である。上原真人氏が指摘するように、六六九一Aには本来のセットである六二八五Bだけでなく、六二八二—六七二一系の軒瓦が混用されていた可能性はある。[23]確かに、仏餉屋下層では六二八二系統の軒丸瓦の出土が少

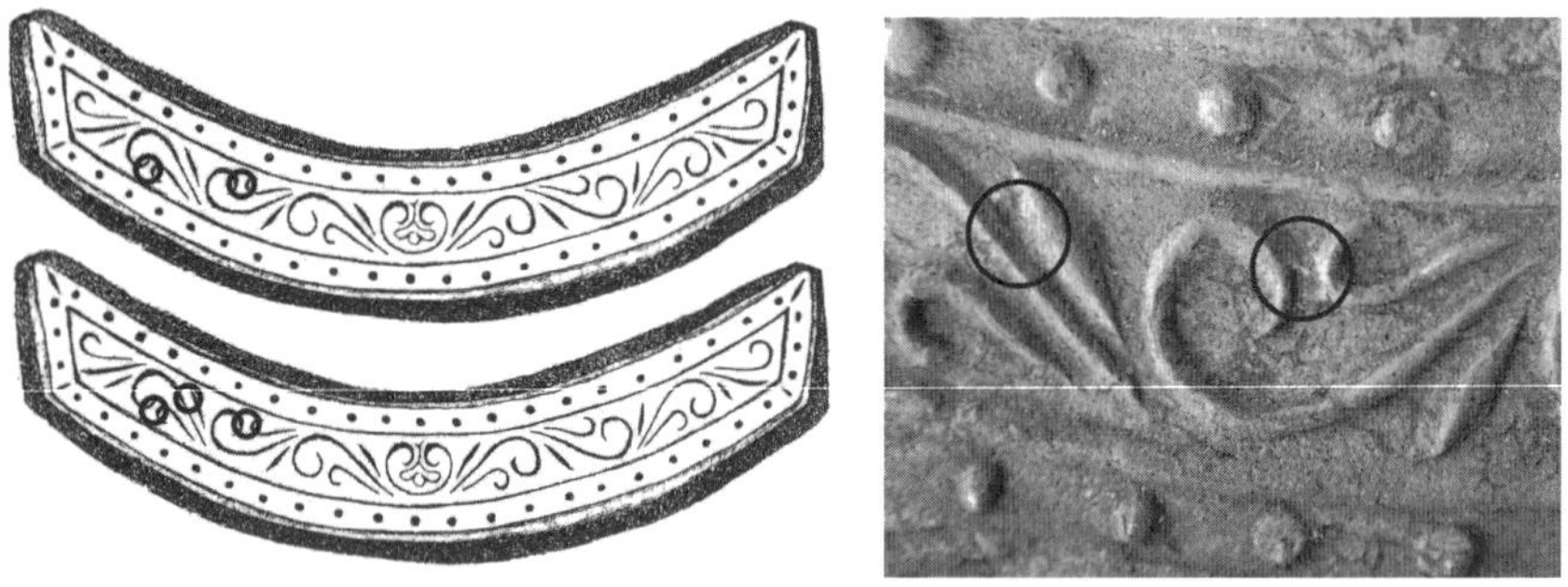

図１　軒平瓦六六九一Ａにおける瓦当笵の傷　（拓本の縮尺1/5）
左上：法隆寺東院ならびに恭仁宮出土品の笵傷（丸印部）。
左下：平城宮第二次大極殿跡出土品の笵傷（丸印部）。
右：東大寺二月堂仏餉屋下層出土品の笵傷。右丸部に笵傷があり、左丸部に笵傷がない。

図２　軒平瓦六六九一Ａにおける凸面側の叩き目　（瓦当部を下に配置、拓本の縮尺1/8）
右：東大寺二月堂仏餉屋下層出土品。
中：恭仁宮内裏地区出土品。
左：恭仁宮大極殿地区出土品。

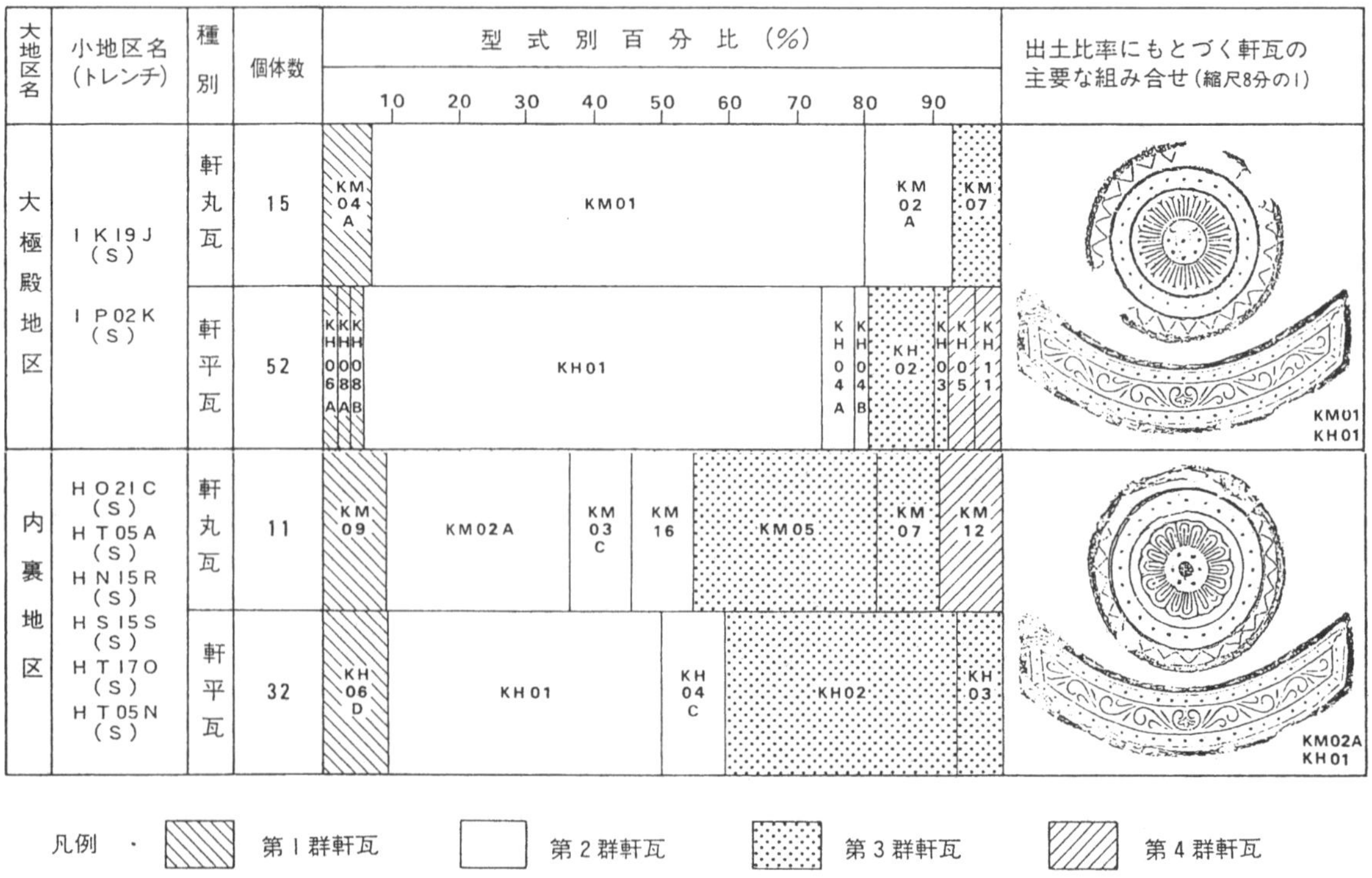

図３　恭仁宮の大極殿地区・内裏地区における軒瓦の型式別組成
第２群軒瓦が恭仁宮造営段階に新造の瓦。

なくない。しかしながら、恭仁宮において六六九一A（KH〇一）とセットになる可能性があるKM〇二Aは、先に記したように六二八二Haであるのに対して、仏餉屋下層で量的に多いのは六二八二Bbで、現状では六二八二Haが含まれていない[24]。つまり、恭仁宮造営段階に六六九一Aとともにもたらされていることが確実な軒丸瓦は六二八五Bのみということになる。したがって、恭仁宮内裏地区などの瓦の様相とも厳密には異なっており、内裏の建物に用いられた瓦が廃都後などに一括搬入されたことも考えられない。

(三) 仏餉屋下層出土の六六九一A・六二八五B以外の瓦

二月堂仏餉屋下層において出土している他の瓦についても、簡単に検討しておきたい。

六二八二B・六七二一C　まず先に記したように、軒丸瓦六二八二Bが出土しているが、それとセットになる軒平瓦六七二一Cも出土している。六二八二Bと六七二一Cは、還都後の平城宮では内裏や大極殿などにおいて最もよく用いられている瓦の一つである。恭仁宮段階で新調された六二八二Ha—六七二一Cのうち、前者の笵が早く傷んだため、おそらく平城還都以降に彫り直して六二八二Hbとしたが、さらに使用に堪えず、六七二一Cに六二八二Bが組み合わされて用いられたのであろう。上院地区出土の六七二一C・六二八二Bについては、より詳細に検討をすべきであるが、ひとまず六七二一Cが六二八二B（ならびにごくわずかに六二八二Hb）と組み合うことを認めるならば、平城に還都してしばらく後の段階に法華堂周辺の伽藍整備がなされたものと判断される。

六六六三C・六二二五L　軒平瓦としては六六六三Cが一点ながら出土している。この六六六三Cは、明瞭な顎面を持つ曲線顎Ⅱであり、右脇区中央に笵傷が認められるようである。佐川正敏氏による詳細な検討に基づけば[25]、その笵傷は第四段階以降のもので、顎形態としても矛盾はない。これと関連付けられるのは、大型の軒丸瓦六二二五Lである。六六六三Cbや六二二五Lは、平城宮第二次大極殿などで用いられており、中山瓦窯からも両者が出土している。平城還都後にほぼ同時に搬入されて、上院地区の仏堂の整備・拡充などがなされたのであろう。

六三一四E・六六六七D　軒平瓦六六六七Dは、施釉された小ぶりの瓦である[26]。瓦当文様としては、後述の六六六七Aをモデルとしたもので、六六六七Aと六六九一Aをつなぐ資料とされる。出土地としても法華寺下層など六六六七Aと分布が重なるという指摘があり、藤原氏あるいは皇后宮職との関連が想定される瓦である。年代的には、平城宮瓦編年Ⅱ期後半の均整唐草文Ⅳの代表とされ、文様からみて、上記の通り六六六七Aより後出することになる。また、本例が曲線顎Ⅱであり、六六九一Aと特徴が一致することからも、法華堂の創建瓦とみられる六六九一Aとほぼ一致する時期のものとみて大過なく、上院地区には法華堂以外にも同時期の仏堂が存在したことを示唆する。

これと対応する軒丸瓦については、六二八五—六六六七A・六六九一Aのセット関係から、同種の文様で小型の六一四二Aを六六六七Dのセットとみる説[27]があるが、その組み合わせは確実ではない。上院地区内出土品に眼を向けると、小型という点では、同じ仏餉屋下層に六二八二Caがある。しかしながら、六六六七Dは施釉（三彩）製品であるが、六二八二Caは無釉の製品であり、対応させるのには問題がある。その点からすると、二月堂仏餉屋下層からは出土していないものの、法華堂周辺で出土した、同じく三彩で小型の軒丸瓦六三一四Eとのセット関係が想定される。六三一四Eは、Ⅱ期後半に当てられており、時期的にも矛盾はない。また、六三一四Eと六六六七Dは法華寺などからも出土しており(28)、先述の藤原氏あるいは皇后宮職との関連の中で生産された特殊製品と位置付けられることから、組み合わせとしても適合している。

　六三一四Eと六六六七Dが用いられた堂宇については、前者の出土地点が法華堂近接地で、しかもその一点が法華堂の東の山手側から出土していることから、千手堂を想定する見解が既に提示されている(29)。ただし、千手堂からは別種の採集瓦が新たに確認されており(30)、それとは文様系統の異なる小型の施釉瓦が組みあうことは少し考えにくい。むしろ、上院地区出土の水波文を描く三彩の塼と同じく東大寺前身寺院の阿弥陀堂で用いられた可能性も十分に考えられよう(31)。その瓦が阿弥陀堂所用であれば、阿弥陀堂は法華堂や千手堂と比較してやや規模の小さな堂宇とみられるので、小型の軒瓦が用いられるのは不自然ではなく(32)、阿弥陀堂が天平十三年（七四一）にはほぼ完成したとみられることとも整合する。

　六二八五A・六六六七A　最後に残されたのが、軒丸瓦六二八五Aと、軒平瓦六六六七Aである。各々三点ずつが出土している。六六六七Aは段顎を呈しており、明らかに法華堂所用とみなした六六九一Aより古い形状である。しかも、その顎形態は、山崎氏による四段階の編年区分の第二段階に相当する(33)。厳密な年代の推定は困難ながら、平城宮編年のⅡ―一期、養老五年（七二一）～天平初頭頃であろうか。

　この軒瓦六二八五Aと六六六七Aについては、上院地区での創建瓦とみて、六二八五B―六六九一Aを補足瓦とする見解が毛利光俊彦氏により提示されている(34)。しかしながら、既に吉川真司氏なども指摘するように(35)、六二八五A―六六六七Aは、数量的にみて軒平瓦の六六九一Aより少数であるため、現状の資料から創建時のものと考えるのは適当ではない。

　六二八五B―六六九一Aのまとまった出土地としては法華寺下層や左京三条二坊六坪（宮跡庭園）(36)などが挙げられ、藤原不比等―光明子の邸宅関連を中心に葺かれた瓦と考えられる。一方、六二八五B―六六九一Aが比率としては少数ながら出土する比較資料として注目すべきなのは、平城京左京三条二坊一・二・七・八坪のいわゆる長屋王邸であろう(37)。岸本直文氏によれば、六二八五B―六六九一Aは長屋王存命中に生産された瓦とみられるが、藤原氏に関連深いこの軒瓦が、量として少ないながらも長屋王の邸宅に持ち込まれる理由は見当たらず、長屋王没後にその宅地が皇后宮あるいはその関連施設となることから、その段階で持ち込まれたとされている。これは適切な所見と思われる。上院地区についても全体比率としては少数の六二八五B―六六九一Aが出土するのは、上院地区における寺院の造営が光明皇后あるいは皇后宮職などによって推進されたことから、皇后宮などの建物から瓦類が二次的に搬入されたと推察するのが穏当であろう(38)。

(四)　法華堂の瓦供給年代と瓦からみた上院地区

　以上の検討をふまえて、屋根瓦からみた法華堂の創建に関して再整理をしたい。まず、人名を刻印する特殊な恭仁宮式文字瓦がまとまって用いられているのは、基本的に恭仁宮と上院地区の法華堂のみである。したがって、法華堂に恭仁宮式文字瓦がもたらされる経緯としては、恭仁宮の造瓦段階に瓦が供給されたか、恭仁宮造営が断絶したためにストックされていた瓦が持ち込まれたか、恭仁宮の廃都により恭仁宮内の建物から屋瓦が一括して運び込まれたか、のいずれかが考えられる。状況的にみて後二者の可能性が低いことは上原真人氏の指摘の通りであろうが[39]、改めて本稿では軒瓦という別の側面から検討を試みた。その結果は、以下の通りである。

まず、恭仁宮式文字瓦と対応しうる上院地区出土の軒平瓦は六六九一Aであり、それが法華堂所用瓦と推測せざるをえない。そして、その六六九一Aは、恭仁宮造営段階でも大極殿より先行して瓦が供給されたとみられる内裏出土品と製作技法などにおいて共通する特徴を示す。この点からすると、恭仁宮の造営の末期段階にストックされた瓦などが平城還都後に供給されたことは考えられない。また、六六九一Aと対応する軒丸瓦としては、上院地区において六二八五Bの出土を確認できるが、恭仁宮内裏地区において六二八五Bよりも多数が用いられた六二八二Haは、現状では認められない。この点から、恭仁宮の内裏地区の建物などから瓦が一括搬入されたことも考えにくい。つまり、法華堂に瓦が搬入されたのは、恭仁宮の造営事業において内裏への供給が本格化するのよりも先立つ時期と判断されるのである。

そうだとすると、法華堂への瓦供給期として、上原真人氏が状況証拠から想定していた、天平十三年（七四一）の初夏以降、天平十四年七月以前という時期が、軒瓦の検討の結果から考えあわせても、適切と言えそうである。そこで念のため、改めて上原氏の示した時期幅が妥当かについてもう少し確認をしておきたい。

まず、上原真人氏の想定の根拠を振り返ると、恭仁宮の遷都が決まる天平十二年十二月以降に開始するとしても工房の設置や粘土や薪の確保などの準備が必要であることから、天平十三年初夏以降とする。その一方で、天平十五年の元日朝賀にて大極殿の基壇化粧などが未完であることから、大極殿に瓦を葺き始めるのは天平十四年の後半になってからであり、それ以前に法華堂に瓦が供給されたと推測する。そして、下限年代として具体的には、金光明寺に改称される十四年七月以前と結論付けている。

このうち法華堂への瓦の供給年代の上限に関しては、厳密に言えば、法隆寺東院の造営に一段落が付いた時期以降で、恭仁宮の遷都が決まる天平十二年十二月以前である可能性は残されている。六六九一Aの瓦笵は法華寺下層や法隆寺東院に引き続いて使われたものであるから、もしも上記の時期の生産であれば、恭仁宮造営にかかわる瓦工房ではなく、皇后宮職に関連する瓦工房の製品ということになろう。ただし、刻印文字瓦は法華寺下層や法隆寺東院で用いられておらず、その延長の生産体制にあったとすれば瓦への人名の刻印という独特の生産方式を採用する必然性は説明しにくい。また、瓦製作において法隆寺東院段階とは叩きによる成形方法や顎形態の変化もみられるので、皇后宮職に関連する瓦工房を引き継ぐ面はあったとしても、むしろ新たな造瓦体制の下での生産とするのが理解しやすい。六六九一Aの瓦笵などは、恭仁宮造営以降に基本的に平城宮所用瓦において用いられており、その点でも恭仁宮遷都時の変質を想定するのが良い。状況証拠的な側面が強いが、法華堂への文字瓦などの生産開始は恭仁宮遷都の天平十二年十二月以降、実質的には天平十三年以降とするのがやはり妥当である。

その一方で、法華堂への瓦供給の下限の年代に関しては、法華堂よりもはるかに多量の瓦を要する大極殿所用瓦の生産期間、さらには大極殿に先立つ内裏地区へ供給する瓦の生産の最終段階には組み合う軒瓦に変化が生じていたことも勘案すると、むしろ天平十四年にまでは下らない可能性が高い。ひとまず天平十四年七月以前、すなわち天平十四年でも前半期であるのはほぼ動かないだろう。

改めてまとめれば、法華堂への瓦の供給は天平十三年、遅くとも天平十四年の前半代には終了していたことになる。本例においては、以上の検討の通り、特殊な条件が重なることによってかなり詳細に年代の絞込みが可能になったものと言える。その結論により、法華堂の創建時期としては『東大寺要録』に記された天平五年（七三三）が適合しないだけでなく、考古学以外の諸分野では多数を占める平城還都後の創建という説も否定せざるをえない。

他の瓦類の検討結果も整理しておくと、まず上院地区では平城還都後の瓦も出土しており、その段階でも法華堂周辺の伽藍整備などが行われていた。その一方で上院地区の堂舎の造営にあたり、皇后宮あるいは藤原氏関係の邸宅などから、瓦が二次的に搬入されていたものと推測される。また、三彩軒瓦は光明皇后あるいは皇后宮職との関係が深いもので、天平十三年頃に完成した東大寺前身寺院の阿弥陀堂所用の可能性がある。

ただし、上院地区が属する寺院の名称については、これらの考古資料から直接知ることができないため、他の地区における瓦の様相を検討した上でさらに議論を加えてみたい。

三　東大寺前身寺院の所在地

(一)　丸山西遺跡の軒丸瓦六三〇一A

東大寺前身寺院に相当する仏堂の所在地としては、上院地区以外に、上院地区より谷を隔てて北側の丸山地区が挙げられる。この丸山地区の中で最古段階の軒丸瓦は、丸山西遺跡から採集されている六三〇一Aである[40]。六三〇一Aは、丸山西遺跡採集品の中でも最も多くの量を占める。しかも、この瓦には創建時の朱塗りの際に付着したとみられる朱線が確認できることからも、差し替え瓦などでないことは明らかであり、この丸山西遺跡に建立された堂舎の創建期の瓦とみて間違いない。この六三〇一Aは、興福寺の伽藍造営において長期にわたって使用されており（興福寺ではI丸B1と分類されている）、その間に瓦笵の損傷が進行している。そこで、その瓦の変遷の様相から検討を始めたい[41]。

まず、興福寺に瓦を供給した京都府梅谷瓦窯から出土した六三〇一Aは、その当初の笵を用いており、笵傷が認められない（第一段階）。興福寺中金堂創建時のものとみられ、その建立年代には諸説があるが、藤原不比等が没する養老四年（七二〇）以前には建立が開始されていたものと推測される。

その一方で、東大寺大仏殿院回廊出土の六三〇一Aは、笵傷がきわめて著しく、文様も不鮮明である（第五段階）。天平勝宝八歳（七五六）に聖武天皇一周忌に向けて大仏殿院の完成を急いでいるが、その頃に興福寺に発注されて東大寺に搬入されたものとみられる。

次に、興福寺五重塔北側一括出土品は、興福寺式（六三〇一A、六六七一A）と東大寺系（六二三五、六七三二）の軒瓦が多くを占める。このうち六三〇一Aには大きく二種のものが確認される。一種は大半を占めるもので、珠文帯・鋸歯文帯にわずかな笵傷を持つものである（第二段階、図4上）。厳密には、その中でも笵傷にわずかの進行差があるようだが、一つの段階としておく。もう一種は、笵傷が大きく進み文様も不鮮明であり、色調が灰色を呈して、赤褐色の砂粒を多く含む（第五段階）。この特徴は概ね東大寺大仏殿回廊例と共通している。

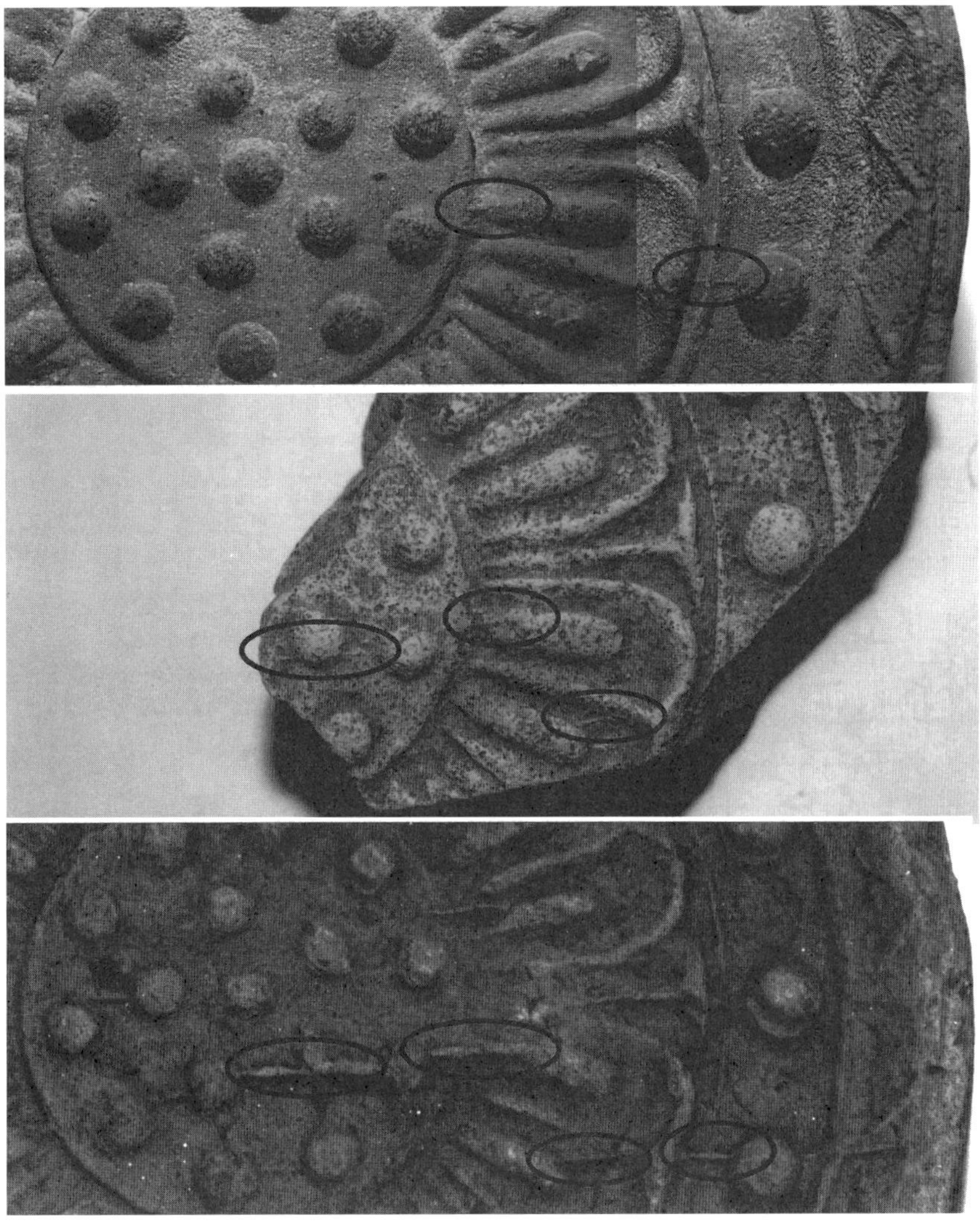

図4　軒丸瓦六三〇一Aにおける瓦当笵の傷　（丸囲部が主な笵傷の箇所）
上：興福寺五重塔北側一括出土品（第二段階）。
中：東大寺丸山西遺跡出土品（第三段階）。
下：興福寺食堂跡周辺出土品（第四段階）。

　この一括資料の出土場所は、五重塔と東金堂の間に位置しているが、より塔に近接する地点になる。寛仁元年（一〇一七）に雷火で塔と東金堂が初めて被災しており、その後に一括廃棄された瓦群とみて、内容的には矛盾がない。そうなると、六三〇一Aのうち第二段階のものが東金堂や五重塔の創建瓦と判断され、第五段階のものは東大寺系の瓦と同じように差し替え瓦とみられる。

　この一括資料と東金堂出土品とを比較すると、東大寺系（六二三五、六七三二）あるいはそれより新しい時期の瓦を除くと、塔北では興福寺式（六三〇一A、六六七一A）が多いのに対し、東金堂では平城宮系（六三一一、六六八二）が多い（図5・6）。そのことからみると、塔北一括出土品の主体は、五重塔所用の瓦群と推測される。

　また、他の堂塔における平城宮系と興福寺式の比率（図7）をみると、藤原不比等発願の中金堂では興福寺式が多く、養老四年（七二〇）に元明上皇・元正天皇が発願した北円堂や神亀三年（七二六）に聖武天皇が発願した東金堂では平城宮系が多い。興福寺において天皇の発願した仏堂は平城宮系が主体ということになる。一方、五重塔は天平二年（七三〇）に光明皇后の発願により造立されたもので、藤原氏の娘としての発願とすれば、

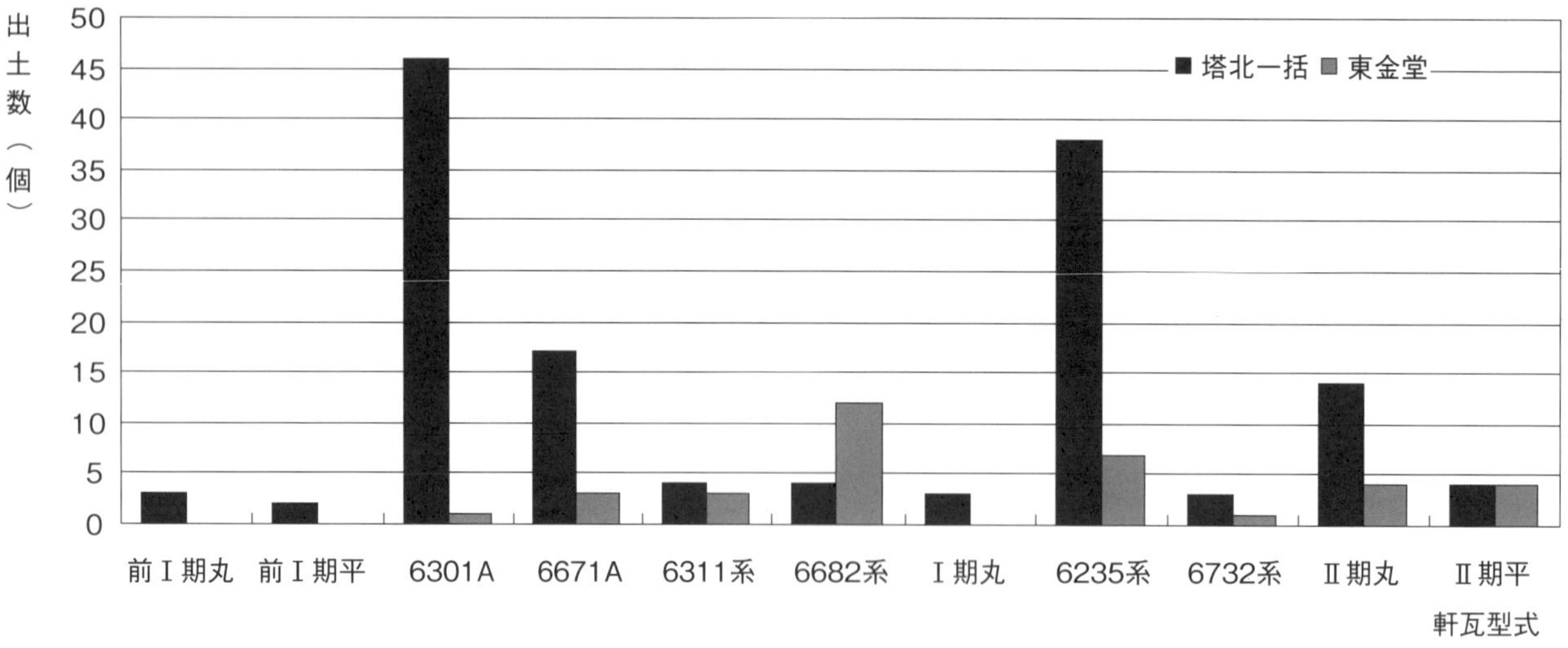

図５　興福寺における五重塔北一括出土品と東金堂周辺出土品の比較（１）

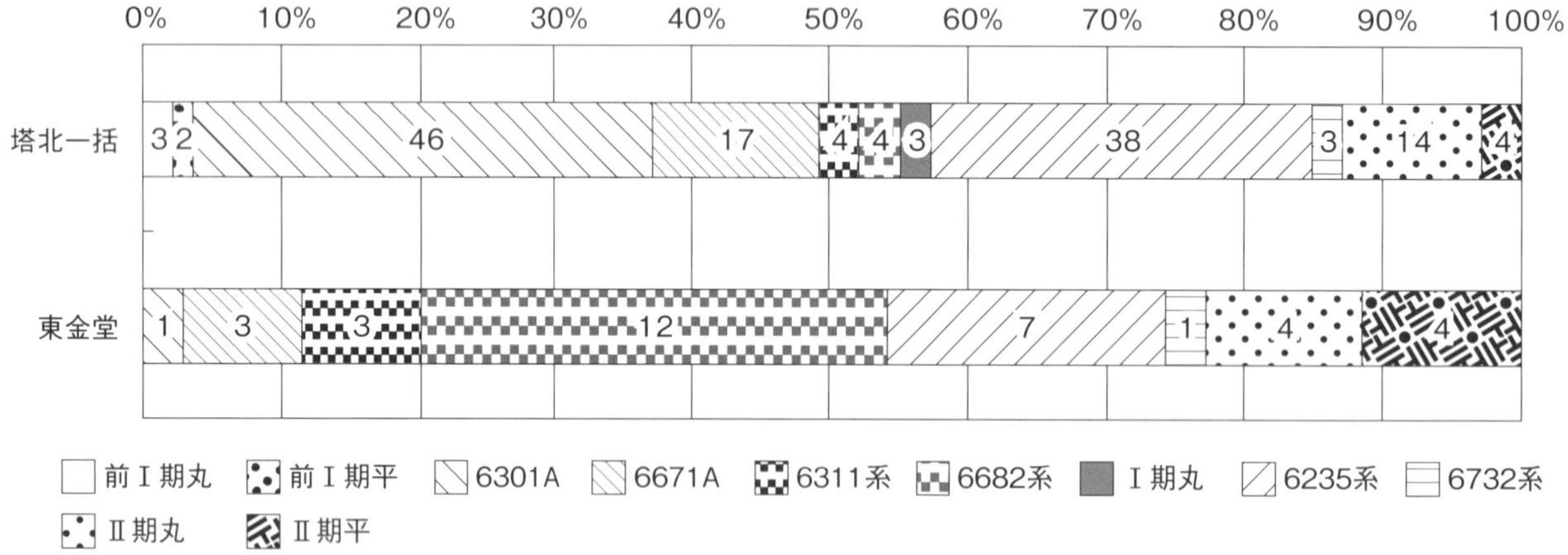

図６　興福寺における五重塔北一括出土品と東金堂周辺出土品の比較（２）

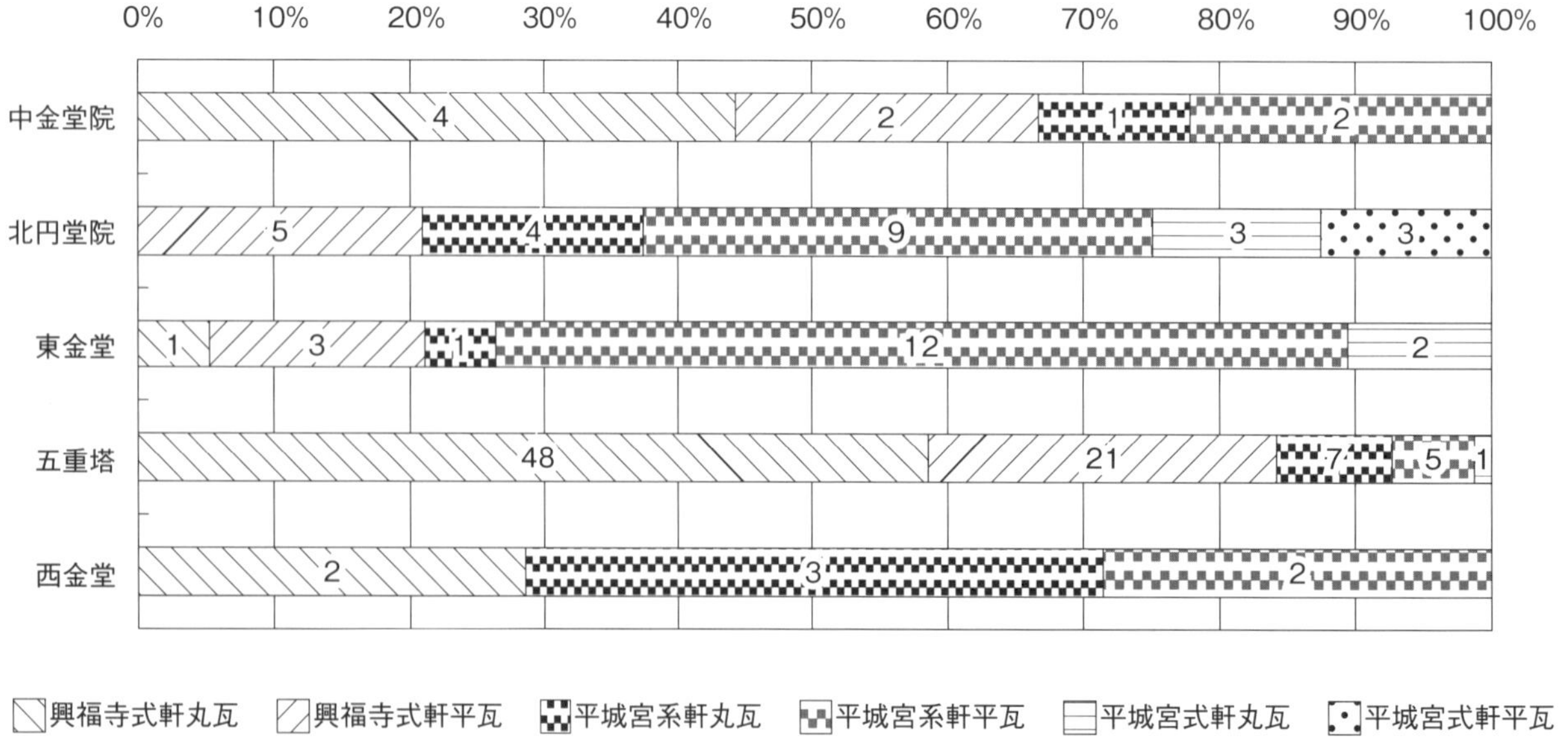

図７　興福寺諸堂における８世紀前半代軒瓦の文様系譜別構成

瓦の差異も説明がつきやすい(42)。

もちろん塔北一括出土品に東金堂所用の六三〇一Ａを含んでいた可能性は否定できないが、たとえそうだとしても、第二段階のうち最も笵傷が進むものは五重塔の創建瓦だと考えざるをえない。

次に、興福寺食堂周辺出土品については、焼成が甘いために、笵傷が不鮮明のものも多いが、少なくとも三種は存在する。一つは、塔北一括出土品の主体となる瓦とほぼ同じ笵傷のもの（第二段階）。もう一種は、東大寺大仏殿院回廊例とほぼ同じもの（第五段階）。そして、残る一種は、塔北一括出土品より著しく笵傷が進行するが、第五段階ほど文様が不鮮明でなく、傷も進んでいないもの（第四段階、図4下）である。

食堂の創建年代は、厳密には不明である。ただ、『興福寺流記』所引の資財帳の年代からすると、「旧記」→「天平記」→「天平前記」→「天平十六年記」→「天平流記」→「宝字記」という変遷が辿れ(43)、このうち食堂は五重塔の記載を持つ「天平記」にあることから、塔の創建された天平二年（七三〇）からあまり隔たらない時期に建立されたものとみられる。また、食堂近接地にあった三面僧房は「天平十六年記」にあり、天平十六年（七四四）以前の建立である。

このようにみると、食堂周辺で確認できる六三〇一Ａのうち第二段階のものは食堂の創建瓦とみてよいだろう。それに対して第四段階のものは、天平二年の五重塔所用瓦とみられる第二段階よりもかなり傷が進行しているが、天平勝宝八歳（七五六）頃の第五段階ほどには傷が進んでいない。よって、第四段階はほぼ三面僧房の建立時期と判断され、三面僧房からの混入瓦か、その時期に製作された瓦が食堂の差し替え瓦として用いられたかのいずれかであろう。実年代としては、天平十六年（七四四）以前で、天平十年代前半頃（七四〇年前後）となるだろう。

以上検討したような六三〇一Ａの変遷に照らし合わせて、丸山西遺跡採集品を確認すると、塔北一括出土品の第二段階に認められない笵傷が、中房や蓮弁部に認められる。塔北一括の第二段階で最も傷の鮮明なものよりも進んでいると言ってよい。しかし、三面僧房かとみられる第四段階のように、笵傷は蓮弁部から中房部には貫かない。つまり、三面僧房造立期より遡り、五重塔より後出するものである（第三段階、図4中）。

しかも、丸山西遺跡の六三〇一Ａは、傷の進行度において比較的近似している塔北一括出土品と比べて、相違点が認められる。まず、丸山西遺跡採集品は、色調として灰白色のものが多く、焼成状況を異にしている。また、瓦当と丸瓦の接合の向きが、塔北一括出土品を初め興福寺で一般的なものと九〇度回転した方向になっている。つまり、五重塔造営段階での傷の進行の範疇に収まるのではなく、別の時期の製品であることが明らかである。

また、丸山西遺跡のものは第四段階よりも第二段階にかなり近い様相である。傷の進行度の差異は、単純に実際の年代差に比例するわけではないが、三面僧房よりは五重塔の建造により近い時期のものとみるのが穏当である。そうなると、橘三千代の一周忌の天平六年（七三四）に完成した興福寺西金堂の造営期に近い頃になってくる。ただ残念ながら、西金堂における瓦の様相は現状では不明である。より年代を限定するのは今後の残された課題であるが、少なくとも興福寺五重塔の創建年代である天平二年（七三〇）に近いが、それよりは少し新しい時期の瓦であることは間違いない。

念のため、軒丸瓦六三〇一Aの笵傷の諸段階を再整理すると、以下のようになる。

第一段階（養老四年（七二〇）以前）：中金堂・梅谷瓦窯。笵傷なし。
第二段階（天平二年（七三〇）頃）：五重塔・食堂。珠文帯・鋸歯文帯にわずかな笵傷。
第三段階（天平五年（七三三）頃?）：丸山西遺跡・西金堂（?）。中房や蓮弁部にも笵傷。
第四段階（天平十年（七三八）頃）：三面僧房。外区から蓮弁や中房に貫く笵傷。
第五段階（天平勝宝八歳（七五六）頃）：東大寺大仏殿院回廊。笵傷が顕著で、文様も不鮮明。

（二）丸山西遺跡における仏堂の創建時期

丸山西遺跡採集の軒平瓦についても簡単に検討をしておく。

丸山西遺跡で用いられた軒丸瓦六三〇一Aが、興福寺において創建以来組み合っていたのは軒平瓦六六七一A（興福寺Ⅰ平B1・2）である。ところが、丸山西遺跡ではそれが用いられず、平城宮系の六六七一Bと組み合っていたものとみられる。六六七一Bの顎形態に着目すると、丸山西遺跡では段顎も含むものの直線顎が多数を占める。六六七一Bそのものでは顎形態の変遷過程が不明ながら、先に上院地区の瓦として取り上げた六六九一Aでは、光明立后期（天平元年以降）かとみられる法華寺下層は基本的に段顎であるのに対して、天平十一年（七三九）頃には創建された法隆寺東院では段顎・直線顎・曲線顎Ⅰがあり、曲線顎Ⅰが多い。さらに天平十二〜十五年の造営の恭仁京や東大寺上院地区では曲線顎Ⅱ類ばかりである。六六九一Aでみる限り、丸山西地区の段顎と直線顎の共存は天平年間一桁台でも中頃と推測され、軒丸瓦の年代観とも対応をみせる。

前節の軒丸瓦の検討結果に、この軒平瓦の状況を加味しても、丸山西遺跡における仏堂の創建瓦は、山房の創建された神亀年間に遡らないということになる。ただし、例えば山房の造営に時日を要して、丸山西遺跡の堂舎が天平二年以降に完成した可能性もなくはない。だが、神亀五年（七二八）に光明の子の菩提を弔うために発願された山房の造営よりも先に、同じ軒丸瓦を用いて光明の発願とされる興福寺の五重塔が天平二年に建立される事態は想定しにくい。それに、興福寺西金堂が橘三千代の没後に発願されて一周忌までに完成したことからしても、山房の主要堂宇は興福寺五重塔よりも前に十分に完成できたはずである。その点も考え合わせれば、丸山西遺跡の堂宇は神亀五年建立の山房とはみなせない。

ただ、例えば丸山頂上付近には天地院が存在することから、この天地院を神亀五年の山房とみなす考えがなおもあるかもしれない。確かに、丸山頂上付近は発掘調査で出土した土器などに八世紀前半の遺物を含むため、その可能性は考慮が必要である。しかし、瓦としては丸山西遺跡よりも時期的に遡るものは現状では確認されておらず、本格的寺院としての成立を神亀以前に求められるかは問題が残る。また、『東大寺要録』巻第四諸院章には天地院についての縁起を残しているが、和銅年間の行基の開祖を伝えるものの、聖武の皇太子や山房にかかわる言及がまったくないことから、この地に神亀五年建立の山房を求めるのも穏当ではない。

このようにみてくると、丸山地区における本格的な堂舎の創建として確実なのは丸山西遺跡であり、その年代は天平二年（七三〇）

以降で、それから時期を大きく隔てない段階ということにも改めて注意が必要であろう。ここで想起されるのは、『東大寺要録』にみえる天平五年という「金鐘寺」の創建年代である。(44)天平五年は、法華堂の建造年代としては不適切ながらも、丸山西遺跡の成立年代としては十分に合致する可能性があり、東大寺前身寺院の成立時期として天平五年説が再浮上することになる。

しかしながら、丸山西遺跡の成立年代をより新しく想定する藪中五百樹氏の見解も既に提出されている。(45)藪中氏は、六三〇一Aと組み合う軒平瓦の六六七一Aが興福寺では天平六年（七三四）に完成した西金堂まで用いられていることをふまえ、六三〇一Aにセットとなる六六七一Aの笵が早くに破損して、その代わりに丸山西遺跡でも用いられた六六七一Bが採用されたものと推測し、天平六年以降の年代を与えている。

確かにその可能性はあるが、厳密に言えば、西金堂でも六六七一Aの出土を多く確認しているわけではないから、西金堂を造営する天平五年の途中段階で既に六六七一Aが破損し、六六七一Bが用いられ始めていたことはまず想定しておかねばならない。

また、六六七一Bは興福寺内での出土を確認できないことから、六六七一Aの瓦笵が使用に耐える段階でありながらも、本来の組み合わせとは異なり、宮系の瓦として六六七一Bが採用されたことなども考えられなくはない。例えば、丸山西遺跡でも出土する六三〇一Bは、興福寺創建瓦の六三〇一Aに酷似する宮系の軒丸瓦であるが、量的に少ないものの恭仁宮でも出土しており、恭仁宮の需要のために補足的に搬入されたものとみられる。ところが、六三〇一Aは先述の通り天平勝宝年間まで使用されているので、六三〇一Aが使われなくなった後に六三〇一Bが出現するわけではない。このような例からしても、六六七一Bの出現を、六六七一Aの消滅後に限定することはできない。

さらに言えば、興福寺西金堂付近出土の六六七一Aには曲線顎を確認できるのに対して、丸山西遺跡の六六七一Bは直線顎が多く、段顎も存在する。西金堂からの出土例が現状では少なく、また六六七一Aと六六七一Bで顎形態の推移が同じかは厳密に言えば留保すべきだが、単純に形態からすれば丸山西遺跡例はむしろ西金堂の完成に先立つとみるほうが自然である。

いずれにせよ今後、丸山地区と興福寺西金堂の双方の瓦が量的に充実すれば、両者の時期的な先後関係は明瞭になるはずであり、現状では丸山西遺跡の成立を西金堂の造営期である天平五年頃に置きうる可能性は十分にあると言えるだろう。

最後に、丸山西遺跡採集の他の瓦に触れておく。丸山西遺跡では軒丸瓦六二八二Bbが採集されており、同笵瓦は天地院跡とされる丸山頂上付近でも出土している。この六二八二Bbは、先述の通り、上院地区の仏餉屋下層でも出土している。丸山西や丸山頂上の例のほうが、生焼けで傷も進行しているようだが、いずれにしても同笵瓦が丸山地区と上院地区の双方で出土していることになる。同様に、丸山西遺跡では六二八二Bbにセットとなる可能性を持つ曲線顎Ⅱ類の軒平瓦六七二一Gが採集されており、仏餉屋下層では六七二一Cが多いものの、一点ながら六七二一Gbが確認される。(46)創建期の瓦としては、丸山地区が興福寺系の軒丸瓦を中心とし、上院地区が皇后宮関連あるいは恭仁宮式ということで、光明皇后という接点はあるとしても、双方の様相には差異が大きい。この点と対比すると、両地区における六二八二Ｂｂなどの共通瓦笵による瓦の搬入という変化は注目される。ちなみに、その後も丸山地区と上院地区とは同様に東大寺式である六二三五Ｄの瓦を使用している。これらのことから、上院地区と丸山地区が六二八二Ｂｂ—六七二一などにより、平城還都以降に一連の整備がなされていくことが想定される。

㈢　東大寺成立以前の古瓦出土地

出土遺物からすると、東大寺の前身となる仏堂が所在した候補地としては、先に検討した上院地区や丸山地区以外に、大仏殿西側の戒壇院周辺地区、そして現在の東大寺の境内地とはかなり離れるが、春日大社が鎮座する御笠山のさらに南（花山の南山腹）に位置する香山堂地区などが挙げられる。それらの瓦も簡単にみておきたい。

戒壇院周辺地区では、小型の車輪状の文様を持つ軒丸瓦が出土している。この瓦は、平城京内、具体的には唐招提寺（寺院成立以前の新田部親王邸か）や平城京左京三条二坊十三坪内などから出土している六〇二二Ａと同笵品とみられる[47]。また、時期としては唐招提寺講堂下層出土例において天平十五年（七四三）銘の木簡が共伴するとされており、天平十五年以前に製作された瓦の可能性がある。遺構としては不明ながら、少なくとも金光明寺に併行する時期にはこの地区に東大寺前身の仏堂があったものと推測される。ただし、その瓦は平城宮や官寺との同笵関係が認められないことから、金光明寺などの中心的な堂宇とは考えにくい[48]。既に指摘のあるように[49]、天平十六年が史料上の初見とされる辛国堂（韓国寺）がこの付近に存在したとみるのが適切であろう。

香山堂地区では、採集瓦が少ないものの、平城宮所用瓦などと同笵の瓦が出土している[50]。ここでは逐一の瓦については触れないが、その中に軒平瓦六六六四Ｆが含まれている点は注目される。六六六四Ｆは、平城宮内裏北外郭の土壙ＳＫ二一〇二で神亀五年（七二八）・天平元年（七二九）の木簡を共伴して出土しており[51]、その生産年代は神亀年間に遡るとみて間違いなかろう。したがって、現状の資料からすると、香山堂地区は神亀五年建立の山房の所在地として適合するほぼ唯一の地区である。

上記二地点の他にも、天平年間に遡る古瓦出土地がある。二次的な瓦の移動なども考慮すべきであるため、現状では詳細な検討ができないが、少し触れておく。

南大門周辺地区では、保井芳太郎氏の収集品に重槨文軒平瓦や重圏文軒丸瓦（六〇一二Ａｂか）が含まれている[52]。これらの軒瓦は、唐招提寺講堂下層や難波宮出土品と同笵とされる。重槨文軒平瓦は、興福寺創建瓦を生産していた梅谷瓦窯出土品[53]にもあるが、梅谷瓦窯例が段顎であるのに対して、本品は曲線顎であることからすると、梅谷瓦窯存続期、すなわち興福寺創建初期よりは時期的に下る。先述したような顎形態変遷観からすると、天平十年前後より後のものと推測されよう。

保井氏の収集地点は「野田法華堂趾附近（南大門東南）」とされ、興福寺東松林廿七町に含まれるものとみられる。南大門周辺出土の重槨文軒平瓦は梅谷瓦窯の製品とはみなせないものの、あるいは興福寺系統の瓦窯で作られたのかもしれない。また、この採集地付近は、現在地の法華寺が成立する以前の国分尼寺（当初の法華寺）が存在したという指摘がなされている地点でもある[54]。年代的には金光明寺成立と併行する時期の施設が存在しても問題はない。詳細は遺構の調査などが必要であるため、今後の検討課題である。

その他には、東大寺食堂北方付近において興福寺式の軒丸瓦六三〇一Ｂ、軒平瓦六六七一Ｊが出土している[55]。後者は段顎であることなど、天平年間でも前半代以前に遡りうるものである。後述するように、この食堂より西方の山中には丸山西遺跡などの山林寺院が存在しており、山林寺院の関連施設が一般にその山裾側に立地することをふまえると、東大寺食堂北方付近に丸山西遺跡と一連の施設が存在したのかもしれない。

(四) 福寿寺と金鍾山房の所在地

本章のこれまでの検討をまとめておく。丸山地区における瓦葺きの仏堂の建立を本格的な寺院の成立とすれば、これまでに知りうる丸山地区の瓦から判断すると、丸山西遺跡が最も古くに位置付けられる。そして、その丸山西遺跡の最古段階の瓦は、興福寺における創建以来の瓦笵を用いた六三〇一Ａで、その瓦笵は天平二年（七三〇）に造立された興福寺五重塔所用の瓦よりも笵傷が進行している。つまり、丸山西遺跡における寺院は、興福寺五重塔より少し遅れて造営されたことになり、その建立年代は天平二年以降である。そのため、丸山地区は、先に検討した上院地区ともども神亀五年（七二八）に建立された山房とは考えがたい。また、丸山西遺跡における仏堂の創建年代は現状では下限を示せないが、天平年間でも早い段階であることは確実であり、『東大寺要録』において「金鐘寺」の創建年代とされる天平五年頃である可能性も十分に高い。

問題になるのが、各地区の寺院名称である。まず、金光明寺成立以前の併存が確実な福寿寺と金鍾山房の候補地としては、上記の検討の通り、上院地区と丸山地区が挙げられる。そして、上院地区は天平十三年頃に仏堂が完成することから、その頃に寺観が整うとされる福寿寺にふさわしい。それに対して、丸山地区は天平五年頃に堂舎が建立されており、天平十年頃に造営が計画され始めるとみられる福寿寺には適合しない。しかも、丸山地区は上院地区よりも明らかに山手に立地する、いわば山房であることからも、福寿寺と金鍾山房と書き分けられた二寺院のうち金鍾山房が丸山地区に充てるのが適切であろうし、もう一方の福寿寺が上院地区ということで問題はない。丸山西遺跡における仏堂の創建年代が天平五年頃とみられる点も、これが金鍾山房であれば、『東大寺要録』の「金鐘寺」の創建年代という形で伝承されたとみて矛盾しない。

残された神亀五年建立の山房の所在地としては、条件を満たす瓦からすると、かつての東大寺域において香山堂地区の他に候補は挙げがたい。もちろん厳密に言えば、山房が後の東大寺とはまったく別の場所に存在した可能性[56]なども否定できないため、今後は周辺地域も含めた山林寺院の検討が必要であるが、現状では香山堂地区が山房の所在地として最有力だと言えよう。

創建期以降の瓦についても着目しておくと、上院地区と丸山地区ではいずれも六二八二Ｂｂ—六七二一などにより整備がなされている。その時期は平城還都後とみられ、金光明寺の段階であることから、上院地区と丸山地区の双方、すなわち福寿寺と金鍾山房は、金光明寺段階で実質的に併合されていた可能性が高いことになる。その一方で、香山堂地区は六二八二系統の瓦ながら六二八二Ｇが出ているようであり、上院地区と丸山地区と同時期に金光明寺に取り込まれて整備されたかは不明である。ただ、時期的にそれより少し遅れた東大寺式瓦は共通するので、天平勝宝八歳（七五六）の「東大寺山堺四至図」にみられるように、その頃には香山堂地区が東大寺に包含されていたものと判断される。

まとめ

以上、少々煩瑣な議論ではあったかと思うが、考古資料から法華堂の創建問題や東大寺前身寺院の変遷過程などを追究した。筆者の見解を改めてまとめれば、以下の通りである。

天平五年（七三三）に近い頃、「金鍾山房」が丸山地区に営まれ、天平十三年（七四一）頃には上院地区に「福寿寺」が建立されたものとみられる。その両寺院は天平十四（七四二）年に成立した「金光明寺」に引き継がれて国分寺として整備が進められ、本稿では特に検討してはいないが、さらに大仏の鋳造を受けて天平十九年（七四七）頃には「東大寺」へと発展するのである。この他、東大寺成立以前には戒壇院付近に「辛国堂（韓国寺）」が存在した。また、神亀五年（七二八）建立の「山房」は香山堂地区に所在した可能性が高い。

課題となっている法華堂の創建問題に関しては、その瓦葺きの年代が天平十三年、遅くとも天平十四年の前半代以前と結論付けられる。そして、法華堂はもともと福寿寺内に建造された仏堂であり、金光明寺に引き継がれていくものと言える。

法華堂の創建をめぐっては、堂内諸像の問題や東大寺前身寺院内における位置付けなど、多くの問題も残されている。筆者としては、法華堂がもともと金光明寺の金堂に相当する丈六堂であったものが、天平末年頃に羂索堂に改造され、その本尊も丈六釈迦如来から不空羂索観音に替わったものと推測している。その点の詳細は機会を改めて論じたい。

付記

本稿は、ザ・グレイトブッダ・シンポジウムの発表内容のうち、特に瓦を中心とする検討について、増補してまとめたものである。紙数を超過したことから、発表内容に含まれていた法華堂＝丈六堂説などについては本稿では割愛した。ご了承願いたい。法華堂＝丈六堂説などの問題に関しては、別稿（大阪大学大学院考古学研究室『待兼山考古学論集』Ⅱ所収、二〇一〇年刊行予定）において取り上げる予定であるので、あわせてご参照願いたい。

（たかはし てるひこ・大阪大学准教授）

註

（1）後者として掲げた法華堂の安置仏の問題は、筆者の前稿である、高橋照彦「東大寺前身寺院に関する試論」（『鹿園雑集　奈良国立博物館研究紀要』第五号、二〇〇三年）でも扱っている。

（2）福山敏男「東大寺創立に関する問題」（『古代文化研究』五、一九三三年）（後に「東大寺の創立」として『寺院建築の研究』中、中央公論美術出版、一九八二年所収）。

（3）上原真人「恭仁宮文字瓦の年代」（『文化財論叢―奈良国立文化財研究所創立三〇周年記念論文集―』同朋舎出版、一九八三年）。
上原真人「天平一二、一三年の瓦工房」（『研究論集』Ⅶ、奈良国立文化財研究所、一九八四年）。
上原真人「東大寺法華堂の創建―大養徳国金光明寺説の再評価―」（『考古学の学際的研究―濱田青陵賞受賞者記念論文集Ⅰ―』、二〇〇一年）ほか。

（4）川瀬由照「東大寺法華堂の造営と不空羂索観音像の造立について」（『佛教藝術』二一〇号、一九九三年）。
浅井和春『天平の彫刻　日本彫刻の古典』（〈日本の美術〉№四五六、

至文堂、二〇〇四年）ほか。

（5）福山敏男註（2）前掲論文。

堀池春峰「金鐘寺私考」（『南都佛教』第二號、一九五五年）（後に『南都仏教史の研究』上〈東大寺篇〉、法藏館、一九八〇年所収）。

吉川真司「東大寺の古層―東大寺丸山西遺跡考―」（『南都佛教』第七八號、二〇〇〇年）ほか。

（6）本文に掲げる諸説とも部分的に重なるが、例えば『東大寺要録』巻五の「東大寺華厳別供縁起」に華厳経初講と伝える天平十二年、同じ『要録』巻八の「東大寺桜会縁起」に法華会（桜会）の開始とされる天平十八年などに、法華堂の創建時期を求める説もある。しかしながら、いずれも法華堂創建そのものを直接示すものではない。

（7）家永三郎「国分寺の創建について」（『建築史』第一巻第四號、一九三九年）（後に『上代佛教思想史』畝傍書房、一九四二年所収）（『上代仏教思想史研究』目黒書店、一九五〇年再版増補）（上掲書新訂版、法藏館、一九六六年）。

堀池註（5）前掲論文。

吉川註（5）前掲論文。

橋本聖圓『東大寺と華厳の世界』（春秋社、二〇〇三年）。

吉川真司「大養徳国金光明寺―その金堂をめぐって―」（『ザ・グレイトブッダ・シンポジウム論集』第一号〈論集　東大寺の歴史と教学〉、法藏館、二〇〇三年）。

森本公誠「東大寺と華厳経―聖武天皇による華厳経止揚への過程を追って―」（『南都佛教』第八三號、二〇〇三年）ほか。

（8）稲木吉一「新薬師寺」（『日本の古寺美術』一六〈新薬師寺と白毫寺・円成寺〉、保育社、一九九〇年）。

稲木吉一「香山寺創建考」（『女子美術大学紀要』二四、一九九三年）。

鈴木麻里子「『続日本紀』神亀五年十一月三日条にみえる「山房」について」（『続日本紀研究』二八九、一九九四年）。

高橋註（1）前掲論文。

石上英一「コスモロジー―東大寺大仏造立と世界の具現」（『列島の古代史　ひと・もの・こと』七〈信仰と世界観〉、二〇〇六年）など。

（9）栄原永遠男「福寿寺大般若経について」（『日本歴史』第四五〇号、一九八五年）（後に「福寿寺と福寿寺大般若経」として『奈良時代写経史研究』塙書房、二〇〇三年所収）。

（10）堀池註（5）前掲論文ほか。

（11）菊池章太「金鐘寺金光明寺同一説に関する疑問」（『史境』一九、一九八九年）。

（12）松浦正明「法華堂天平美術新論」（『南都佛教』第八二號、二〇〇三年）。

奈良県教育委員会『国宝東大寺法華堂修理工事報告書』一九七二年。

（13）上原二〇〇一年註（3）前掲論文。

（14）出土品も含めて恭仁宮式文字瓦が東大寺の中でまとまって確認できるのは法華堂のみであり、法華堂が東大寺前身寺院にも遡りうる東大寺最古段階の仏堂であることからも、東大寺内の他の仏堂から一括して転用された瓦であることなども考えることはできない。

（15）上原二〇〇一年註（3）前掲論文。

（16）吉川二〇〇三年註（7）前掲論文。

なお、吉川氏が法華堂の恭仁宮式文字瓦をストック瓦とみなして確率計算をしている点は、その前提が偽であれば、数値的には意味を持たない計算になるため、適切な計算結果とは言えない。とはいうものの、確率論だけでは吉川氏の批判を完全に否定するのも難しい。

（17）奈良県立橿原考古学研究所「史跡東大寺総合防災施設工事に伴う事前発掘調査の概要―平成二～四年度―」（『南都佛教』第六九號、一九九四年）。

奈良県教育委員会『東大寺防災施設工事・発掘調査報告書』二〇〇〇年。

（18）奈良県教育委員会『重要文化財東大寺二月堂仏餉屋修理工事報告書』一九八四年。

なお、東大寺出土瓦の実見などに際しては、横内裕人氏や坂東俊彦氏にお世話になった。厚く御礼申し上げたい。

（19）筆者の旧稿における瓦の記述には不正確な部分を含んでいたため、詳しい内容は本稿を参照されたい。

高橋照彦「緑釉軒平瓦」（『東大寺修二会千二百五十回記念　特別陳列　お水取り』奈良国立博物館、二〇〇一年）。

高橋照彦「二月堂付近出土品　東大寺創建以前」ほか（『東大寺のすべて』奈良国立博物館、二〇〇二年）。

（20）佐川正敏「夢殿の秘仏を守った瓦」（『法隆寺昭和資財帳調査秘宝展図録』五、一九八八年）。

佐川正敏「屋瓦」（『平城宮発掘調査報告』ⅩⅣ、一九九三年）ほか。

(21) 法隆寺東院の創建時期については意見の相違があるが、ひとまず以下の文献を参照されたい。
若井敏明「法隆寺と古代寺院政策」（『続日本紀研究』二八八号、一九九四年）。

東野治之「初期の太子信仰と上宮王院」『聖徳太子事典』（柏書房、一九九七年）。

(22) 京都府教育委員会『恭仁宮跡発掘調査報告　瓦編』一九八四年、ほか。

(23) 上原二〇〇一年註(3)前掲論文。

(24) 六二八二Bbが一〇点、小型の六二八二Ca四点（報告書では六二八二Daとあるが、後に型式番号自体が変更された）、六二八二Hb一点（報告書では六二八二Faとあったが、おそらく誤認であろう）である。奈良県教育委員会註(17)前掲書。

(25) 佐川一九九三年註(20)前掲論文。

(26) この型式の瓦の概要は下記文献参照。ただし、旧型式番号六六六九Aで記述されており、現在では六六六七Dと変更されている。
毛利光俊彦「平城宮・京出土軒瓦編年の再検討」（『平城宮発掘調査報告』XIII、奈良国立文化財研究所、一九九一年）。

(27) 毛利光註(26)前掲論文。

(28) 今井晃樹ほか「法華寺旧境内の調査―第三五六次・三五七次・三五八次・三六四次」（『奈良文化財研究所紀要』二〇〇四、二〇〇四年）。

(29) 平松良雄「彩釉瓦塼小考―新出土例を中心に―」（『橿原考古学研究所論集』第十三、吉川弘文館、一九九八年）。
平松良雄「東大寺境内の発掘調査成果―創建期の遺構を中心として―」（『ザ・グレイトブッダ・シンポジウム論集』第一号〈東大寺の歴史と教学〉、法藏館、二〇〇三年）。

(30) 平松良雄「東大寺千手堂跡の古瓦」（『南都佛教』第九二號、二〇〇八年）。この千手堂採集の瓦は、六三一四Eと異なり、法華寺で確認されていないことからしても、六三一四Eとセットでの使用は想定しにくい。軒平瓦に比べれば、軒丸瓦は小型であっても転用がある程度可能なため、六三一四Eが二次的に移動したことは十分に考えられよう。

(31) 田辺征夫「緑釉水波文塼」（『平城宮発掘調査報告』VI、奈良文化財研究所、一九七五年）。
高橋註(1)前掲論文。

高橋照彦「仏像荘厳としての緑釉水波文塼」（『日本上代における仏像の荘厳』奈良国立博物館、二〇〇三年）ほか。

なお、緑釉水波文塼の研究史に関して、東野治之氏よりご教示を得た。謝意を表したい。

(32) 例えば伽藍配置や建物規模の上で阿弥陀堂と対比しうる興福寺の北円堂においても、興福寺の中金堂や東金堂よりも小型の瓦を用いていたものとみられ、その点でも阿弥陀堂のものとみれば整合的である。

(33) 山崎信二「平城宮・京の文字瓦からみた瓦生産」（『文化財論叢』III、奈良文化財研究所、二〇〇二年）（後に『古代瓦と横穴式石室の研究』同成社、二〇〇三年、所収）。
清野孝之「瓦塼類」（『平城宮発掘調査報告』XV、奈良文化財研究所、二〇〇三年）。

(34) 毛利光註(26)前掲論文。

(35) 吉川註(5)前掲論文。

(36) 奈良国立文化財研究所『平城京左京三条二坊六坪発掘調査報告書』一九八六年、ほか。

(37) 岸本直文「瓦塼類」（『平城京左京二条二坊・三条二坊発掘調査報告　長屋王邸・藤原麻呂邸の調査』奈良国立文化財研究所、一九九五年）。

(38) この上院地区に法華堂や阿弥陀堂より遡る前身寺院の仏堂が存在した可能性を否定はできないが、その立証のためにはこの六二八五A―六六六七Aが主体となって出土する堂宇の遺構が検出されねばならない。なお、恭仁宮などの造営でも、比率としては少ないものの恭仁宮以前の瓦が運び込まれており、上院地区の状況はむしろ自然である。

(39) 上原二〇〇一年註(3)前掲論文。

(40) 菱田哲郎「東大寺丸山西遺跡出土の瓦について」（『南都佛教』第七八號、二〇〇〇年）。
吉川真司編『東大寺成立過程の研究』（科学研究費補助金研究成果報告書）二〇〇一年。

(41) 興福寺所用瓦などについては、左記参照。
藪中五百樹「奈良時代に於ける興福寺の造営と瓦」（『南都佛教』第六四號、一九九〇年）。

藪中五百樹「興福寺式軒丸瓦と鬼瓦製作技法の研究」（『立命館大学考古学論集』I、一九九七年）。

藪中五百樹「奈良～平安時代の興福寺の新形式瓦」（『帝塚山大学考古学研究所研究報告』II、二〇〇〇年）。

奥村茂樹「創建期興福寺の瓦生産」（『瓦衣千年　森郁夫先生還暦記念論文集』、一九九九年）。

なお、藪中五百樹氏には、興福寺瓦の実見でお世話になり、種々のご教示などを受けた。厚く御礼申し上げたい。

(42) 興福寺の堂塔の造営に関しては、毛利久「興福寺伽藍の成立と造像」（『佛教藝術』四〇、一九五九年）（後に『仏師快慶論』吉川弘文館、一九六一年所収）などを参照されたい。

(43) 澁谷和貴子「『興福寺流記』について」（『佛教藝術』一六〇号、一九八五年）。

谷本啓「『興福寺流記』の基礎的研究」（『鳳翔学叢』第三輯、二〇〇七年）ほか。

(44) 『東大寺要録』では古金鐘寺の羂索院の創建年代として天平五年とすることが多いが、巻第一本願章の根本僧正（諱良弁）の項には「天平五年建金鐘寺」の表現がみられる。

(45) 藪中五百樹「（資料紹介）天沼俊一『瓦譜』」（『南都佛教』第九〇號、二〇〇七年）。

(46) 報告書では六七二一Hとされているが、六七二一Gbとみられる。

(47) 亀田博「平城京左京三条二坊の小型瓦」（『古代研究』二五・二六号、一九八三年）。

奈良県教育委員会『国宝唐招提寺講堂他二棟修理工事報告書』一九七二年。

(48) 戒壇院周辺では重圏文軒丸瓦六〇一二Aも出土しており、この瓦も唐招提寺講堂下層から出土している。ただし、南大門付近でもこの種の瓦が採集されており、二次的な移動も含めて今後の詳細な検討を要する。

(49) 吉川註(5)前掲論文、ほか。

(50) 毛利久「奈良春日山中の香山堂阯について」（『考古学雑誌』第三二巻第七號、一九四二年）。

森蘊・牛川喜幸・伊東太作「東大寺山堺四至図について」（『奈良国立文化財研究所年報』一九六七、一九六七年）。

(51) 毛利光註(26)前掲論文ほか。

(52) 保井芳太郎『南都七大寺古瓦紋様集』（鹿鳴荘、一九二八年）

岡本東三「東大寺式軒瓦について―造東大寺司を背景として―」（『古代研究』四巻一号（通巻九号）、一九七六年）。

(53) 京都府埋蔵文化財調査研究センター『京都府遺跡調査報告書』第二七冊、一九九九年。

(54) 堀池春峰「東大寺の占地と大和国法華寺についての一試論」（『続日本紀研究』四巻二・三号、一九四八年）（後に『南都仏教史の研究』上〈東大寺篇〉、法藏館、一九八〇年所収）。

(55) 平松良雄「東大寺境内の六三〇一―六六七一の出土傾向について」（『東大寺成立過程の研究』（科学研究費補助金研究成果報告書）二〇〇一年）。

(56) 沢村仁「東大寺法華堂」（『日本建築史基礎資料集成』四〈仏堂Ⅰ〉、中央公論出版社、一九八一年）ほか。

挿図出典等一覧

図１：佐川正敏一九九三年註(20)前掲論文などをもとに、左図は奈良国立文化財研究所『平城京・藤原京出土軒瓦型式一覧』所収拓本により筆者作成。右は東大寺蔵品、筆者撮影。

図２：右は東大寺蔵品、筆者撮影。左の二点の拓本は京都府教育委員会註(22)前掲書。

図３：京都府教育委員会註(22)前掲書より改変。

図４：上・下に掲げる写真は興福寺蔵品。それらの間に掲げる写真は東大寺蔵品。いずれも筆者撮影の写真により作成。

図５・６・７：藪中五百樹一九九〇年註(41)前掲論文の数値をもとに筆者作成。

建築史学からみた創建時東大寺法華堂の建築に関する再検討

後藤　治

はじめに

創建時の東大寺法華堂（以下「法華堂」と略す）の由来や建設の経緯については、近年の発掘調査の成果等により、従来の説とは異なる新たな見解が出されている。二〇〇八年十二月に開催されたGBSにおいて、法華堂がテーマとしてとりあげられたのも、こうした新たな発見や学説の登場が契機となっているものと思われる。そこで筆者に与えられた課題は、創建時の法華堂の建築について、建築史学の分野から、この機会に見直しを行うことである。

法華堂の建物については、一九七一年から翌年にかけて行われた屋根修理工事の時に、修理工事報告書（編集及び監修岡田英男、執筆山本克巳、以下「報告書」と略す）が出されている。また、建築史学の分野における創建時の法華堂の建築に関する研究については、先学の優れた業績が既にいくつかある。文献史料を中心に草創期の建物の歴史を論じた福山敏男の研究、建物の詳細な調査から創建時の建物の復原考察を行った浅野清の研究は、その代表的なものである。さらにその後、この両氏の研究を紹介しつつ、法華堂の建築に関する総合的に見解をまとめた論考に、『奈良六大寺大観』所収の伊藤延男の解説と、『日本建築史基礎資料集成』所収の澤村仁の解説がある。

伊藤・澤村の解説は、中世の法華堂礼堂の再建年代に関する記述を除けば[1]、ほぼ一致している。法華堂の建築については、両氏の論考以降、新たな発見や調査は行われていない。このため、創建時の法華堂の建築に関する伊藤・澤村の見解を改める特別な理由は、建築史学の分野からは見出せない、というのが正直な感想である。

一方、古代の寺院建築については、近年、山岸常人、藤井恵介、上野勝久、冨島義幸らにより、様々な視点から新たに研究が深められている[2]。その結果、建物の構造形式や意匠、技術の分析という、従来の研究の域にはとどまらない、多様な評価が個別の寺院建築に対して行われるようになってきている。その代表的な視点のひとつに、宗教や教義と伽藍や堂塔との関係がある。法華堂の建築についても、山岸は、礼堂と正堂の使い方に注目し、その評価に言及している。山岸の論考はもとより、近年の研究成果によって、大寺院の中心伽藍を構成する金堂や講堂等の仏堂とは異なる形式を持つ仏堂である法華堂の意義は、ますます高まってきているのではないかと思われる。

筆者は近年の建築史学の成果を活かすような研究には取り組んでいない。このため、近年の建築史学の研究成果に基づき、法華堂の建築を再評価することは困難である。そこで本稿では、建物というハードを分析することによって何がどこまで解明できるのかを明らかにするという、建築史学の基本的な姿勢に立ち返って、伊藤・澤村の見解について、再度検証してみることにしたい。先述した通り、伊藤・澤村の見解を否定し、新たな見解を示すことは困難である。このため以下では、従来の学説を紹介しながら、それが想定したものとは異なる見解が成立する可能性が残されていないのかどうかを探るという形で、論を進めていきたい。

本稿ではとくに、創建時の法華堂の建築について、建築史上特筆されているふたつの事柄について注目した。ひとつは、礼堂と正堂を前後に並べそれを一棟の建物とした、いわゆる「双堂」と呼ばれる形式を持つと推定されていることである。もうひとつは、創建時に正堂の内部に床が張られていたと推定されていることである。以上のふたつは、GBSにおける他分野の研究発表との関連において、とくに重要な箇所であると考える。また、近年の建築史研究が注目する宗教や教義との関連を考える上でも、とくに重要な箇所でもあるように思われる。

一 「双堂」の形式について

(一) 復原の根拠と創建時礼堂の有無

法華堂が、礼堂と正堂を前後に並べそれを一棟の建物とした、双堂の形式を創建時より持つと推定されることは、建築史上において法華堂の最も特筆すべき点である。その根拠については、少し長くなるが、澤村の論考を引用すると、下記の通りである（文中のアルファベット表記と円数字は筆者の補足）。

(a) 現礼堂の柱間寸法が天平尺の完数からなっている。

(b) ①正堂の南側柱に戸締まりの痕跡がない。長押が当初とりついていた筈の位置に釘痕・当り・風蝕差がみられない。②現在の内法長押の東西両側南端の納まりをみると、隅柱で直角に曲がらず、南に伸びていたものを切断した形になっている。これは南面に建物が接続し、長押が前方につながっていたことを示す。

(c) 南端接続建物が礼堂であり孫庇でないことは、①孫庇では軒高が低くなりすぎること。②正堂南面斗栱にわずかな風蝕があって、堂内にあったものとはみられない、③繋虹梁の仕口がない、などの諸点から断定できる。

すなわち澤村は、建物の構造形式並びに建物に残された痕跡をその根拠としている。以下では、これと同様に、建物の構造形式や痕跡を用いて、異なる見解が成立し得るかどうか、検討を加えてみる。

まず、礼堂が創建当初に存在しなかった可能性を探ってみよう。

創建時に礼堂が存在しなかったとすると、(a)(b)両者を否定する必要がある。

(a)については、礼堂を後に増築した際に、正堂の柱間寸法にあわせて礼堂の柱間寸法を定めたと解釈すれば、正堂と礼堂が同時の建設とする明確な根拠にはならないものと考えられる。

これに対して、(b)を否定するのは相当に困難である。(b)を否定するには、正堂の南側柱、東西両側の内法長押が、創建当初の部材ではなく、後世に取り替えられた部材であるとする以外にない。多くの先学が建物を実見しているが、これらの部材は当初材と判断されている。したがって、仮にこれらの部材が当初材でないとすると、当初材と判断される部材が、法華堂にはほとんど残されていないことになってしまう。こうなると、創建時の法華堂の建築形式を論じることすら困難になる。

以上のことから、創建時に礼堂が存在しなかった可能性は、極めて低いといえる。

(二) 創建時礼堂の規模・形式

創建時の礼堂の規模については、(a)によって、現在の礼堂と同一平面であったと考えられている。しかしながら、前項で述べたように、柱間の計画寸法だけでは、一時期に建物がつくられた根拠とすることは困難である。このため、創建時の礼堂の規模については、現在の礼堂の規模とは異なっていた可能性がある。

次に礼堂の形式である。ここでは、礼堂が孫庇の形式であった可能性を探ってみる。この可能性を成り立たせるためには、(C)に対する反論を用意する必要になる。

まず①の軒高の問題については、孫庇の図(図1・図2)を作成してみると、確かに正面の軒高が低くなるが、孫庇屋根の勾配によっては、全く成立しない高さとはいえないと思われる。比較的に近い時代の建築で、孫庇形式を持つ建物に室生寺金堂(図4、八世紀末~九世紀初・現在の孫庇部は江戸時代の改造)がある。また、孫庇形式であったと推定されている建物に、當麻寺曼荼羅堂前身建物(図3、平安時代初期)がある。この両建物の軒高と図1・図2の軒高を比較してみると、図1・図2の軒高が低すぎるとはいえないものと考えられる。

次に②の正堂正面組物の風蝕についてである。礼堂が孫庇の形式であると、正堂正面の組物は室内に納まる可能性が高い。この場合には、正堂正面の組物には、風蝕が発生しないことになる。けれども、創建時の礼堂が孫庇の形式であっても、それが後に改造されて正堂と礼堂が別棟で接続する形式になったと仮定すれば、改造が行われた段階で正堂正面組物の風蝕は発生し得る。また、孫庇形式であったとしても、現状のように、正堂の前方側面部において柱頂部より上の小壁の部分が通風性のある仕様なら、ある程度の風蝕は発生するものと考えられる。以上のことから、②は正堂と礼堂の屋根が別棟であった時代が存在したことを示す痕跡の可能性が高いが、創建時に正堂と礼堂が別棟であったことを示す痕跡とはいえないものと思われる。

③については、礼堂を孫庇形式に復原する上で、最も不利な条件といえる。前出の室生寺金堂、當麻寺曼荼羅堂前身建物ともに、庇柱と孫庇の柱を繋虹梁で結んでいる。一方、法華堂の庇柱には繋虹梁が取り付いていた仕口の痕跡が存在せず、繋虹梁が無かったことは明らかである。軸組の安定という点でいえば、繋虹梁が欲しいと

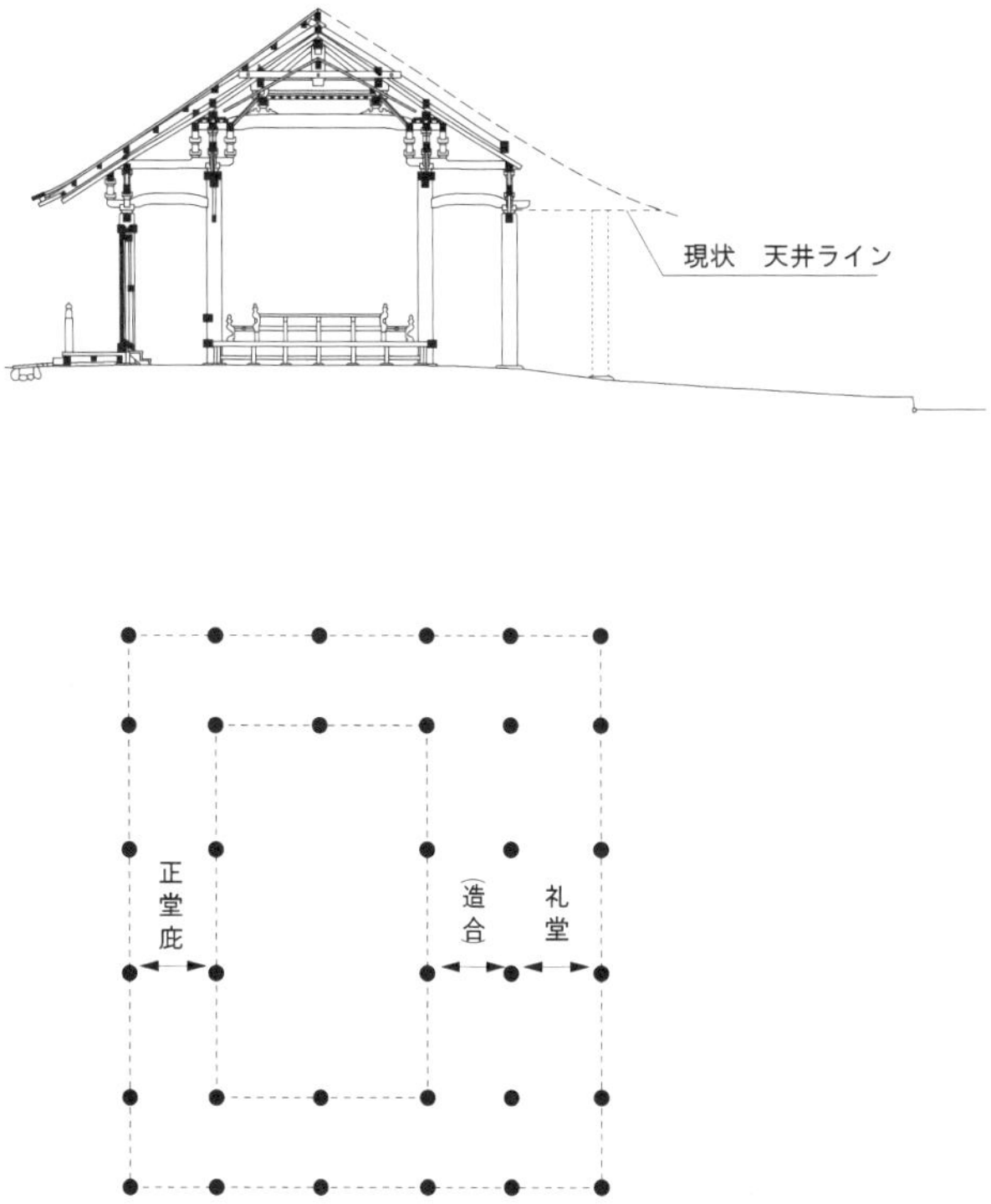

図１　東大寺法華堂１

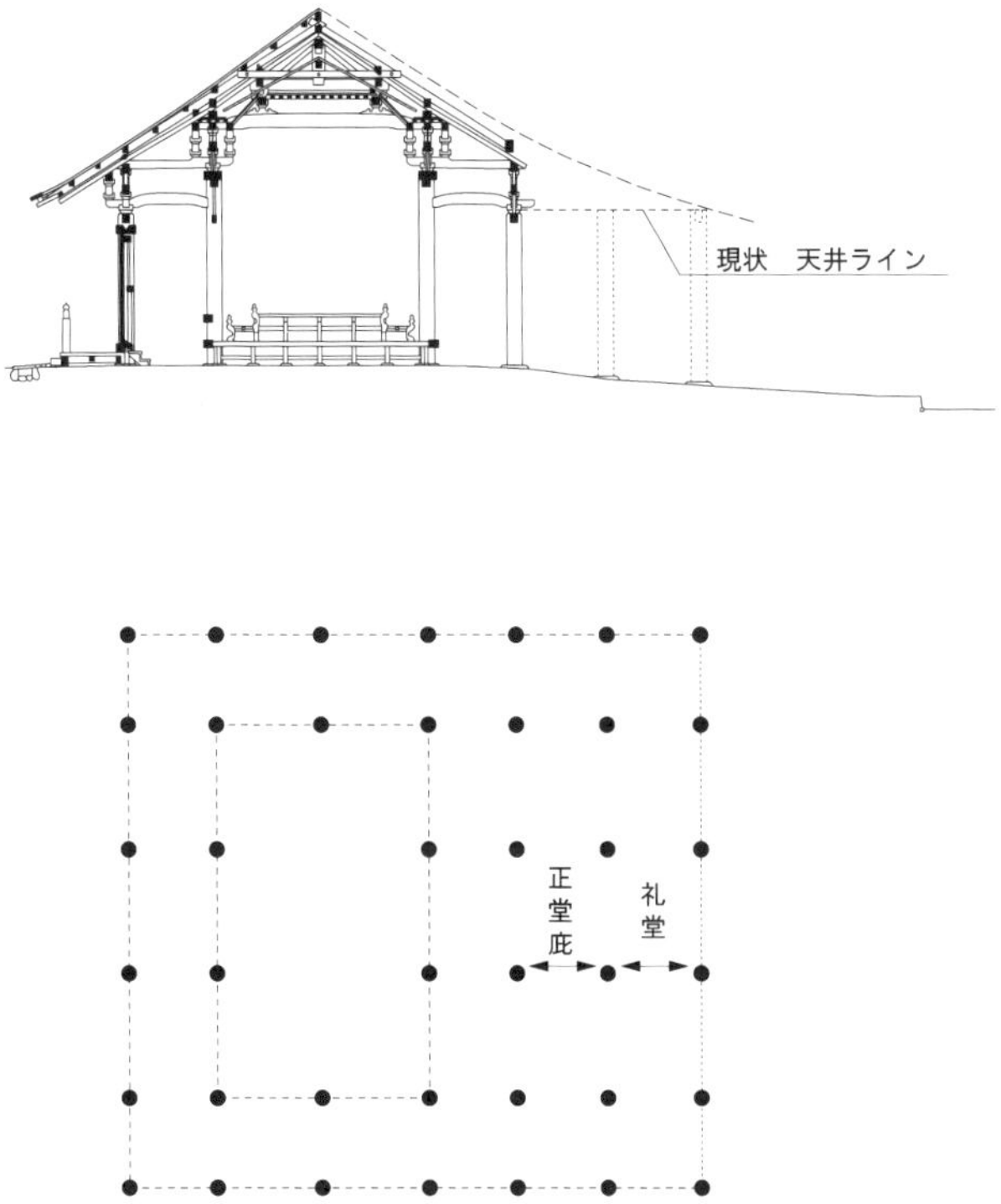

図２　東大寺法華堂２

ころである。けれども、柱どうしを長押で固めてあれば（①から、正堂部から礼堂部に長押が伸びていたことは明らか。これに礼堂正面柱どうしも長押で繋ぐ）、一定の水平方向の耐力は得られる。したがって、繋虹梁が無いと孫庇が絶対にできないというわけではない。以上のことから、繋虹梁が無いことによって、孫庇形式が成立しないとは断定できないように思われる。ちなみに、庇から孫庇に繋虹梁を架けたと仮定すると、孫庇部分の高さを確保する上で繋虹梁が邪魔になる。したがって、繋虹梁が無いのは、孫庇部分の高さを確保するためという反対の見方もできるのではないだろうか。

(三)　孫庇の規模と『東大寺要録』の記述

以上のことから、法華堂については、創建時の礼堂は孫庇の形式

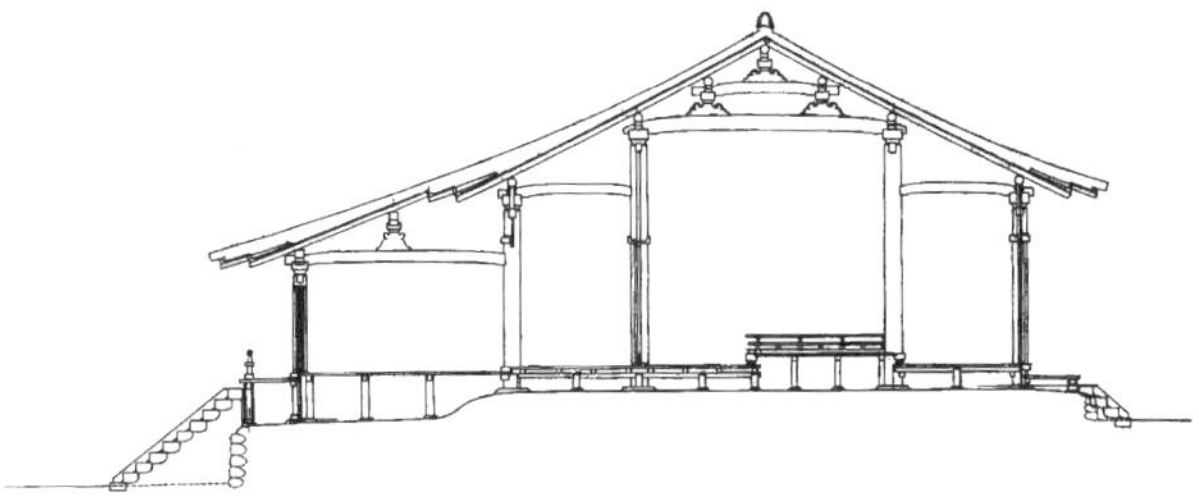

図３　當麻寺

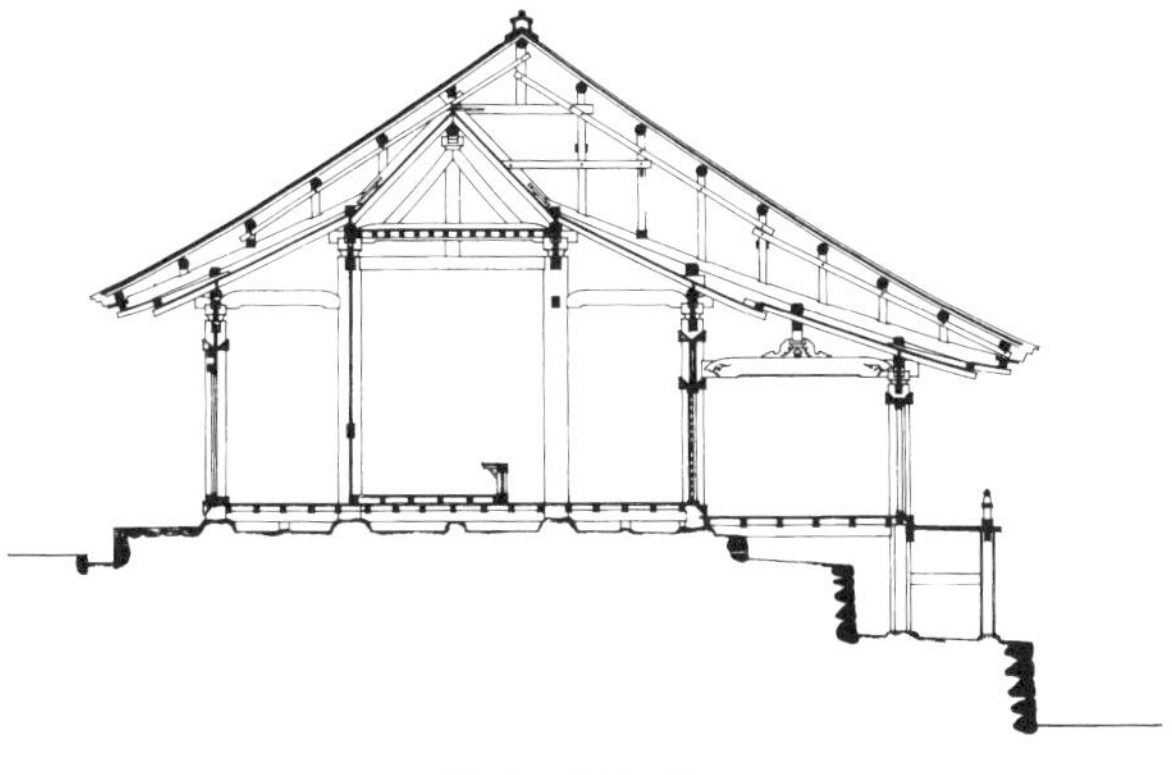

図４　室生寺

で、それが改造され双堂形式になった可能性もあると思われる。その点では、孫庇の形式をもつ室生寺金堂、當麻寺曼荼羅堂前身建物がともに、法華堂と同じく前面が傾斜する敷地に建っていることも注目される。とくに當麻寺曼荼羅堂では、孫庇形式の前身建物を、礼堂と正堂が取り付く形に改造しており（永暦二年（一一六一）に改造）、双堂形式となる前段階に孫庇の形式が存在したという点も注目に値する。

孫庇の規模については、現在の正堂の前面に梁間方向に一間だけ伸ばす形（図1）と、梁間方向に二間分伸ばす形（図2）の両者が想定できる。前者の場合には、天井高に比較的にゆとりがあり、屋根の勾配をそれほど緩やかにする必要はない。後者の場合には、天井高との関係から、正堂の屋根勾配よりも屋根勾配を緩やかにつくる必要がある。

『東大寺要録』巻第四「諸院章第四　附神社」には法華堂の建築形式の記述があることが知られている。福山は、これを永観二年（九八四）の分付帳に基づくものとして、

　五間一面庇瓦葺正堂一宇
　五間檜皮葺礼堂一宇
　（以下略）

と復原している。[3] これにより福山は、その頃の法華堂の姿を、「正堂の正面に庇があり、礼堂は檜皮葺で別棟をなしていた」と推定している。この記述について、澤村は、正堂と礼堂の造り合いにあたる部分を正堂の庇とみると、現在の法華堂の構成と合致すると推定している。

創建時の法華堂が孫庇形式だったとすると、福山・澤村の解釈にしたがえば、要録の永観二年の記事は、建物が孫庇の形式から別棟の双堂形式に改造された後に記されたものということになる。

一方、孫庇形式の場合でも、要録の記述と建物の形式の整合性をとることは可能である。まず、正堂前面に梁間一間分の孫庇を想定する場合には、正堂の背面側の一間を正堂の庇にあて、孫庇を礼堂にする（正堂正面側の庇は、造り合い又は礼堂に含める）のである（図1の平面図参照）。次に、正堂前面に梁間二間分の孫庇を想定する場合には、孫庇の後方一間分、正堂と礼堂の造り合いを正堂の庇に数え、孫庇の前方一間分を礼堂にあてるのである（図2の平面図参照）。

もちろんこの場合、孫庇を正堂に対して「礼堂」と呼び分けるかどうかという問題はある。また、前方の孫庇部分だけが檜皮葺ということになるので、屋根の葺き材についても少々納まりが悪いという問題がある。

瓦葺の屋根に連続する庇部分の屋根を檜皮で葺いた実例は記憶に無いが、[4] 絵画史料においては『年中行事絵巻』巻一の建礼門が、切妻造で瓦葺の主体部の屋根に、檜皮葺の庇部分が接続している形に描かれている。このため、屋根の納まりの悪さという点だけで建物の存在を否定することはできないことがわかる。このように主体部と庇部で屋根の葺き材をかえていれば、空間的に異なることが外観上すぐ見分けられるので、檜皮葺の孫庇を「正堂」に対して「礼堂」と呼び分けた可能性もあるのではないだろうか。

(四)　創建時の屋根葺き材

法華堂の屋根瓦については、現建物に使用されていた瓦に奈良時

代のものが含まれていたことが報告書で報告されている。このため、法華堂の屋根については、創建時から瓦葺であったと推定されている。これに対して、山岸は、創建時には瓦葺ではなく檜皮葺だったのではないかと推定している。[5] 山岸が檜皮葺とする理由は以下の通りである。

①正堂部分の屋根勾配が、同時代の瓦葺の寺院建築の屋根勾配と比較すると、急勾配であること

②前出の『東大寺要録』に、正堂と礼堂とで葺き材が異なる形となっているため、それ以前の時代に、正堂と礼堂が同じ葺き材であったと想定した方が、屋根の納まり上の問題がないこと

①については、同時代の檜皮葺建物の実例は少なく（例えば、法隆寺伝法堂前身建物）、瓦葺建物の類例も多くはないので、どちらの屋根葺き材を用いると屋根の勾配が急勾配になるというデータ上の決め手を欠くように思われる。[6] また、法華堂の小屋組は後世の改造の手が大きく加わっており、現在の屋根勾配を当初の屋根勾配と判断することも困難ではないかと思われる。[7] ②については、正堂と礼堂の屋根が接続するとすれば、同一の屋根葺き材を用いた方が、納まりが良いことは確かである。けれども、前述の通り、納まりだけから形式を判断することは危険であり、よしんば同一の葺き材だったとしても、瓦と檜皮のどちらを用いていたかという点については、判断が困難である。

創建時の礼堂を孫庇の形式に復原すると、その屋根勾配は緩やかなものとなる。こうした緩勾配の屋根には、瓦や檜皮よりも、流し板を使うような屋根の葺き方が、最も雨漏りが生じにくい。また、孫庇形式に復原する場合には、孫庇と庇を繋虹梁で結び付けない形式となるのは先述した通りである。この場合、屋根荷重が大きくなる瓦葺よりも、板葺や檜皮葺といった荷重が軽量な屋根の方が、軸組への負担が小さく建物の構造にあっているといえる。したがって、孫庇形式への復原を前提とするなら、創建時の屋根として蓋然性が高いのは、板葺、檜皮葺、瓦葺の順ということになる。

二　正堂の床について

(一)　復原の根拠と床の有無

創建時の正堂には、板敷きの床があったと推定されている。これは浅野の復原考察に基づくものであるが、このことについても、澤村の論考から、その理由を引用してみよう（丸数字は筆者の補足）。

「正堂は当初板張りで周囲の縁も初めからあった。当初からの柱で根継ぎのないものをみると、①縁長押下端の高さにあたるところに法隆寺伝法堂（図5）にみられるのと同様な木栓痕跡や埋木があり、同様の構造の床があった形跡がある。また②内陣仏壇框に用いられている長押下端は側柱外側の縁長押上端と高さが一致し、③仏壇の長押は材・取り付けとも当初のものか、とみられる点がある。④周囲の柱は縁長押の上下で風蝕に大差があり、縁より下は風蝕がきわめて少ない。これは当初から現在とほぼ同じ高さに縁があったことを示す。

これらから、現在の仏壇を受ける高さに全面板床があったと推定できる。⑤側柱内側の風蝕差や、束柱をとめたとみられる釘痕もこのように考えると合理的に解釈できる。」

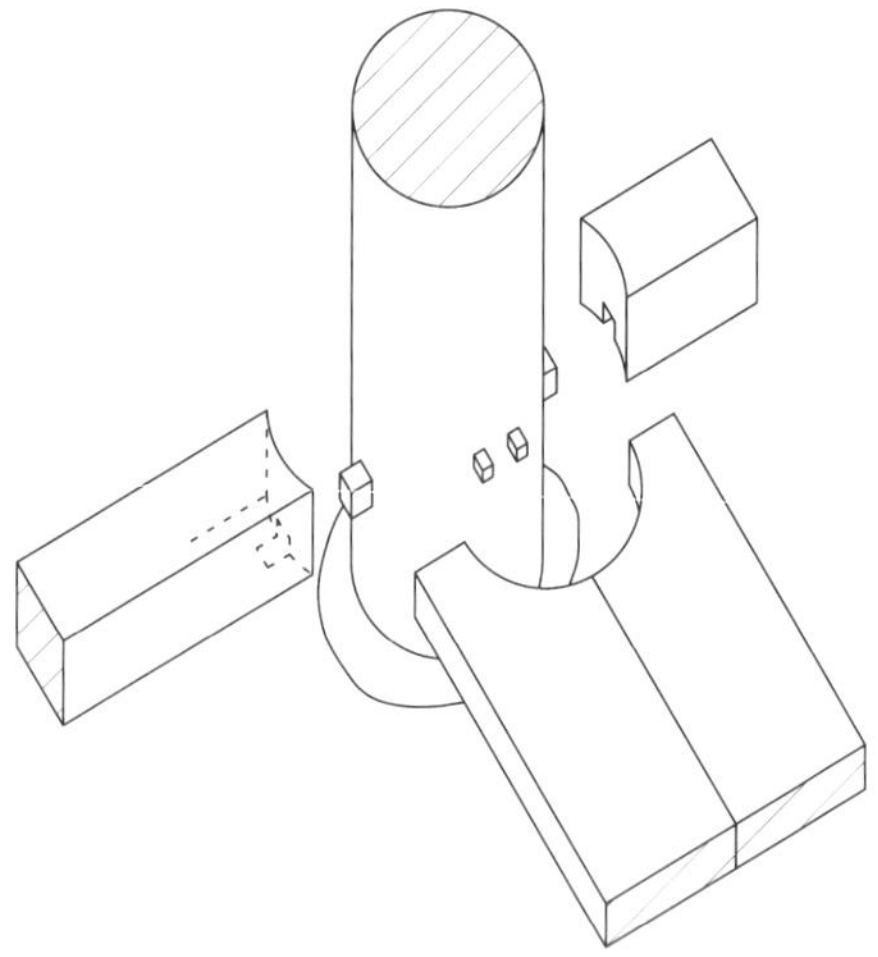

図５　法隆寺伝法堂　床おさまり

まず、創建時の内部床の有無について再検討してみよう。創建時の正堂の内部に床が存在したとされる決定的な根拠となっているのは、①⑤である。

床の存在を否定するためには、痕跡のある柱が当初部材ではない、正堂の柱は他からの転用材で転用前の前身建物に床が存在した、といういずれかの解釈をしなければならない。前者については、礼堂の有無の場合と同様に、先学による見落としは考えにくく、可能性は極めて低いといえる。後者については、前者よりも可能性はある。とはいえ、他の建物から部材を転用した場合には、前身建物の時の痕跡が他にもみつかって良いはずである。けれども、それは見当たらないので、床の痕跡のある柱を前身建物から転用したとみることも、可能性は低いといわざるを得ない。

(二)　床の構造・高さ

床の構造については、発掘調査の結果等から、古代には柱に沿わせて添え束を立て、それによって床の荷重を支える形式が普及していたことが知られる。法華堂でも、柱に打った木栓に横架材（大引き）をわたし、その上に床板を張る痕跡の他に、柱に添え束を釘止めした痕跡がみられるので、床荷重は添え束で支えていたものと推定される。

床の高さについては、木栓に納まる横架材の寸法や、その上に張られる板の厚みによって異なってくる。推定されている床の高さの根拠となっているのは、②による仏壇框に用いられている長押の位置である。浅野によると、仏壇框に使われている長押は、鎌倉時代の手が加わっているが、仕上げの加工等から、③にあるように「当初か」と推定されているものである。報告書によると、仏壇の床については、明治期の修理によって大きく手が加えられている。また、框に使われている長押も、正堂の柱や長押と比較すると、当初材であるという確証は低い。したがって、床の高さについては、横架材の寸法や板の厚さの違いによって、いくらかの上下動はあり得るものと考えられる。

ところでＧＢＳにおいて、考古学の立場から、高橋照彦が創建時の法華堂が福寿寺丈六堂であるとの仮説を提示した。この場合、建物内部に銅造の釈迦丈六仏が安置されることになるので、建物の床がその荷重に耐えられるのかどうかについて、高橋から後日照会を受けた。そのことについても補足しておきたい。柱に打った木栓に横架材を渡しただけの床構造では、横架材を通して木栓に力がかかることになるのでいかにも心もとない。けれども、束を立てる床構造を想定すると、束で荷重を直に受けることが可能になるので、銅造の丈六仏であっても、その荷重を支えることはできるものと推定される。この場合、丈六仏を安置する場所の直下に束を立てることが理想的である。

㈢ 須弥壇

現在の八角形の須弥壇については、仏像の光背と建物高さの関係から、後の改造によってつくられたものと推定されている。また、須弥壇上に柱を立てた痕跡が残ること等から、現在の須弥壇は、須弥壇を造った後に改造の手が加わっていることが知られている。

福山、浅野の両氏は、須弥壇は南阿弥陀堂から移設されたものと推定しているが、報告書並びに伊藤、澤村は、南阿弥陀堂の須弥壇の記録にみられるような華麗な装飾を取り付けた痕跡がみられないことから、南阿弥陀堂からの移設という説に対しては否定的な見解をとっている。

したがって、現在の須弥壇については、構造形式や痕跡という建築史学上の観点による本格的な建設年代の推定は行われていないことがわかる。このため報告書でも、「これを後世の搬入とする積極的な証拠はない」としている。

唯一の例外的な見解として、格狭間の意匠から、須弥壇が奈良時代のものであると推定されていることがあげられる。この点についても、格狭間の形状のようなものは、後世に擬古的に意匠を真似てつくることは容易なので、それだけで確定的なことは述べられないように思われる。

以上のことから、創建時の法華堂に床が張られていたことは間違いないが、床の高さや束の位置といった構造形式に関することや、須弥壇の建設時期、床を撤去して現在みるような土間床の形式に改造した時期など、堂の内装に関する歴史的な変遷については、不明な点が多々あり、今後検討すべき余地が多く残されていることを指摘しておきたい。

おわりに——今後の課題

本論では、創建時の法華堂が、双堂形式ではなく、孫庇形式である可能性があることを示した。冒頭の繰り返しになるが、本論が、創建時に法華堂が双堂形式であったことを否定したわけではないことは、強調しておきたい。

双堂形式と孫庇形式のいずれかという結論については、現在の礼堂部分の基礎廻りについて、発掘調査を本格的に行うことが、その決め手になるものと考えられる。創建時に孫庇形式であったとすれば、礼堂部分の基礎は、双堂形式への改造時に、前方に伸ばした形跡が発見されるはずである。反対に創建時から双堂形式であったとすれば、現在の基礎全体が一連の工事であったはずである。

ところで、仮に創建時に孫庇形式を想定すると、孫庇形式から双堂形式への改造は、法華堂の礼拝部分の充実を示すことになる。この場合には、宗教儀礼や教義と法華堂との関係という歴史的背景から、時期の検討を行う必要があるように思われる。この作業は、筆者の力量の及ぶ範囲ではないので他者に譲りたい。ここでは、礼堂の建設年代の議論となっている、鎌倉時代前期に礼堂に改築や大規模修理の手が加わっていることが、法華堂の礼拝部分の充実という同じ歴史の流れに位置付けられる工事として理解されるのではないかということを指摘しておきたい。

近年、古年輪学の進化(8)や、放射性炭素を用いた年代判定法の進化(9)により、歴史的建築物の建設年代について、新たな資料が提供されるようになってきている。このため、法華堂についても、それらを応用することによって、法華堂の建設年代の確定や、法華堂の創建の経緯を解明する決め手となる新たな資料が得られることが期待されている。

けれども、創建時の法華堂について議論されているのは、十年単位の非常に細かい内容である。山林で伐採された木材を建築材として利用するまでの期間は、現在でも長短様々なので、まして古代においては様々だったと考えられる。このため、近年の年代判定法によっても、使用された木材の伐採年データがよほど上手く議論の年号に合致し、かつ、伐採直後にその木材を建築材に利用したという仮説を立てない限り、議論に決着をつける資料を獲得するのは困難ではないかと考えられる。

近年の年代判定法が有益なのは、むしろ法華堂の創建について議論されている事柄ではなく、正堂正面柱や正堂の長押といった部材が創建当初の部材であるかどうかの判定や、仏壇や須弥壇に使用されている古い部材の年代判定といった部分ではないだろうか。とくに仏壇の框となっている長押、床板の古材（報告書には、仏壇の床板に当初材の可能性があるものが使用されていることが報告されている）、須弥壇の部材については、床の高さの決定だけでなく、仏像を祀る高さを決定する上でも重要である。これらの部材の伐採時期を知ることは、美術史上の諸説に対して貴重な資料を提供することになると思われる。

（ごとう　おさむ・工学院大学教授）

参考文献

『国宝東大寺法華堂修理工事報告書』奈良県教育委員会、一九七二年、全六一頁
浅野清「東大寺法華堂」『奈良時代建築の研究』中央公論美術出版、一九六九年、八五―一〇〇頁
福山敏男「東大寺法華堂の建立」『寺院建築の研究　中』中央公論美術出版、一九八二年、八四―一〇七頁
澤村仁「東大寺法華堂」『日本建築史基礎資料集成四　仏堂Ⅰ』中央公論美術出版、一九八一年、七二―八二頁
伊藤延男「法華堂」『奈良六大寺大観九　東大寺一』岩波書店、一九七〇年、三五～四二頁

註

（1）伊藤は、正治元年（一一九九）の再建、文永元年（一二六四）の改修という見解をとっているが、澤村は、文永元年の再建という見解をとっている。
（2）山岸常人『中世寺院社会と仏堂』塙書房、一九九〇年
藤井恵介『密教建築空間論』中央公論美術出版、一九九八年
上野勝久『平安初期寺院と仏堂と堂塔構成に関する研究』私家版、一九九五年
（3）冨島義幸『密教空間史論』法藏館、二〇〇七年
『東大寺要録』には、「堂一宇　五間一面　在礼堂」「五間檜皮葺礼堂一宇」とある。
（4）瓦葺屋根の一部を檜皮葺にする実例としては、金剛寺食堂（大阪府河内長野市、室町時代前期）がある。この建物では、入母屋造、妻入りの瓦葺屋根のうち、唐破風のある正面中央部を檜皮葺にするため、瓦と檜皮が左右に接続する形になる。したがって、ここで想定している庇状に上下に瓦と檜皮が連続する形とは異なっている。
（5）山岸は、この見解を論文としては発表していない。根拠については、本人に照会し、ここに記載した。後日より詳細な報告がなされることを期待したい。
（6）中世の事例では、瓦葺屋根の方が、檜皮葺屋根よりも勾配が急になる。
（7）報告書では、建設当初の身舎の叉首組が復原されているので、身舎の屋根勾配については、現状とほぼ変わらないという、おおよその判断は

可能である。

（8）『年輪に歴史を読む　日本における古年輪学の成立　奈良国立文化財研究所学報第四八冊』奈良国立文化財研究所、一九九〇年他。

（9）中尾七重『中近世建築遺構の放射性炭素を用いた年代判定』平成十八―二十年度科学研究費補助金　基盤研究（B）研究成果報告書、二〇〇九年他。

華厳の道場、ボロブドゥル

ヤン・フォンタイン
（通訳・翻訳　井尻裕子）

会場の皆さま、このたび日本の偉大なる華厳道場、ここ東大寺において開催されますグレイトブッダ・シンポジウムにお招きにあずかり、特別講演をさせていただくことに深く感謝いたしますとともに畏敬の念でいっぱいでございます。

講演の内容は、私の人生を捧げてまいりました研究題目であり、またつねにインスピレーションの源でもある聖典、『ガンダヴューハ』（Gaṇḍavyūha／入法界品）の内容に基づきます。つきましては、まずはここに、以前、東大寺の別当であられました上司海雲先生に尽きない御礼を申し上げたく存じます。上司先生は、今から五十年以上も前、私がまだ学生のころに、お寺に収められています数多くの宝物のうち、『ガンダヴューハ』に影響を受けた日本の美術についての私の初めての研究の手ほどきをしてくださいました。

ここにいらっしゃる多くの皆さまは、東大寺をわが家とされており、『ガンダヴューハ』について、私よりもはるかによくご存知なので、このテクストの深淵なる意味について、私が何か申し上げようとすることは大変恐れ多いことでございます。しかしながら、ちょうど東大寺が華厳思想に深く根ざすように、本日の私の本題でありますジャワ仏教の聖地、ボロブドゥルもまた、華厳の道場なのであります。東大寺の建立より一世紀を経ずに建てられたこの偉大なる仏塔、ボロブドゥルは、東大寺と同様に華厳思想に起因する構想と信心でもって形成されているのです。

写真1　まるで閻浮提大陸（jambudvīpa）の中心にそびえ立つ須弥山のように、ボロブドゥルは宇宙的な山のシンボルとして、伝説的ジャワの中心部に出現し、ちょうどインドの聖地がそうであるように、二つの川の合流点に位置します。

写真2　十九世紀初頭に、ボロブドゥルが熱帯密林から再びその姿を現し再発見されて以来、修復工事の成就などを経て、ボロブドゥルのユニークな特性について、多くのさまざまな理論が提起されてきました。そのほとんどすべての仮説の共通点は、およそ三キロにもわたる千四百六十枚もの寓話が刻まれたレリーフがボロブドゥルの偉大な芸術的達成の一つであるにもかかわらず、事実上、ボロブドゥルを理論的に説明する役割を果たすものとしてみなされていなかったということです。

写真３　ボロブドゥル遺跡を下の基壇から上へと登るとき、それぞれの階上で、そのレリーフに描かれた聖典、『カルマヴィバンガ』(Karmavibhanga／分別善悪応報経)、『ラリタヴィスタラ』(Lalita-vistara／『方広大荘厳経』ブッダの生涯）とさまざまな『ジャータカ』(Jātaka) と『アヴァダーナ』(Avadāna) が並ぶ回廊を右繞します。

　これらの聖典は、すべてボロブドゥル遺跡の下方二段の回廊に描かれています。「ブッダの生涯」物語と『ジャータカ』は古くからインドの仏塔に装飾のインスピレーションとして用いられてきていますが、ボロブドゥルにだけ、『カルマヴィバンガ』、『ガンダヴューハ』、『バドラチャリー』(Bhadracarī／普賢行願讃) という、ほかの三つのテクストが、その伝統的なレパートリーに付け加えられているのです。この中央ジャワの仏教徒に最も崇められていたといわれる『ガンダヴューハ』と『バドラチャリー』という二つのテクストは、ボロブドゥルの上方階にある第二、第三、第四回廊に刻まれています。

写真１　空中から見たボロブドゥル

写真２　修復前の第一回廊

写真３　儀礼用の回廊を一部解体除去した後に見られる「カルマヴィバンガ」（分別善悪応報経）の浮き彫り

写真４　「カルマヴィバンガ」の浮き彫り　＃025：老人を嘲笑したその業報

写真５　「カルマヴィバンガ」の浮き彫り　＃０-131：寺院に梵鐘を寄進した善業果

写真６　浮き彫り Ｉ（Ｂ）b79：「兎・ジャータカ物語」：仙人とその友人、兎

写真７　浮き彫り Ｉ（Ｂ）b79b：突然の雷雨を伴う嵐によって焼かれることを免れた兎

写真４　右側に前世で行っている業行、そして左側に、その前世での行いに因る、次の生で見られる業果が描かれています。老いた者を笑う者たちがいますけれども、老いた者を右側の今世で笑った者たちは次生の業果として、自分たちが笑われるという目に遭っている場面です。

写真５　右側のほうに見られますのは、釣鐘でございますが、これをお供えしたという前世の行為のもとに、左側に見られます次世には、美しい、すばらしい声の持ち主として生まれるという場面が描かれています。

写真６・７　このうさぎですけれども、うさぎが自分を聖人に食べていただくように、自分の体を犠牲にしようとするのですけれども、その善業果、よい行為の果として、生まれ変わる場面がここに刻まれています。

写真８　兜率天から降りてこられた神さまがおられる場面が「仏陀の生涯」の最初の場面です。次の場面が、**写真９**で、仏陀のお母さま、摩耶夫人が仏陀を妊娠なさる前に夢を見ておられる部分。その

写真８　「仏陀の生涯」（方広大荘厳経）：兜率天からの降誕

写真９　「仏陀の生涯」：マヤ夫人の夢

写真10「仏陀の生涯」：悪魔（マーラー）の娘たちの踊り

次が**写真10**で、仏が悟りを得るその直前に大魔軍が襲ってきたところで、**写真11**がその大魔軍を打ち破ったときのシーン。そして、**写真12**、これが初転法輪で知られている、仏陀が悟ったあとすぐに鹿野苑で初めての説法をなさっている場面でございます。

『ガンダヴューハ』とそれに付加された『バドラチャリー』は、『大方広仏華厳経』（Avataṃsaka-mahāvaipulya-sūtra）の最終章であり、テクストとしては、漢訳と蔵訳のみが残存しています。この経典は仏陀が悟りに到達したその直後の出来事を記述しています。そのため、『ガンダヴューハ』は年代的に『ラリタヴィスタラ』に続くテクストです。しかしながら、『ガンダヴューハ』と『ラリタヴィスタラ』の関係はそれだけにとどまらず、入滅（nirvāṇa）の代わりに悟りを強調するという点で、両テクストは同じ大乗の理想を表し、それゆえに完全なハーモニーにあるのです。

『ガンダヴューハ』の内容をこのテクストを御存じない方のために、

写真11 「仏陀の生涯」：魔軍の襲撃

写真12 「仏陀の生涯」：ベナレス鹿野苑での初転法輪

写真13 「ガンダヴューハ」：ダンヤカラにおける文殊菩薩

ここに簡単にまとめさせていただきます。

写真13　文殊菩薩によって、一群の参拝衆の中から、最高の悟りの道へと旅立つ準備のできたものとして選び出された若い男性、善財童子による巡礼物語であります。文殊菩薩の精神的指導の下、善財童子は菩薩行を学ぶために、**写真14**、五十人以上の善知識（kalyāṇa-mitra）を訪問します。これら善知識は、驚くほど多くの女性や非仏教徒を含む、あらゆる背景の持ち主たちであります。

写真15・16　それは数人の僧侶、尼僧、隠遁者、二人のブラフミン、船長と奴隷、二人の王、八人の夜の女神たち、ヒンドゥー教の神、シヴァ、マハーデーヴァ、シッダルタの妻であるゴーパー、仏陀の母である摩耶夫人も含むのです。その善知識のだれもが、悟りに至るための完全な智慧を持たないのですが、善財童子を次の善知識へと送る前に、善財童子のためにそれぞれの善知識が到達したさまざまな解脱（vimokṣa）について説明します。

写真14　「ガンダヴューハ」：善財童子の求道への旅路

写真15　「ガンダヴューハ」浮き彫り　＃ II－24：善財童子の善知識・ビシュモーッタラニルゴーシャ訪問

写真16　「ガンダヴューハ」浮き彫り　＃II－30：善財童子の善知識・ラトナチューダ訪問

すべての善知識の教えの智慧を吸収したあかつきに、善財童子は偉大なる菩薩たちである、弥勒、文殊、普賢のみが更なる教えを授けることができる心の境界へと進出します。

写真17・18　弥勒菩薩の不思議に満ちた宮殿では、ほかの善知識たちが口頭で教えを説いたのに対し、弥勒菩薩は、不可思議な光景、ヴィジョンをもって、目に見える形で教えを説いたのでした。その長きにわたる弥勒菩薩への訪問のあとに、短いながら二度目の文殊菩薩との出会いを経て、善財童子はついに毘盧遮那仏の御前で、位を付与された普賢菩薩の住居に辿り着くのでした。

写真19　善財童子が普賢菩薩の守護を受けた後、『ガンダヴューハ』は『普賢行願讃』で知られる、普賢菩薩の讃嘆で終わります。

写真20　ボロブドゥルを建設し、さらに千四百六十枚ものレリーフと五百体以上もの仏像を彫ることは、長大な構造であり、緻密な計画と思慮深い建築家・彫刻家たちの協力関係が要求されました。そ

写真17　「ガンダヴューハ」：弥勒菩薩が指を鳴らし、クーターガーラ宮殿の扉を開く場面

写真18　「ガンダヴューハ」：クーターガーラ宮殿に入城する善財童子

写真19　「普賢行願讃」：多くの仏の不可思議な形相

して、建築家・彫刻家たちもみな、仕事が進むにつれて積み上げられていく経験に基づいて、よりよい方法を得ていったのです。最初期に彫られた一連のレリーフから、まだいくらか不統一であることが感じられますが、第二回廊のレリーフからは、すでに彫刻と建築の統一の完成が窺えます。

はじめの十四枚のレリーフでは、『ガンダヴューハ』の序を描写し、第二回廊にあるちょうど百十枚のレリーフは、五十五枚ずつ継続した二つのセットになっており、善財童子が弥勒菩薩の宮殿に至るまでの善知識の訪問を描いています。

ガンダヴューハ・テクストは、繰り返し百十という数字について言及しており、一度目は弥勒菩薩の住所に到達する前に善財童子が訪れた街の数として、そして二度目は、善財童子が訪問した善知識の人数として出てきます。善財童子の文殊菩薩への二度目の訪問を二回として数え、兄妹であるシュリーサンバヴァとシュリーマティーへの訪問を二回として数えるならば、ちょうど五十五人の善知識となり、まさに述べられた二つの道程である百十という数字の半分になります。

写真20　回廊上の壁龕に安置された仏像

中国の法蔵は、彼の著、『探玄記』［T. 1733］において、善財童子自身の悟りの智慧への成長過程と、童子の師である善知識たちの精神成長を分ける二系統の数字について説明します。

今日お越しの皆さまは、皆『ガンダヴューハ』のエキスパートでいらっしゃるので、玄奘三蔵の見地について詳細にご説明申し上げるつもりはございません。ただ、ジャワの建築家たちが、玄奘三蔵と同様の見解を持っていたかどうかは定かではございませんが、二つ明らかなことがあります。ジャワ人は、百十という数字にとてもよく注意を払い、善財童子の訪問を二つに続く五十五枚のレリーフの巡礼に収め、倍にすることでこの数字に到達します。すぐにおわかりになりますように、百十という数字は、レリーフの構想計画上、ある役割を果たし続けたのでした。

第二回廊の欄楯上で、『ガンダヴューハ』のレリーフのちょうど反対側にある第一回廊から続く『ジャータカ物語』は、善財童子が弥勒菩薩の宮殿に到着すると終わってしまいます。『ジャータカ物語』がそこで消えてしまう理由は、『ガンダヴューハ』によって説明されます。

善財童子が善知識から教えを授かるにつれて、ボロブドゥルの碑文に言われるプールヴァ・アビジュニャー(pūrva-abhijñā)のおかげで、善財童子は自分の前世すべてを思い出すことができる心の境地に至るのです。また悟りの智慧に向かう善財童子の成長過程は、いまや、もとに戻ることのないもの、不退転（avivartya）になっています。この心の境地に至ることで、善財童子は『ジャータカ物語』のいう倫理・道徳的な教えの域を超えたのでした。つまり、善財童子には、もはや『ジャータカ物語』は必要ないのでした。

写真21 左側にあります建物は、この十重の宮殿なのですが、レリーフが小さいために、五段しか描かれていません。

巡礼者善財童子の悟りの知慧への旅路における成長の段階を、ボロブドゥルの十段を通して追うことができます。この十階建てにいわれる十段が、『華厳経』でいう菩薩の十地（daśabhūmi）の意味で同様に考えられることは、善財童子のラトナチューダの訪問の話からも明らかです。この善知識ラトナチューダは、善財童子を彼の住居である十階建ての宮殿へと連れていきます。その建物の五階には、五地まで進んだ菩薩が住んでいます。それより上階には、さらに優れた技と智慧を持つ菩薩たちが住んでいます。そして十階は、如来の領域であります。ラトナチューダの宮殿での記述からは、

写真21　「ガンダヴューハ」浮き彫り　#II－31：ラトナチューダの宮殿

写真22　「ガンダヴューハ」浮き彫り　#II－126：弥勒菩薩の宮殿クーターガーラに参拝する善財童子

写真23　第四回廊上の浮き彫り「普賢行願讃」

ボロブドゥルの建築家たちと彫刻家たちは、ボロブドゥルの遺跡の十ある段階と、巡礼者善財童子の心の成長過程の段階とが、共通する構想のもとにあることによく通じていたことは明らかであります。

写真22 第二回廊の主壁にある最後の三つのレリーフには、弥勒菩薩の宮殿への善財童子の到着シーンが見られます。第三、第四回廊で弥勒菩薩への訪問に費やされたレリーフは、二百二十枚にものぼり、あの不思議な数字、百十のちょうど倍になります。弥勒菩薩への訪問は、ちょうど第四回廊の真ん中で終わります。

写真23 そして、普賢菩薩への訪問とその普賢菩薩を讃嘆する『普賢行願讃』を描写するレリーフはまたちょうど百十枚になるのです。別の言い方をすれば、弥勒菩薩は普賢菩薩と百十枚の二倍の壁面スペースを分かち合っていることになります。これは、ガンダヴューハ・テクストにおける弥勒・普賢両菩薩の重要度を一律に保つためと思われます。この百十という基礎数に基づいた数字に表されるレリーフの役割は、その仏教建築や彫刻に見られる数理的な造営造像寸法法をしのばせます。

写真24・25 下のほうからは、ぐっと、まっすぐ上に急に上がっておりますが、上から三段目のところから、そのラインの角度が低く

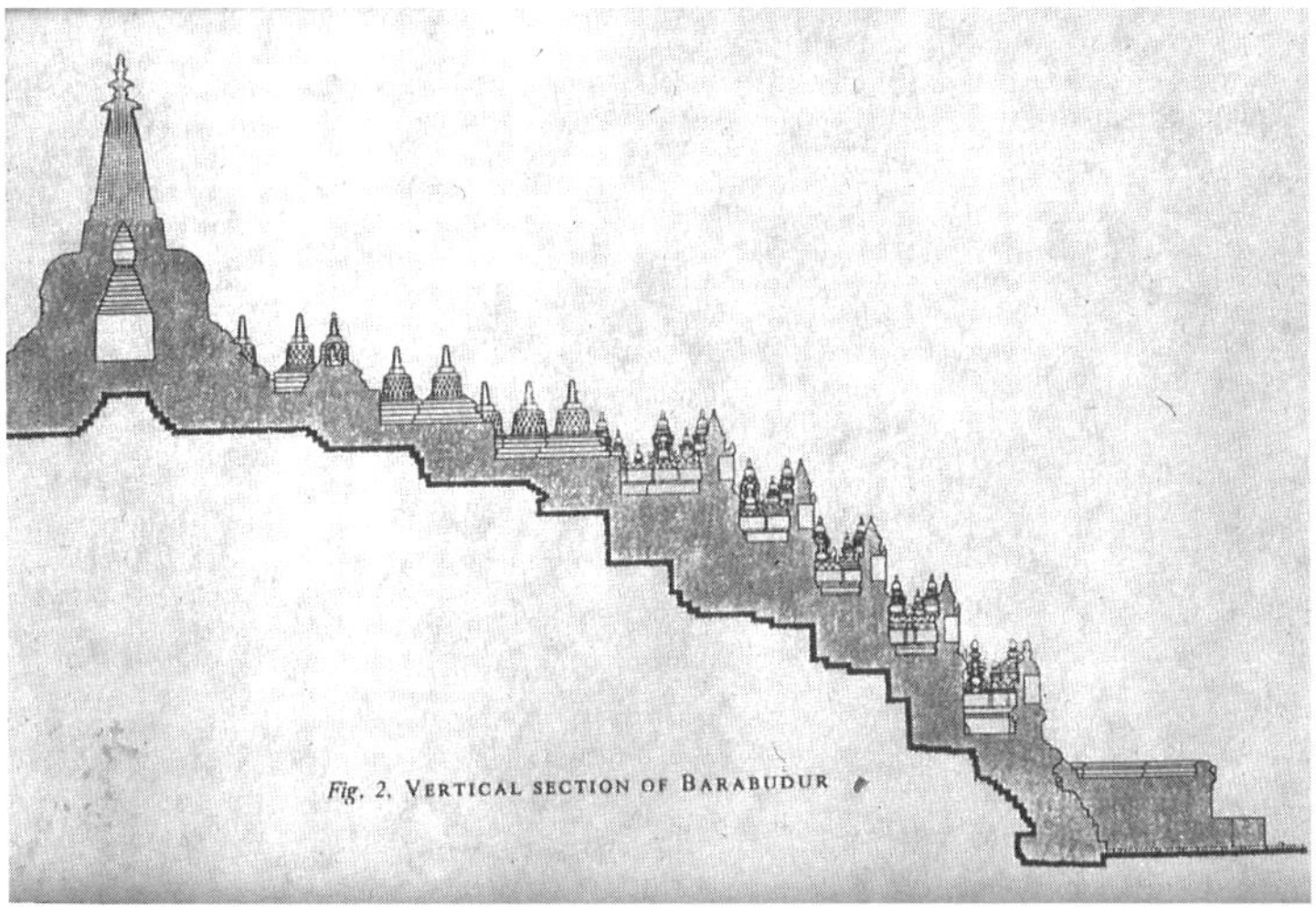

写真24　ボロブドゥルの断面図

写真25　ボロブドゥル・中庭からの眺望

なっています。いまスライドで御覧いただいています、上方が低くなっていますボロブドゥルの上方段を低く形づくる輪郭線について、この遺跡を研究する者たちの間でさかんに論議されてきました。よく言われたのは、上方の重量を減らすことによって、全体の建築構造の安定を図るために建築家たちが用いた方法とするものでした。

しかしながら『ガンダヴューハ』を読んでいると、まったく異なるいくつかの説明にでくわします。『ガンダヴューハ』の序論において、出だしの数行のすぐあとに、ブッダは獅子奮迅の三昧に入られます。するとすぐさま美しい壮大な建物、クーターガーラ（kūṭāgāra）が出現し、その庭園全体を包んでしまいます。菩薩たちはこれから起こる多くの奇跡のうちの最初の不可思議なる光景を見ることができたのですが、仏陀の弟子たちは、彼らの目の前でその光景が見せられているにもかかわらず、まだそれらの奇跡を見ることができないのでした。

写真27『ガンダヴューハ』は、この現象について、次のように詳細に説明しています。菩薩たちは無障礙の目を持っていますが、声聞たち（sravakas）は、やがて、その不可思議な光景を見ることができるようになるため、もっと優れた心の境界に到達しなければならないのでした。グラーノフ［Granoff, 1998, p.362］(1) は、「この不可思議なる光景を見ることができるという能力は、心をありとあらゆるものから解き放つことによってのみ成就される意識の拡大に、特に関係しているものである」と言っています。

自らも数々の奇跡を行う女性の在家信者アーシャーは、仏陀や善知識によって表された奇跡を見るために必要な条件について、善財童子に次のように説明しています。

「善男子よ、私はその不可思議なる光景の領域には入りません。そうすることで、まだ善根を植えていない者たちや善知識たちにまみえたことのない者たち、また、心を悟った者へと向けたことのない者たちが、私を見て知ることができるのです。善男子よ、そういう者たちが私をほんとうに見ることができるや否や、最高の悟りの知慧へと向かう道から、もはやそれて引き返してしまうことがなくなるのです」［T.278, p. 698b; T.279, p. 434c; Ijiri 2005, pp. 35-36］(2)

善知識たちと善財童子自身のその不可思議なる光景を見ることができる能力は、『ガンダヴューハ』の中で何度も取り上げられるテーマであり、このタイプの無障礙の不可思議な景色を獲得するための道のりが、長く険しいものであることを明らかにしています。

写真26 たとえば、いまこのスライドに御覧いただいていますアナラ王を善財童子が訪問したとき、最初はアナラ王の民を拷問するよう命じられたように思われ、善財童子はその王が見せる究極の残酷さと恐ろしさにおびえ震えたのでした。後になって、善財童子はその場面が幻想であり、錯覚であったことに気がつき始めるのです。善財童子が弥勒菩薩の宮殿、クーターガーラで見せられた数々の奇跡を目撃した後、菩薩たちは善財童子にその奇跡を見たかどうか尋ねます。善財童子は「はい、見ました」と言い、次のように答えます。「優れた方よ、私がその多くの奇跡を見ることができたのは、私の善知識なるあなたの威力と瞑想による神通力のおかげなのです」［T.293, p. 835b, col.6］善財童子が実際に見た、その数多くの奇跡がいま初めてレリーフとして描かれたことも偶然ではないのです。

前述の事柄から、善財童子が長い巡礼の旅路の間に、最後の、そして最も重要な善知識による奇跡のすべてを見ることができる能力をいま得ていることは明らかでありましょう。このタイプの不可思議な景色は、菩薩行に向かう巡礼の過程において、はるかに前進した者だけが獲得できるものであることは明らかであります。

写真28　三円壇上にありますストゥーパを含む格子状の覆蓋（stūpa）と、その中に安置されていますヴァイローチャナ（Vairocana）像を伴う上方三円壇を形づくる低い輪郭線は、巡礼者にとっては最後の最後になるまで見えず、それゆえにおそらく『ガンダヴューハ』の中心的テーマの一つであると思われるものを、この建築構造を使って象徴的に上方三円壇として表現していると考えられます。その低い輪郭線を持つ円壇は、格子状の覆蓋とその中に安置された仏陀の置かれた円壇を、巡礼者がその最も高い神聖な円壇の領域に入るまで隠すことを特別な目的としていたようであります。

　このように、ボロブドゥルの上部が低くつくられた輪郭線は、『ガンダヴューハ』の内容と完全に一致するように思われます。

　善財童子の出会った善知識たちは無数の不可思議な光景について

写真26　アナラ王の手下とその犠牲者（浮き彫りII—126）

写真27　階段吹き抜けからの中央大覆蓋瞥見

写真28　格子状覆蓋が安置された円壇からの眺め

写真29　阿弥陀仏像

語り、またあるいは、善財童子が個人的にその奇跡を見たのでした。その多くの奇跡は、一つの典型的な特徴を共通して持っています。不思議な光景や奇跡が起こるとたちまち、その景色は数えきれないほど増加するのです。このタイプの最初の不可思議な光景はすでに『ガンダヴューハ』の序の終わりに出てきます。テクストはどのように菩薩たちがジェータ林に参集し、すべての世界にあるすべての仏国土を見、その外の領域の限界にまで広がり、菩薩は悟りに到達する［see II-15］、と記述しています。

もう一つの奇跡は、善財が弥勒菩薩のクーターガーラ宮殿に入った途端に起こります。「このクーターガーラ宮殿の中で、何百千もの同じ荘厳されたクーターガーラ宮殿を見たのでした。」［T.293, p.831, l.26］

写真30　阿閦仏

善財童子が前日の弥勒菩薩の宮殿の中で数え切れない不可思議な景色を見たあとで、初めて普賢菩薩とまみえる前に、弥勒菩薩の宮殿で起こったことと同じく、無数の不可思議な景色が展開したのでした。そして、この善財童子の最後の訪問先でもある普賢菩薩の章の終わりで、普賢菩薩が善財童子の頭をなでると、もっと劇的な増加のシーンが見られるのです。大正二九三を引用します。

「ちょうどこの世界で、ヴァイローチャナ、つまり毘盧遮那仏の御前で普賢菩薩がすべての世界の微塵の数に等しい三昧に善財童子を入れるため、善財童子の頭をなでました。そして、同時に普賢菩薩は十方の世界にある仏国土において、善財童子がこの同じ素晴らしい福徳を得るよう彼の頭をなでたのでした」［T.293, p.840b, col.21］

この同時に起こる、まったく同じでき事と、まったく同一の姿・形の飛躍的増加、つまり即事の無尽複写こそが『ガンダヴューハ』のほとんどの奇跡の共通点なのです。ボロブドゥルの彫刻師たちは賢明にもその無数複写の奇跡のうちのほんの一部分だけを描き、けっして中国仏教芸術に見られるような千躰のブッダを創造したりはしないのでした。三十二躰の仏陀を表す二つの最後の普賢行願讃のレリーフを除いて、すべての仏陀という語は、ちょうど五百人の僧が一貫して芸術的、実際的な理由から五人に減数されているように、通常最高で、十方におわします十躰の仏陀で表されています。

そのかわりに建築家たちや彫刻師たちは、五百四躰の仏像を上方の回廊の壁龕と円壇の格子状の覆蓋にすえることで、その奇跡の増加を描写する手間を省いたのです。ボロブドゥルにおける仏のシステムは、テクストで言われるのと同じ形の増加パターンを示しているように思われます。

『ガンダヴューハ』では、善財童子はヴァイローチャナの御前で普賢菩薩と出会うと言われていますが、このヴァイローチャナ仏は、第四回廊の善財の普賢菩薩訪問の場面のレリーフには描かれていないのです。すぐ近くにある円壇のヴァイローチャナ仏の存在で、おそらく足りると考えたのでありましょう。

写真31　これが転法輪印です。

この円壇の領域に巡礼者が入りますと、**写真32**の格子状の覆蓋の中に転法輪印を結んだ七十二躰の同じブッダが見え始めます。ボロ

写真31　上壇の未完成の覆蓋に安置された毘盧遮那仏像

写真32　覆蓋の中の毘盧遮那仏像

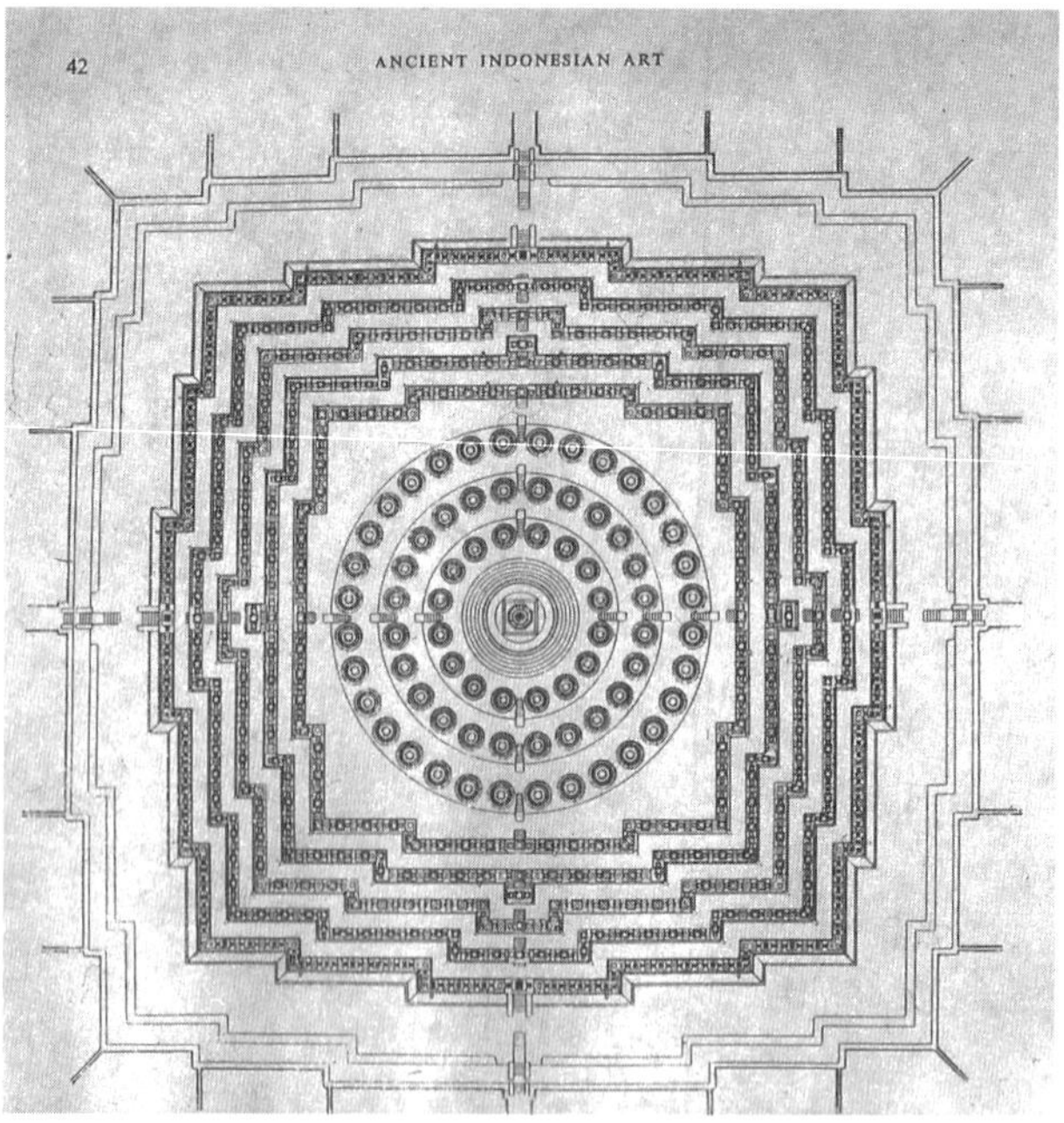

写真33　ボロブドゥルの平面図

ブドゥルのレリーフにおける最後の場面で、善財童子は初めて菩薩の域に到達したことを意味する蓮華座の上に座った姿で描かれます。普賢菩薩によって救われ、教化され、また同様な位を付与され、善財童子はついにヴァイローチャナの不可思議なる、増加した最高の奇跡を見ることができる境界に到達したのでした。

写真33　ボロブドゥルが密教の三次元的曼陀羅（maṇḍala）であるという理論は、いままで、一九二六年にはじめてハインリッヒ・ツィンマー（Heinrich Zimmer）という方によって定義されたと多くの人々が信じていたのですが、実はすでに日本人の学者であります大村西崖と井尻進によって、一九二三年、二四年に提案されていたのでした。この説得力のあるアイデアは、世界中で長年にわたり受け入れられ、七十五年後にようやくオランダ人学者であるマライケ・クロッケ（Marijke Klokke）によって、疑問視されたのでした。マライケ・クロッケは、この遺跡の四角や丸などの外面的、表面的な宇宙的構造の相似を除いて、ボロブドゥルは密教曼陀羅の基本的な特徴を欠いている、と強く議論しています。彼女はまたすべての可能性において、ボロブドゥルの建築がジャワにおける密教の伝播以前のものである、と指摘しています。(3)

『ガンダヴューハ』を読み進むと、このテクストが曼陀羅説を実際的に支持していないことが、すぐに明らかになります。研究する学者たちの間では、『ガンダヴューハ』は大乗の経典であり、基本的に密教の影響を受けていない経典であるという合意があります。曼陀羅説をうたう者たちは、『ガンダヴューハ』がボロブドゥルの上方回廊のレリーフを圧倒的に占めているということの重要性をまったく無視していることになるのです。そのかわりにその多くの曼陀羅説を説く学者たちは、ボロブドゥルの壁龕と格子状の覆蓋に安置された仏像のシステムに焦点を当てています。

密教曼陀羅と仏教寺院としてのボロブドゥルの間には、はっきりとした基本的な相違があります。それは、曼陀羅の場合、四角や円の中に配置された多種多様の階位の独立した仏・菩薩たちや神々を表しているということですが、ボロブドゥルでは、多くの複写された同一の仏像が配置されているということで、この寺院は典型的な曼陀羅ではないのです。

最初の三段の回廊の上にある壁龕に安置された仏像は、その仏像本来の印相（mudrā）とは異なる印を表しています。その点でこれらの仏像はよく知られる五仏のシステムに相当します。しかしながら、第四回廊の上にあるその壁龕には、あらゆる点で同一の仏像が、説法印（vitarka-mudrā）を持つ五仏に付加された佛として安置されています。

円壇上の格子状覆蓋にある、転法輪印（dharmacakra-mudrā）を結ぶ仏像もすべて同一の仏であります。このタイプの同一の仏の増加について、『ガンダヴューハ』はたびたび記述しています。この種の同一仏像の複写とそれぞれが個々別々の姿を持つ密教曼陀羅の仏像の基本的特徴と相通ずるかどうかは疑わしいのです。

さて、前の部分で『ガンダヴューハ』と『普賢行願讃』がどれほどボロブドゥルの回廊と円壇を関係づけ、それらを一つにつなげる物語として結び付けていたのかということを何度も繰り返し表明してまいりました。しかし、なおもう一つ重要な疑問が解答されずに残っています。もしも、その三円壇が『ガンダヴューハ』、あるいは『普賢行願讃』に見られるアイデアに基づくものとしますと、前述の例にように、五仏ではなく、六仏、あるいは七仏のシステムもまたそのテクスト、『ガンダヴューハ』、『普賢行願讃』によって明かされることになります。曼陀羅説を支持する人々は、この仏陀の数の重要な違いを説明するテクストを見つけることはできなかったのです。

写真34　壁龕に安置された不空成就仏像

写真34　壁龕に収められた佛と格子状覆蓋に安置される仏という異なる仏の数については、その方向、配置と印相が、ボロブドゥルの仏陀のシステムの特徴を決定する唯一の動かぬ視覚的証拠なのです。もし、ボロブドゥルの円形に近い、三壇の建築と彫像がレリーフと同様に『ガンダヴューハ』の内容に拠るのであれば、仏陀のシステムについての説明も『ガンダヴューハ』テクストの最終章に見つけられなければならないはずです。そして、ほんとうにその説明は覆蓋の中に安置された仏陀に関するものとして、その最終章にあるのです。［T.293, p. 812, l.27］

五仏以上のシステムについての記録は『ガンダヴューハ』の漢訳のその同じ箇所である最終章にも見られます。その箇所は多少の相違はあるものの、『ガンダヴューハ』の三種すべての漢訳に見られます。

一「ここで善財童子は、（大）三千世界に満ちる偉大な菩薩たちがいかなるものかを見た。その偉大な菩薩たちは普賢菩薩の慈悲行を成就していた。如來たちはその菩薩たちのために法を説かれている」［T.278, p. 786b, l.5-6］

二　「そこで善財童子は、ヴァイローチャナ仏（盧舎那）が数えきれないほど長い間、世界を美しく浄められて、最高の悟りに到達されたのを見た」[T.278, p. 786b, l.7-8]

三　「ここで善財童子は、蓮華の不可思議なる福徳で佛国土を満たす、偉大な普賢菩薩と偉大なる賢首佛を見た」[T.278, p. 786b, l.9-10]

四　「そこで善財童子は、灌頂授記者の位を獲得し、将来仏陀になる予言を受けた阿彌陀仏と観世音菩薩を見た。その阿彌陀仏と観世音菩薩は、すべての法界に充満する」[T.278, p. 786b, l.11-12]（**写真29**）

五　「ここで善財童子は、喜びと輝かしい清浄なる美しい仏国土に充満する阿閦仏と偉大なる菩薩香象を見た」[T.278, p. 786b, l.13-14]（**写真30**）

六　「ここで善財童子は、月慧佛と金幢大菩薩を見た。彼らは浄く光る佛国土に充満していた」[T.278, p. 786b, l.15-16]

七　「ここで善財童子は、日藏佛と智灌大菩薩を見た。彼らは浄く光る佛国土に充満していた」[T.278, p. 786b, l.17-18]

八　「ここで善財童子は、十方にある世界とすべての佛が輝く光を放ち、すべての生きとし生けるもののために転法輪を回し、無知の闇を追い払うのを見た」[T.278, p. 786b, l.19-20]

目に見える証拠であるレリーフと文献的証明であるテクストの内容を組み合わせると、次のような結論に至ります。もし、建築家たちのもともとの意向に急激な変化や中断が起こり得たならば、緊密につながるレリーフの継続性や描写されたテクストの継続した一貫性も、これから起こるでき事への視覚的、文献的言及も、そして、さまざまな菩薩たちに対するレリーフの果たす役割なども、すべてとても成功しなかったでありましょう。私が本日取り上げてきましたガンダヴューハ・テクストとボロブドゥルのさまざまな側面との間の数々の類似点から、もう一つの結論を得ることができます。

学者たちが自らのボロブドゥル解釈を支持するために引用した仏教経典の中で、『ガンダヴューハ』と『バドラチャリー』ほど、多くのボロブドゥルの最も顕著で際立った特性を説明する経典はないのです。

ボロブドゥルの最も神聖な段階である、上方の回廊に、『ガンダヴューハ』と『バドラチャリー』が綿密に描かれたということは、ボロブドゥルが『ガンダヴューハ』の一種、あるいは華厳仏教（Avataṃsaka Buddhism）の産物であると十分に解釈できるように思われます。

『ガンダヴューハ』と『バドラチャリー』に起因する宗教学派が東南アジアに存在していたかどうかは定かではありませんが、もしも密教の特性をまったく持たない大乗仏教の分派としてボロブドゥルをみなすならば、この遺跡はジャワ仏教全体の発展史において適切な年代に割り当てられます。おそらくボロブドゥルはジャワで密教が普及した十世紀以前の期間である九世紀に計画され建築されたということになるでしょう。

このようにボロブドゥルは東南アジアに広まった華厳仏教の産物であり、その同じタイプの華厳仏教は韓国の慶州にあります石窟院や奈良の東大寺の大仏殿のような、そのほかの偉大な仏教の記念建造物が生み出される源となる創造的着想として役割を果たしました。

私の講演の結びといたしまして、橋村公英師をお招きしたいと思います。先ほど引用しました偈頌を私たちのために読誦することを快く引き受けてくださいました師の朗誦が、ジャワのボロブドゥルと日本の東大寺の精神的きずなを象徴しますように念じております。

（ヤン フォンタイン・元ボストン美術館館長）

（編集註：シンポジウム当日は、フォンタイン博士の特別講演の後、東大寺教学執事・橋村公英師による『華厳経』偈文『大方廣佛華嚴經巻第六十』（仏陀跋陀羅訳）の読誦がありました）

註

（1） Phyllis Granoff, "Maitreya's Jewelled World: Some Remarks on Gems and Visions in Buddhist Texts", in Journal of Indian Philosophy, vol. 26, 1998, pp. 347-371

（2） Yuko Ijiri, "The Four Upāsikās Chapters of the Gaṇḍavyūha: A Comparative Edition and a Translation", Doctoral Dissertation at Leiden University, 2005

（3） Marijke Klokke, "Borobudur, a mandala? A contextual approach to the function and meaning of Borobudur", IIAS Yearbook 1995, pp. 191-219, Leiden: IIAS

東大寺法華堂―歴史と美術―

大橋一章

はじめに

東大寺法華堂は平城京の東山の中腹に、今も天平建築の姿を伝えている。法華堂の正堂内陣の桁行き三間、梁間二間分に床が張られ、その中央に八角二重の台座を据え、そこに本尊の不空羂索観音像が安置されている。本尊の台座の左右に梵天・帝釈天像、台座の前方左右に金剛力士像・密迹力士像、床面の四角に四天王像の九体の乾漆像と、また本尊背後の台座上に執金剛神像、本尊の前方左右の台座上に日光・月光菩薩像、本尊の後方左右に弁財天・吉祥天像の五体の塑像、合わせて十四体の天平彫刻が所狭しと並んでいる。これらの天平彫刻のすべてが法華堂の完成当初から安置されていたとは思えない。少なくとも塑像は客仏の可能性が強い。

法華堂の研究は明治以来多くの研究者によってつづけられてきたが、法華堂と不空羂索観音像の具体的な建立・制作関係を示す文献史料がないため、研究者の見解が一致することはなかった。この小論においては、従来も取り上げられてきた法華堂や不空羂索観音像に関する基本史料に対して、今一度検討を加えてみたい。そして天平彫刻を代表する不空羂索観音像については、奈良美術を創出してきたエリート造仏工の系統をたどりながら私見を述べてみたい。

一　法華堂と不空羂索観音の基本史料

法華堂とその本尊たる不空羂索観音像に関する史料としては、十二世紀末の東大寺で編纂された『東大寺要録』に以下のような記述がある。

史料A　巻第四　諸院章第四

一、羂索院　名二金鐘寺一。又改号二金光明寺一。亦云二禪院一。

堂一字　五間一面　在二禮堂一。

天平五年歳次癸酉創建立也。良弁僧正安二置不空羂索観音菩薩像一。當像後有二等身執金剛神一。是僧正本尊也。（後略）

史料B　巻第八　雑事章第十之二

東大寺櫻會縁起　亦名二法華會一。根本僧正観音化身之由見二此縁起一。

（前略）伏惟法會大施主　故僧正院下、遍二普門一。示二普門之一形一。恒廻二迷津一。救二迷津之多苦一。戒香薫二身閣一。而三業無レ瑕。惠鏡懸二心臺一。而六情常明。惜二寸陰一而傳二法燈一。投二尺璧一而弘二聖化一。護恩護法之功逈超二古今一。守土利生之德。特秀二前後一。忠貞外備巽巽。奉二六大之朝一。信敬内融乾々莊二三寶之德一。猶復以二去天平年一始奉二爲四恩一窮二目連之三往功一蓋二毗首之一制匠一。敬造二不空羂索観音自在菩薩像一爲二其像一也。立身丈餘。德圓相滿。疑二補陀之眞儀一。青蓮毗頻婆脣、似二安養之正軀一。其像雖レ就、未レ卜二居處一。後經二數年一。京城東畔崇二山麓一占定。此地正爲二其地一也。東卽重巒蘢嵸兩耀所二奬虧一。西則都邑隱軨八方所二幅湊一。此處初卽淨名方丈窮子草菴。往々陳烈容レ身而已。爰道力冥感。朝野歸崇。芟二夷荊棘一剪二截荎蓬一、搆二造大厦殿一、安二置観音像一爲二其院一也。（中略）以二去天平十八年丙戌三月一奉二爲桂畏大雄大聖天皇、幸謙皇帝　仁聖大后一莊一嚴堂閣一羅二列幡盖一。敷二設法莚一啒二請名僧一開二方便門一示二眞實相一。自レ起二此法會去天平十八年一以来。迄二此承和十三年一所レ經之年合一百一歳也。雖二年代古過一而法會常新。（下略）

史料Aによると、羂索院つまり現在の法華堂は金鐘寺と名づけられ、また改めて金光明寺と号し、禅院ともいった。この羂索院は天平五年（七三三）に「創建立」され、堂内には良弁僧正が不空羂索観音像を安置したが、この像の後ろには良弁の本尊の等身の執金剛神像があるという。たしかに現在もこの記述のように、法華堂内には本尊の不空羂索観音像が南面して安置され、その背後に執金剛神像が北面して立っている。

もっとも史料Aだけでは羂索院が金鐘寺そのものか、それとも金鐘寺の一部なのかはっきりしないが、やがてこの金鐘寺は金光明寺と号するようになったようである。そして、羂索院は天平五年に「創建立」というから、天平五年は建立工事の完成ではなく建立工事が創められた、つまり工事開始ということになろう。すると羂索院の完成はこの天平五年よりも何年か後ということになる。

寺院における堂宇の建立とその本尊たる仏像の制作は、両者一体となってすすめられるのが一般的である。つまり両者は密接にリンクしているのである。ところがこの羂索院と本尊の不空羂索観音像の場合、羂索院の建立開始を天平五年と記すだけで、羂索院と不空羂索観音像の発願者については一切記さない。にもかかわらず、不空羂索観音像を安置したのは良弁僧正だと明記するのである。通常は本尊の発願者について記せば、安置者について記すことはほとんどない。というのも、本尊の発願者がそのまま本尊の安置者であるからである。

こうして見ると、史料Aが羂索院の本尊の発願者については言及しないで、安置者として良弁の名を記すのはきわめて異例としかいいようがない。ということは、史料Aは不羂索観音を安置した良弁はその制作発願者ではないことを示唆しているといえよう。

さらにいえば史料Aは羂索院については天平五年の建立開始以外その発願者や完成年を記さず、一方本尊の不空羂索観音像の発願者や制作年についても何ら記すことがないから、羂索院の建立と不空羂索観音像の制作はリンクしない、換言すれば両者は別々に建立、制作されたことを意味するのである。

そしていつのことかはわからないが、羂索院の完成後に不空羂索観音像を安置するにあたっては良弁の意向が強かったことを、史料Aは物語っているのである。また不空羂索観音像の後ろに置かれている執金剛神像が良弁の本尊だということから、羂索院と良弁の密なる関係を垣間見ることができよう。

それではつぎに不空羂索観音像の制作時期について検討してみたい。史料Bは東大寺桜会縁起（以下桜会縁起）で、桜会とは春三月羂索院ではじまった法華会のことである。この桜会縁起は良弁僧正を桜会の根本施主とし、また観音の化身として良弁の事跡を美辞麗句をもって語り、この良弁が「去る天平の年」に不空羂索観音像をつくったことを記す。ところが「未だ居所をトせず」、つまり不空羂索観音像の安置場所が決まらず、数年を経て平城京の東の山麓の現在地に定めた。その地に「大厦殿を構造し」、「観音像を安置した」という。そして天平十八年（七四六）三月に桜会をはじめたが、今承和十三年（八四六）まで百一年を経たというのである。

このような桜会縁起の記述の中でもっとも注目すべきは、不空羂索観音像は完成しても安置場所が決まらなかったということである。先述のように寺院における堂宇の建立とそこに安置する仏像の制作は一体となってすすめることからすると、この場合も異例としかいいようがない。仏像が完成しても安置場所が決まらないとは通常ではあり得ないのである。これが事実なら、仏像の制作中に安置する堂宇の建立がなんらかの理由で突如中止に追い込まれたとしか考えられない。また桜会縁起によると、不空羂索観音像安置のために平城京の東畔の山麓に大厦殿を構造したというから、現在不空羂索観音像を安置している法華堂は安置場所が決まらなかった不空羂索観音像を安置するために建立したことになる。

大厦殿つまり羂索院（法華堂）は桜会始修の天平十八年三月までには完成していたことになるが、羂索院の建立開始を天平五年と記す史料Aを合わせ考えると、羂索院は天平五年に建立開始、天平十八年三月には完成していたことになろうか。すると、天平年間に完成していたという不空羂索観音像は天平元年から五年ごろに完成していたことになるのだが。

それではここで大厦殿つまり現在の法華堂の建立期間について検討してみたい。私見によると、古代寺院の巨大木造建築はまず設計図にもとづき建立地に地山面まで掘り下げ版築工法で基壇を造成し、所定の位置に採石場から切り出し加工した礎石を据えつけ、一方ではヒノキ材を調達し、乾燥後に木造りをして各種部材に仕上げるが、ここまでの基礎工事を終えないと礎石の上に柱は建たない。柱を建ててその上に桁や梁を架構しその上に各種部材を組み立て竣工するまで一堂塔につき平均四年はかかる。本尊を安置する金堂のほかに仏塔や講堂、さらに中門と回廊などを造営すると、順調に工事が進んでもおよそ二十年はかかる。少しでも工事が滞ると、三十年、四十年と長期間かかるのである。(1) 三間四面の法隆寺金堂や官寺規格の五間四面の薬師寺金堂の建築と比較すると、現法華堂の建築は規模は小さくしかも単層で、巨大木造建築のイメージはない。おそらく法華堂の造営期間は法隆寺や薬師寺の金堂の二分の一以下、つまり二年以内で建立したのではなかろうか。

つまり法華堂は二年もかからないで完成したことになり、桜会開始の天平十八年三月より二年前の天平十六年ごろ工事をはじめていたことになるが、そうすると、史料Aの天平五年に建立開始とは齟齬をきたすことになる。

そこで、あらためて史料Aと史料Bの桜会縁起の記述を検討してみたい。史料Aではまず羂索院が金鐘寺と名づけられ、やがて金光明寺と号され、禅院といわれたことを記し、羂索院には五間一面の堂、つまり羂索堂が一宇あって、礼堂つきだというのである。そのあと羂索院は天平五年に建立を開始し、良弁僧正が不空羂索観音像を安置したという。建立開始を天平五年と明記するが、いつ完成したかについては何も記さない。同時に良弁僧正が不空羂索観音像を羂索院に安置した年代ついても記さないのである。

一方、史料Bの桜会縁起は『東大寺要録』の中には正確にいうと四度引用されている。最初は巻第一の最末部、二度目は巻第四の諸院章第四、すなわち史料Aにつづく羂索院の項の後半部、三度目は同じく巻第四の諸会章第五の三月の項である。最後は巻第八の雑事章第十之二、すなわち史料Bである。前三者と後者は同一のものではなく、前三者はそれぞれ後者の一部分を引用しているが、ここでは二度目の引用となる史料Aにつづく羂索院の項の後半部の桜縁起を取りあげたい。その部分には良弁が天平年間に不空羂索観音像を完成させたが、安置場所が決まらなかったために、平城京の東畔の山麓に大厦殿を構造して安置したことまでは記されているが、天平十八年三月から桜会がはじまったことを述べる桜会縁起の後半部分は記されていないのである。

桜会縁起と題する史料を引用しておきながら、肝腎の桜会に関する部分が欠落しているのはいささか腑に落ちない。私はこの点に『東大寺要録』編者の作為のあとを見るのである。というのも、桜会縁起の全文、おそらく史料Bの桜会縁起は全文に近いものと思われるが[2]、その全文を前者の羂索院の項に引用すると、大厦殿（羂索院）の完成時期が自ずと明らかになるからである。大厦殿つまり今の法華堂は先述のように天平十六年ごろ建立を開始すれば二年以内で完成するから、天平十八年三月にここで桜会を始修することができるが、すると何かの史料によって羂索院の建立開始を天平五年とする説と明らかに食い違う。

つまり、『東大寺要録』の編者が巻第四の羂索院の項で桜会縁起を引用しながら、桜会に関する部分をあえて削除したのは大厦殿（羂索院）の完成時期を気づかせないためだったのである。さらにいえば『東大寺要録』の編者は、史料Aが羂索院は天平五年に建立開始、良弁僧正が不空羂索観音像を安置したというわずかな情報しか記していないため、桜会縁起を引用して不空羂索観音像が良弁によって天平年間につくられ、この不空羂索観音像を安置するために大厦殿（羂索院）を建立したとする情報を加えたのである。つまり、史料Aと桜会縁起の二つの史料を合わせることによって羂索院と本尊不空羂索観音像の情報は充たされることになるのである。もっとも『東大寺要録』の編者は桜会縁起の全文を引用すると大厦殿（羂索院）の完成時期が明らかとなり、史料Aの羂索院天平五年建立開始説と齟齬をきたすため、桜会縁起の後半部分の桜会に関する部分については引用しなかったのである。

ということは、『東大寺要録』の編者は羂索院の天平五年開始説を支持していたのである。桜会縁起の趣旨は東大寺の根本僧正たる良弁は観音の化身であるとし、その良弁がつくった不空羂索観音像の安置堂宇として大厦殿（羂索院）が完成したから、桜会つまり法華会をはじめたが、そのときが天平十八年三月だというのである。良弁を崇める美辞麗句が連なる桜会縁起であるが、だからといって天平十八年に桜会開始に至る経緯を否定する理由が格段あるわけではない。しかしながら、『東大寺要録』の編者は桜会始修の天平十八年羂索院完成説を捨て去り、天平五年羂索院建立開始説を主張した理由は何であったか。

私は『東大寺要録』のつぎなる記述に注目したいのである。

史料C　巻第一　本願章第一

五年癸酉。公家爲二良弁一創二立羂索院一。号二古金鐘寺一是也。

（中略）

根本僧正　諱良弁

僧正者相模國人漆部氏。持統天皇治三年己丑誕生。義淵僧正弟子。

金鷲井是也。天平五年建二金鐘寺一

史料Cの前半では、「五年」すなわち天平五年に公家が良弁のために羂索院を「創立」した。古く金鐘寺と号するのはこの羂索院のことだという。また後半では東大寺の根本僧正の良弁の出自を記したあと、良弁が天平五年に金鐘寺を建てたことが書かれている。公家云々はどこまで信用できるかわからないが、ここで注意したいのは天平五年に羂索院を創立という記述である。史料Aには天平五年に羂索院を「創建立」と記されていたが、この部分は『東大寺要録』の巻四の諸院章として羂索院の概略をまとめたものであるから、『東大寺要録』の編者が史料Cの記述に影響を受けて記したものかもしれない。

ところで、『東大寺要録』が史料Aと史料Cの二か所で天平五年羂索院創立と記しているから、その編者は当時、天平五年羂索院創立説を信じていた、もしくは信じたかったのである。というのも『東大寺要録』編纂当時、東大寺上院地区では羂索院が毎年三月に桜会を修する中心堂宇として活動していた。そのため上院地区にかつてあった金鐘寺の時代においても羂索院が中心堂宇であったと推測し、当時、伝承していた天平五年金鐘寺建立説から羂索院天平五年創立説が造作されたのであろう。たとえば史料Aの冒頭の羂索院は金鐘寺と名づけられ云々や、資料Cの金鐘寺と号するのはこの羂索院のことという記述はそのことを物語るものといえよう。また、史料Cに天平五年羂索院創立説と天平五年金鐘寺建立説を並記していることからすると、羂索院が先か、金鐘寺が先なのか、『東大寺要録』の編者は決定しがたかった。それでも編者は羂索院が金鐘寺の中心堂宇、つまり金堂のようなものであったと考えたかったのである。

以上まとめると、『東大寺要録』の羂索院天平五年建立開始説はつぎのようになる。すなわち『東大寺要録』編纂当時、東大寺においては上院地区の金鐘寺天平五年建立説が、口伝か記録かはっきりしないが伝承されていた。『東大寺要録』の編者はそのころ上院地区では毎年三月に桜会を開催していた羂索院が中心堂宇であったため、羂索院は金鐘寺創建時から一貫して中心堂宇であったと思いこみ、羂索院天平五年創立説を造作したのであろう。

私は『東大寺要録』の天平五年羂索院創立説はこうして書かれたものと想定しているが、天平五年金鐘寺建立説まで否定するものではない。上院地区の金鐘寺には羂索院以外の堂宇もあって、そのような堂宇の建立が天平五年であったと解することもできるからである。こうしてみると、羂索院の建立開始を史料Aや史料Cで天平五年とすることはできないのである。ここでは史料Bの桜会縁起による天平十八年三月までに完成、すなわち羂索院は天平十六年から十八年三月までに建立されたと結論したい。

二　天平十九年の金光明寺造仏所解案

昭和八年（一九三三）になると、不空羂索観音像の制作年代に新たな視点を提供する文献史料が登場した。奈良の飛鳥園刊行の『東洋美術』（特輯日本美術史四）の不空羂索観音像の口絵解説の中で紹介されたもので、それは正倉院文書のつぎなるものであった。

史料D　金光明寺造物所解案

　金光明寺造物所解　申請鐵事

　　鐵貳拾挺

　　　右、爲造羂索并光柄花蕚等物、所請如件、以解、

　　　　天平十九年正月八日史生大初位上田邊史

　　造佛長官外從五位下國

この史料には天平十九年（七四七）正月八日に金光明寺造物所から羂索菩薩の光柄花蕚等の物をつくるために、鉄二十挺を請求したことが書かれている。この光柄や花蕚は仏像の光背や台座、いうなれば仏像の荘厳具であるから、羂索菩薩なる仏像の本体の完成後、つまり仏像制作の最終段階を示すきわめて貴重な史料である。ここには羂索院や法華堂の名称は書かれていないため、口絵解説者は東大寺において他に不空羂索観音像が求められないのであるから、これを法華堂本尊に擬することもできると控え目に述べる。史料Bの桜会縁起によると天平十八年の三月に法華会が修せられ、「その他二三の理由からも、この天平十八年の春ころにその本尊なりが造られたと考える方が、よさそうに思われる節があり、」と述べ、また史料Dから「この頃に不空羂索観音像が造られたと考えて好いように思われる」とも記していて、天平十八年の春なのか、天平十九年の正月なのか曖昧な書き方ではある。

このように、史料Dは不空羂索観音像の制作年代に関連する重要な史料なのである。ところが、史料Dを紹介した『東洋美術』の解説者が不明だと知って驚いたことがあった。この『東洋美術』刊行の前年の昭和七年に、源豊宗氏が図版解説(3)で不空羂索観音像の制作年代を天平十八年としながらその根拠を示していなかったため、私はその翌年の『東洋美術』の口絵解説で根拠となる史料Dを紹介したのではないかとひそかに想像していた。源氏に問い合わせると、それは自分ではないが、口絵解説者は安藤更生氏かもしれないとのことであった。残念ながら関係者はすでに白玉楼中の人となっていて、口絵解説者が誰であったかを突き止めることはできなかった。不明ではあっても、私は史料Dを紹介した人物を今も高く評価している。

ところで、資料Dの金光明寺造物所解案の鉄二十挺については、福山敏男氏から批判が出された(4)。それは現在の不空羂索観音像の光背は木造で、その制作に多量の、つまり二十挺の鉄を必要としたとは考えられないというものであった。福山氏によれば史料Dは法華堂の不空羂索観音像に関するものではなく、天平十八年正月二十七

日に薨去した牟漏女王のためにつくられた興福寺講堂の丈六不空羂索観音像に関するものだというのである。鉄二十挺に関する福山氏の見解は一見論理的である。しかしながら、光明皇后と縁故の深い興福寺の造像が金光明寺造物所に命ぜられ、その羂索観音像が金光明寺造物所でつくられ、「完成の後、興福寺講堂に安置されたとみても、不自然ではなかろう」との解釈は、福山氏の学風からすると強引な一語に尽きる。これについては後述する鉄二十挺からあまりに意図的文脈で読みとっているのである。

　その後河本敦夫氏は乾漆仏制作に関する新たな史料を紹介して、福山氏の鉄二十挺の批判に答えたのである。[5] すなわち河本氏は正倉院文書の天平宝字四年（七六〇）六月二十五日の「奉造丈六観世音菩薩料雑物請用帳」に「鉄卌挺用十挺　作釘料　残卅挺」とあるのを提示し、これは前後の内容から乾漆丈六仏の制作に関するもので、造像のために請求した鉄の四分の一で釘をつくっていた。鉄は釘として使用したのである。さらに河本氏は鉄は精錬の工程で五分の一から六分の一の量が目減りするとも説明し、完成した乾漆仏や光背などに鉄製の部分がなくとも、その制作過程で多量の鉄を必要とし、それが記録の中にのこるのも当然というのである。このような河本氏の見解が発表されると、福山氏の鉄二十挺に対する批判は何ら問題はなくなったのである。

　すると、史料Dの不空羂索観音像が羂索堂の本尊にストレートにつながるかというと、たしかに史料Dの金光明寺造物所解案の羂索菩薩像に羂索堂もしくは法華堂の名は付されていない。先の『東洋美術』の口絵解説が東大寺において他に求められなかったのであるから、法華堂本尊に擬することもできると控え目に述べていたことを思い出す。

　ところで、現在われわれが呼ぶ東大寺の名称は、天平十七年（七四五）五月十一日の平城還都後、平城京の東山の金光明寺の地に盧舎那大仏が造立されつつあったころ、自然的に「東大寺《ヒガシノオオデラ》」の称がはじまったと考えられている。これは福山敏男氏の想定で、[6] その後大方の賛同を得てきた。福山氏によると記録の上では天平十九年十二月十五日付けの「東大寺写経所解」及び同月二十二日付けの坂田郡司婢売買券の中に見える「売㆓東大寺㆒已訖」の句がもっとも早い例という。史料Dの金光明王寺造物所解案が書かれた天平十九年正月のころは、東大寺の名称が見えはじめるかどうか微妙なころであろうか。

　大仏殿碑文には「以㆘天平十九年歳次㆓丁亥㆒九月廿九日㆖、始奉㆓鋳鎔㆒。以㆘勝宝元年歳次㆓己丑㆒十月廿四日㆖、奉㆑鋳了。三箇年八ケ度奉㆑鋳㆓御躰㆒。」とあって、盧舎那大仏は天平十九年九月廿九日より鋳造が開始され、天平勝宝元年（七四九）十月廿四日に終了するまで、足掛け三年で八回の鋳造を繰り返したのである。当然ながら鋳造前に大仏殿の大基壇が版築工法で造成され、その大基壇の中央部に、これも版築工法で上下二段の巨大な台座がつくられた。天平十七年八月廿三日に聖武天皇が土を運んだときが台座の完成のときであった。[7] 天平十九年九月廿四日の大仏の鋳造開始までに、台座上では大仏鋳造のための塑像の原形の制作がはじまったが、『続日本紀』天平十八年十月六日の条には「天皇・太上天皇・皇后、行㆓幸金鐘寺㆒、燃㆓灯供養盧舎那仏㆒。仏前後灯㆓一万五千七百餘杯㆒。夜至㆓一更㆒、使㆓数千僧㆒、令㆘擎㆓脂燭㆒賛歎供養、繞㆑仏三匝㆖。至㆓三更㆒而還㆑宮。」とある。つまり台座の完成から一年少しの天平十八年十月六日に幸謙天皇・聖武太上天皇・光明皇后が金鐘寺に行幸して盧舎那仏に一万五千七百余杯の燃灯を供養し、日没後数千の僧に脂燭を擎げさせ、盧舎那仏を三たび繞らせ賛歎供養させ、三更すなわち午前零時ごろ平城宮に還御したという。従来『続日本紀』の天平十八年十月六日に燃灯供養された盧舎那仏の記事は、大仏の原形の完成を示すものと解されてきた。大仏原形の完成後、この原形をもとに鋳型づくりと鋳造の準備が繰り広げられていた。

つまり、天平十九年正月に史料Dの金光明寺造物所解案が書かれたころといえば、前年天平十八年十月六日に大仏原形が完成してからちょうど三カ月後のことであった。上院地区の山裾の大仏造立地では完成した大仏原形をもとに鋳造のための鋳型づくりが活発化し、同時に鋳造準備がつぎつぎと進行していたのである。いうなれば九カ月後の天平十九年九月廿九日の大仏の鋳造開始のための最後の追い込み工事が展開していたのである。

したがって、先の『東洋美術』の口絵解説者が史料Cの羂索菩薩像を東大寺の他において求められないのであるから云々は、天平十九年正月ごろには東大寺の名称が見えはじめるかどうか微妙な時期だとしても、その実態は大仏鋳造を迎える鋳型づくりや鋳造準備の工事の真っ只中にあった。だから、先の口絵解説者は正確には羂索菩薩像は上院地区の金光明寺においては求められないというべきであった。

現在の東大寺上院地区に創建されていた金鐘寺は、天平十四年（七四二）以降金光明寺と称されていた。当時この金光明寺にいくつの堂宇があったかなわからないが、金光明寺造物所が制作する仏像は金光明寺に安置するためのものと解すべきである。逆に一般論としては金光明寺に安置しない仏像、換言すれば他の寺院の仏像も制作したと主張することはできないのである。そのように主張できる場合は文献史料に他の寺院の仏像を制作した旨書かれているときであろう。それを福山氏は光明皇后と縁故の深い興福寺の不空羂索像の制作を金光明寺の造物所に命じてつくらせたというだけである。それでは誰が興福寺の造像を金光明寺造物所に命じたのであろうか。福山氏は光明皇后と縁故の深い興福寺の造像だからといい、つまり光明皇后の名を出すことで、暗に政治権力の介在があったことを示唆するだけで、それ以上は語らないのである。これでは造物所が他の寺院の仏像を制作したとする合理的根拠からは程遠い。

先述のように福山氏は、史料Dの金光明寺造物所解案の鉄二十挺の羂索菩薩像が法華堂の不空羂索観音像に該当しない根拠として、法華堂像には鉄が使用されていないことを主張した。ここまでの福山説は一応筋道は立っている。しかしこのあとの、金光明寺の造物所が他の寺院の仏像をつくったとするにはそれなりの理由を述べなければならないのである。どうやら福山氏は肝腎のところで論理的な根拠を構築できなかったようだ。であればこそ、「この羂索像が金光明寺の造物所で作られて、完成の後、興福寺講堂に安置されたとみても、不自然ではなかろう」と、いうことになる。「不自然ではなかろう」との発言こそ、何よりも福山氏自身が自然なこととは思っていないからで、私には苦しい強弁としか思えないのである。

それではここで、史料Dの金光明寺造物所解案の羂索菩薩像に対する最近の浅井和春氏の見解[8]を検討してみたい。浅井氏は金光明寺造物所解案の羂索菩薩像が法華堂像の可能性も強いといいながらも、「絶対にそうだとはいいきれないと思われる」と述べ、福山氏が指摘した興福寺講堂像に加えて金光明寺の専宮裏所像の丈六の不空羂索像もつくられたとし、「専宮裏所像の方はおそらく同所[9]で造られたと考えられるからである」という。浅井氏は文中で「専宮裏所造」を二回、「専宮裏所像」を三回記しているが、前者は「専宮裏所、造る」、後者は「専宮裏所の像」とでも読むのであろうか。いずれにしても浅井氏は専宮裏所を金光明寺内に存在していた施設名称と考えているようだ。私は寡聞にして専宮裏所もしくは専宮裏なる名称をかつて見たことがない。浅井氏は正倉院文書の藤原豊成書状（以下豊成書状）から専宮裏所の語を見つけたようだが、この史料は以下のごとくである。

史料E　藤原豊成書状

謹進
系（糸）六十勾
右、爲造千手千眼菩薩、進如件
九月廿六日豊成謹狀
謹狀　三郎侍者
千手千眼像　智識所造
長一丈　余義仁様
千手千眼経　（五十）一百巻
以前同願
不空羂索像丈六坐像
専宮裏所造

この書状には九月廿六日の日付はあるものの年次が書かれておらず、従来は天平勝宝年中のものとされていた[10]。浅井氏もそれにのっとり、専宮裏所の不空羂索像も書状の年代より天平末年から勝宝初年ごろの制作とみなす。すると金光明寺造物所解案の年代、つまり天平十九年正月とほぼ同時期となって、鉄二十挺の羂索菩薩像とかかわることになるが、逆に鉄二十挺の羂索菩薩像は「頭からそれを法華堂像とはいえないことになる」と結論する。つまり浅井氏は、鉄二十挺の羂索菩薩像に該当するのは専宮裏所の丈六の不空羂索坐像の可能性が大いにあるというのである。

ところが、須原祥二氏の研究によると史料Eの年次のない豊成書状は『大日本古文書』の中には年次を誤って配列されていて、同書状にみえる千手千眼経や金光明経を他の正倉院文書にみえる経典との関係を検討すると豊成書状は天平十年（七三八）に書かれたものという[11]。この須原論文は浅井説にとっては致命的ともいえる。というのも、豊成書状は『大日本古文書』の編者が「コノ文書年ヲ詳ニセズト雖モ、前文書ト關聯セルニ似タルヲ以テ、便宜併セテコヽニ収ム」と、つまり豊成書状は直前の文書と関連するとして、天平勝宝年中の文書の中に収めたのである。だから、天平勝宝年中といっても根拠は似たる云々なのである。しかるに浅井氏は豊成書状の年代についてそのまま『大日本古文書』の天平勝宝年中を踏襲し、この書状に見える不空羂索像は天平末から天平勝宝初年ごろの制作としたのである。そして史料Dの天平十九年の鉄二十挺の羂索菩薩と年代が近いから、両者がかかわる可能性が出てくると主張するのである。須原説によると豊成書状は天平十年となり、天平十九年の鉄二十挺の羂索菩薩像とは大きく年代差が生じてしまう。浅井氏のいう専宮裏所の不空羂索像と鉄二十挺の羂索像が無関係であることはいうまでもないからである。

最後に須原氏は、浅井氏が豊成書状の「専宮裏所」と読んだ部分を「専ら宮裏」と読み、丈六坐像の不空羂索像は「専ら宮裏」がつくったと解し、宮裏はつまり聖武天皇がつくらせたものという。当然のことといえよう。

以上のように、浅井氏が主張する天平末年から天平勝宝初年ごろつくられた金光明寺内の専宮裏所の不空羂索像は、まず専宮裏所なるものが存在しないのである。また豊成書状にみえる不空羂索像の制作は書状の年代からすると天平十年ごろになる。[12]したがって、豊成書状の不空羂索像は史料Dの鉄二十挺の羂索菩薩とかかわる可能性がでてくるとした浅井説は、成立し得ないのである。

こうしてみると、かつて昭和八年に『東洋美術』の口絵解説が、史料Dの天平九年正月八日の金光明寺造物所解案によると羂索菩薩像の光背などをつくっていることから、この羂索菩薩像を現法華堂の不空羂索観音像に擬することもできようとした見解は、平成の時代になっても蓋然性が強いのである。現状では、両者を別物とする有力な根拠はないし、その上天平十九年の鉄二十挺の不空羂索像に該当する仏像を法華堂以外の金光明寺の堂宇に求めることもできないのである。してみれば、法華堂本尊の不空羂索観音像は史料Bの桜会縁起によるとすでに天平年間には完成しており、そして天平十八年三月の桜会の始修までには現法華堂が完成し、不空羂索観音像も安置され、桜会がはじまった。ただしその時点では光背はまだなく、台座は未完成の状態で、天平十九年正月の鉄二十挺の請求からすると光背と台座はその後程無く完成していたと思われる。

三　不空羂索観音像と官営工房

史料Bの桜会縁起についてはすでに第一章で言及したが、そこには良弁僧正が天平年間に不空羂索観音像を完成させたことが書かれていた。ところが、その安置場所が決まらず、数年を経て平城京の東の山麓の現在地に定め、「大厦殿を搆造し」、「観音像を安置した」というのである。

私もかつて、この桜会縁起にはじめて接したとき、仏像が完成してもその安置場所が決まらないとは不思議なこともあるものだと思っていた。福山敏男氏も不空羂索観音像が完成して数年も「居所をトせず」とは実際上あり得ないことである点を考えると、桜会縁起のほとんど全部は天平時代の古記録などによって記されたものではないことが明白であるという。[13]福山氏はあり得ないことが書かれているから桜会縁起は信用できないと、その史料性を否定したのである。その後大方はこの福山説に賛同したのか、桜会縁起を積極的に使って論を展開した人はいなかった。

ところが、平成五年（一九九三）川瀬由照氏は桜会縁起には不空羂索観音像が法華堂建立以前に完成していたと書かれているが、その可能性を求める研究を発表した。[14]それは実物からも、不空羂索観音像と法華堂が同一時期に計画され造立されたものと見做し得ないという。まず建築史の研究によると法華堂は奈良時代の仏堂としては第一級の建築物として評価されていないことを指摘し、一方不空羂索観音像は従来から奈良時代の仏像の典型と称され、技術や表現の上でも超一級の作品として、一流の造物所の手になるものと評価できるとする。川瀬氏によると仏像と堂との格は不釣り合いで、これは両者が同時期に造立されたとは考えられないというのである。

そこで桜会縁起のごとく法華堂建立以前に不空羂索観音像がつくられていたとするなら、この像は盧舎那大仏造立が天平十七年五月の平城還都後現在地ではじまる以前、すなわち盧舎那大仏造立が紫香楽宮の甲賀寺ではじまる天平十五年（七四三）十月十九日以降の制作ということになる。つまり不空羂索観音像は紫香楽宮の甲賀寺でつくられたとする川瀬説は、従来誰も考え及ばなかったものであった。福山氏は仏像が完成してから数年も安置場所が決まらないとは実際上あり得ないとして、桜会縁起の史料的価値を否定したが、私は第一章でもしもこれが事実なら、仏像の制作中に安置する堂宇の建立が何らかの理由で突如中止に追い込まれたときだと記した。ここで川瀬説にしたがえば、紫香楽宮ではじまった大仏造立を中断してまで平城還都を強行した事実こそ、甲賀寺で制作中の不空羂索観音像をはじめとする仏像の安置場所を奪ったのである。だから桜会縁起は通常ならあり得ないはずの完成した仏像の安置場所が決まらなかったと記すことになったのであろう。ややもすれば否定したくなる桜会縁起の記述に対して、川瀬氏ははじめて積極的に評価したのである。

さて、川瀬氏は紫香楽宮での盧舎那大仏造立は官立工房である造甲司寺所でおこなわれ、大仏だけでなく不空羂索観音像をはじめとするさまざまな仏像を造立していたと想定した。このような川瀬氏の見解はおおむね理解できる。私はかつて古代寺院の建立に従事した工人たち、すなわち造寺工と造仏工の系統について私見を発表したことがあるが[15]、今一度私見を述べながらその後の新知見を加え、紫香楽宮における大仏造立と不空羂索観音像等を制作した造仏工の系統について以下検討してみたい。

赤、黄、緑の三色で塗られた巨大木造建築の金堂や講堂、そして仏塔が建ち並び、これも彩色鮮やかな中門と回廊が取り囲み、金堂には金色燦然と輝く丈六の金銅仏が安置され、さらに豪華絢爛たる衣装をまとった菩薩像や天部像が配された仏教寺院は、色彩あふれる明朗な美しい世界であった。このような仏教伽藍は古代中国人が創出したもので、中国仏教美術もしくは中国仏教文明と呼ぶべきものであった。古代日本人はこの中国仏教美術を韓半島の百済から教示され、そして受容したのである。

当然ながら仏教伝来当時、わが古代人でこのような仏教伽藍を実見した人はいなかった。見たことのないものを人間はつくることはできない。そこで六世紀東アジアの最先端文明であった彩色鮮やかな巨大木造建築の建立と金色燦然と輝く丈六金銅仏の制作がわが国でも可能となるよう、仏教を伝えた百済は敏達六年（五七七）に造仏工と造寺工の二人を送ってきた。二人の工人の来日はわが国に仏教を伝えた百済によるアフターケアのごときものであった。外国人教師たる二人の工人はわが国の見習工人たちを育成し、十年後には彼らを一人前の工人に育て上げ、用明二年（五八七）わが国初の本格伽藍を擁した飛鳥寺が蘇我馬子によって発願された。このとき本格伽藍の造営が可能な必要最小限の工人が確保されたため、飛鳥寺の発願が実現したのであろうが、私はこの第一世代の工人は、造仏工は十人前後、そのうちの一人が鞍作鳥で、造寺工は二十人前後が一人前になっていたと推測している。

飛鳥寺のような本格伽藍の造営を遂行させるためには、造仏工の造仏グループと造寺工の造堂塔グループからなるシステマティックな寺院造営集団なるものがつくられた。これは後の天武朝の律令体制確立とともに登場した造寺官や、大宝令の造寺司のいわばプロトタイプともいうべきもので、本格伽藍第一号の飛鳥寺の発願以来組織されてきた。飛鳥寺の造営工事が峠を越す推古十五年（六〇七）に本格伽藍第二号の法隆寺（若草伽藍）が聖徳太子によって斑鳩の地に発願され、この法隆寺の造営工事が峠を越す推古二十八年（六二〇）から二十九年ごろに本格伽藍第三号の四天王寺が同じく聖徳太子によって難波の地に発願された。このころになると、第二世代の工人たちも成長し、工人数は増え、同時進行で複数の本格伽藍を造営することが可能となった。

仏教美術がわが国でも開花しはじめた推古朝が過ぎ、舒明朝ともなると天皇自ら仏教寺院をつくりたいといい出した。わが国初の勅願時である百済大寺の登場である。天皇の寺をつくるために勅願寺造営集団が組織された。当然のことではあるが、そのころ活動していた造仏工や造寺工の中から、もっとも優秀な工人が選ばれたのである。つまり勅願寺造営集団はエリート工人集団であった。このエリート工人集団はいうなれば天皇家の付置機関であったから、たとえば遣唐使によって唐から将来された最新の文物に、一般の工人たちよりも早く接することができた。それに何よりもエリート工人ならばこそ、最先端の文物を短期間で理解し、消化してしまう能力をもっていたのである。

唐の新しい文物を将来したであろう第一回遣唐使の帰国は舒明四年（六三二）で、舒明十二年（六四〇）ごろまでに在隋在唐留学生がつぎつぎと帰国していることから、私は舒明四年から舒明十二年までの九年間を初唐美術・初唐文化の第Ⅰ期受容期と考えている。百済大寺は舒明十一年に発願されているから、初唐美術を受容したわが国最初の寺院に位置づけられるのである。

百済大寺の本尊は乾漆の丈六釈迦像で、寺の移転とともに移座され、最後は平城京左京の大安寺の本尊となった。この百済大寺本尊は写実的表現の彫刻作品に適した可塑的素材の乾漆像であった。そのうえ乾漆像は飛鳥彫刻にはなく、つぎなる白鳳彫刻や天平彫刻の有力な素材になっていくことを考えると、百済大寺のエリート造仏工たちは止利式仏像に代表される飛鳥彫刻、その源流は中国南朝の仏像彫刻の世界をすでに抜け出していたといえよう。エリート工人たちは当時の一般造仏工たちに先駆けて、東アジアの最先端美術たる初唐彫刻の様式を修得し、わが国初の丈六乾漆像をつくりあげていたのである。この百済大寺本尊は、私見によると白雉三年（六五二）ごろ父舒明天皇崩御後、父の百済大寺造営の遺志を継いだ皇太子中大兄皇子が完成させたのである。この百済大寺の本尊こそ、白鳳彫刻の劈頭をかざる記念すべき仏像といえよう。

こうした仏像彫刻とは異なり、建築は大規模工事をともなうため、初唐建築の新様式を修得するにははるかに時間がかかる。百済大寺造営集団の造寺工たちがはじめて接した初唐建築の構造的仕組を理解し、消化して百済大寺の堂塔に応用するには、たとえ彼らがエリート造寺工であっても時間的余裕がなかった。つまり、百済大寺の堂塔は従来の飛鳥建築、この源流も中国南朝の建築であったが、これらをさらに巨大化、高層化して天皇家の権威と威信を高揚させようとしたのである。

この百済大寺造営集団が任務を終えるころ、天智朝（六六二～六七一）には勅願寺第二号の川原寺が発願された。エリート工人集団の百済大寺造営集団は名称だけを川原寺造営集団に衣替えして、そのままに川原寺の造営を担当した。このころになるとエリート造寺工たちは東アジア最先端の初唐建築の構造と意匠を修得し、川原寺の堂塔を初唐様式で建立したことは発掘調査報告で確認できる。一方、川原寺の仏像は貴重な漆よりもはるかに入手しやすい塑土を用いた塑像がつくられていたことが発掘で判明した。おびただしい数の塑像の断片はいずれも初唐の写実的表現のものであった。本尊は塑像の丈六阿弥陀像で、そのほか大小の数多くの塑像がつくられ、壁面には大量の塼仏が貼られていて、さながら土の仏像の寺であった。川原寺はエリート工人たちが仏像も建築も初唐美術を手本に、はじめて実現した寺院であった。

この川原寺の造営が峠を越す天武二年（六七三）、勅願寺第一号の百済大寺が百済の地から高市の地へ移転することになった。本尊の乾漆の丈六釈迦像は移されたが、百済大寺址の吉備池廃寺の発掘では礎石や基壇の化粧の切石、瓦などがほとんど残存していなかったことから、私は堂塔は解体されて高市へ運び、再度組み立てられたと推測している。この天皇家の勅願寺の移転工事に従事したのは、勅願寺造営集団として活動中の川原寺造営集団の造寺工の一部工人たちであった。

さて、移転してきた高市大寺は天武六年（六七七）に大官大寺と改称された。大官は地位の高い官職、大寺は勅願寺のことだから、大官大寺は天皇の勅願寺でもあり、国家の官寺でもあるという意となり、ここにわが国初の国家官寺を意識した寺号が登場したのである。これはこの時期、つまり天武朝に律令体制が整備されつつあることを想起させるものである。さらにいえば律令体制が確立すると、天皇家の勅願寺は国家官寺へ、また天皇家の付置機関たるエリート工人たちからなる勅願寺造営集団は官営工房へと位置づけられていくのである。

また高市大寺の移転と同じ天武二年には、かつて金堂を建てたあと長期間造営工事が中断していた蘇我倉山田石川麻呂発願の山田寺の仏塔と講堂の建立、および丈六の金銅仏の制作がはじまった。私は山田寺の天武朝の造営には、皇后鸕野皇女（のちの持統天皇）と石川麻呂の関係からすると、川原寺造営集団の造仏工と造寺工を動員したと考えている。エリート造仏工たちは、勅願寺第一号の百済大寺では丈六の乾漆像を、勅願寺第二号の川原寺では丈六の塑像をつくっていた。彼らは丈六仏の原形像のために塑土で何度か習作を繰り返し、初唐彫刻のかたちを修得していたのである。この造仏工たちがはじめて挑戦した丈六の金銅仏が山田寺の講堂本尊、現興福寺所蔵の仏頭である。昭和十二年（一九三七）に興福寺東金堂の須弥壇下から発見されて以来、白鳳彫刻の典型といわれてきた仏像である。

山田寺講堂の丈六金銅仏がまさに制作中であった天武九年（六八〇）十一月、天武天皇は皇后の病気平癒を祈って薬師寺を発願した。わが国第三号の勅願寺であったが、折からの律令体制の確立にともない、発願と同時に国家官寺でもあった。薬師寺の造営は川原寺造営のエリート工人を中核とした官寺造営組織たる造薬師寺官と称する官司が担当したのである。律令制の中では、私のいう造仏グループは造丈六官、また造堂塔グループは造塔官という名称で造寺官の中に置かれることになった。なお、造仏グループが造丈六官と命名されたのは、勅願寺の本尊が百済大寺、川原寺、薬師寺といずれも丈六仏であったことによるのである。この薬師寺は大和三山に囲まれた藤原京右京の地に建てられ、『続日本紀』によると文武二年（六九八）には構作がほぼ終わっていたという。本尊は山田寺の丈六金銅仏につづいて、持統二年（六八八）に丈六の金銅薬師像が完成した。制作担当者は山田寺像をつくったと同じエリート造仏工たちで、山田寺と薬師寺の丈六金銅仏は一部重なるほどに、まさに連続してつくられていた。明治以来、現薬師寺本尊が白鳳仏か天平仏かというわゆる薬師寺論争がつづいてきたが、もしも白鳳仏なら、薬師寺本尊の頭部は興福寺の仏頭にきわめて近い形状を呈していたことになろう。造仏工の系統を検討すると、薬師寺本尊はけっして白鳳仏ではないのである。

この薬師寺とは対称的に藤原京の左京には、勅願寺第一号の百済大寺が高市へ移転したあと、さらに移転してきた。今も礎石がのこる大官大寺址の地で造営がはじまったが、『扶桑略記』によるとこの藤原京の大官大寺は完成まぎわに焼失したという。この藤原京大官大寺の造営にあたっても、造薬師官と同じく造大官大寺官の官司が組織され、エリート工人たちがその造営工事を担当した。天武朝になると、川原寺の造営工事の仕上げ、高市大寺の移転工事、山田寺の継続工事、さらに薬師寺と、エリート工人の担当する寺院は増え、しかも同時進行で工事はつづいた。造営工事を遂行するに足るエリート工人たちが確保されていたのである。このころ、百済大寺から数えるとエリート工人は第二世代が中心で、第三世代も現れていた。彼らエリート工人たちは、官寺の発願とともに立ち上げ、完成が近づくと縮小されていく造寺官の組織に帰属するというよりも、造寺官をも含めた官営工房のエリート工人としての意識が強かったのであろう。

和銅元年（七〇八）二月十五日、元明天皇は藤原京から奈良盆地の北端に遷都する詔を発し、和銅三年三月十日に都を遷した。平城京遷都である。藤原京には藤原京の四大寺と呼ばれた大官大寺、薬師寺、川原寺、飛鳥寺があった。いずれも令制がつづく限り経済的に保証される国家官寺として位置づけられていたが、川原寺を除く三官寺が平城京に移転した。大官大寺は移転後大安寺と改称され、飛鳥寺も法号の元興寺が一般化するが、官寺でもない興福寺が川原寺に代わって、官寺以上の寺として突如平城京に登場したのである。それも平城京の形勝の地に建ち、南は遠く大和三山まで見渡せ、西には平城京が広がる高台に出現したのである。平城京の官寺はいずれも金堂は五間四面の規模で本尊は丈六仏、さらに講堂は七間四面（元興寺は九間四面）、回廊は複廊であった。私はこうした堂宇の規模や本尊の大きさを国家官寺規格と呼んでいるが、興福寺には国家官寺規格の金堂が三宇もあり、それぞれ三つの本尊も丈六仏で、さらに講堂も回廊も官寺規格である。これこそ私が興福寺を官寺以上の寺と呼ぶ所以である。

もちろん藤原不比等という当代随一の実力者であり権力者が策略を講じたからにほかならない。遷都事業の最高責任者であってみれば、遷都関連の情報は不比等に集中したはずで、遷都計画の線引きの段階で平城京の一等地を入手していた。何よりも不比等なら、他の官寺が移転工事のためにそれぞれの造寺司を立ち上げるに先立って、官営工房のエリート工人たちの中からさらに優秀な工人を選ぶことができた。であればこそ、興福寺だけが他の官寺に先んじて平城遷都の和銅三年から造営工事を開始することができたのである。こうして天平のエリート造仏工がつくり、今に伝わるものが阿修羅像をはじめとする八部衆像や十大弟子像なのである。

ところが、先述のように興福寺には三つの金堂、すなわち中金堂、東金堂、西金堂があり、それぞれ本尊は丈六仏であった。そのうち仏像の素材がはっきりしているのは西金堂だけで、ここには二十九軀からなる乾漆の釈迦集会像がつくられた。中金堂の丈六の釈迦像の素材ははっきりしないが、小林裕子氏は中金堂の中に安置した不比等の菩提を祈ってつくった弥勒浄土変の仏像はいずれも乾漆像であったが、それはすでに安置されていた本尊の丈六釈迦像の乾漆に倣った可能性が高いという。そうすると、東金堂の薬師浄土も乾漆像としてつくられた可能性が強いと推測している[16]。つまり、興福寺の三つの金堂には丈六仏を本尊とする乾漆像ばかりが安置されていたのである。もちろん興福寺の三軀の乾漆の丈六仏を見ることはできないが、西金堂の本尊を荘厳している八部衆像や十大弟子像を見るかぎり、本尊の丈六仏は天平彫刻を代表する美事な出来栄えであったと想像できよう。

さて、官営工房のエリート工人たちは平城京遷都とともに、平城宮内の大極殿をはじめとする朝堂院建築や、興福寺、また大安寺、薬師寺、元興寺の官寺の堂塔建築を建立し、さらに興福寺では乾漆の丈六仏、薬師寺では金銅の丈六仏、そのほかおびただしい数の仏像をつくってきた。この空前絶後の巨大木造建築の建立と仏像の制作は、和銅元年ごろから天平十年（七三八）代の前半ごろまでのおよそ三十四、五年の間、ほとんど同時進行で実施された。わが国では同時進行で巨大木造建築をいくつも建立したり、多くの仏像を制作したりしたことはかつてなかった。ましてや平城京のような四キロ四方の狭い地域での競作・競争など考えられなかったのである。おそらく移転工事を迎えるにあたっては、建築ラッシュと造仏ラッシュを混乱なく制御するための工事のシステム化がすでに完成していたのであろう。そのうえで競争原理が作用すれば、エリート工人たちの技倆は間違いなく上昇する。こうして天平造仏工の比類なき傑作としてつくられ、誰もが実見できるのが薬師寺本尊の薬師三尊像である。

ここで私が注目したいのは、平城宮内に大極殿をはじめとする朝堂院建築が完成し、また平城京の各地に興福寺、大安寺、薬師寺、元興寺が完成するころ、エリート工人たちが満足感とともに味わうであろう虚脱感のことである。つまり虚脱感に対するケアが必要となったのである。解決法は新たな目標の設定しかなかった。このことは有り体にいえば、エリート工人たちの雇用問題であり、エリート工人たちの技術力を結集した新たな大プロジェクトの立ち上げを意味した。同じころこれとは別のところで、ある思惑が芽生えようとしていた。それは仏教伝来二百年が意識されようとしていたのである。来る天平二十四年[17]（七五二）が『日本書紀』のいう欽明十三年（五五二）の仏教公伝から二百年にあたり、記念の大プロジェクトが仏教界の良弁の周辺あたりから芽生えようとしていた。その結果天平のエリート工人の結集を目指す前者と仏教伝来二百年記念を目指す後者が結合することになった。この計画に聖武天皇を担ぎ出し、天皇に盧舎那大仏造立を巧妙に訴えた。こうして、仏教伝来二百年記念盧舎那大仏造立という天平の一大プロジェクトが決定したのである。大仏を格納する大仏殿の建立も合わせて決定した。ここに平城京における移転工事を終えた各造寺司のエリート工人を結集したプロジェクトが新たな脚光を浴びることになったのである。

エリート工人たちを擁した天平の大プロジェクトは、平城京ではなく近江国紫香楽宮ではじまった。『続日本紀』天平十五年十月十五日条には有名な大仏造立の詔が記されており、四日後の十月十九日には「皇帝御二紫香楽宮一。為レ奉レ造二盧舎那仏像一、始開二寺地一。」とあって、聖武天皇は紫香楽宮に御し盧舎那仏をつくるために寺地を開いたという。すなわち寺地は甲賀寺である。翌天平十六年十一月十三日には「甲賀寺始建二盧舎那仏像体骨柱一。天皇親臨手引二其縄一。」とあり、聖武天皇はみずから盧舎那仏の体骨柱を建てる縄を引いているから、盧舎那仏造立の工事は発願後甲賀寺において予定通り進んでいたのであろう。

さて、天平のエリート工人たちは、紫香楽宮の甲賀寺ではじまった盧舎那仏造立のプロジェクトに従事するために、造甲賀寺所の工人になった。彼らはその時の所属名称は変わっても官営工房のエリート工人であることに変わりはなかった。建築専門の造寺工は平城京の官寺の造営ではいずれも同種の堂塔を建てていた。ところが造仏工には仏像の素材の違いから二つの系統があった。薬師寺では金銅の丈六仏がつくられ、興福寺では先述のように乾漆の丈六仏がつくられていた。つまり造甲賀寺所の造仏所に集められた造仏工には金銅仏専門の造仏工と乾漆仏専門の造仏工がいたのである。金銅仏専門の薬師寺系造仏工が盧舎那仏の制作を担当したことはいうまでもあるまい。それでは乾漆仏専門の興福寺系造仏工はというと、すでに本間正義氏が造甲賀寺所の造仏所では乾漆の仏像がつくられたことを明らかにし、そのような仏像を平城京の金光明寺へ運ぶために必要な人夫と梱包用資材を金光明寺造仏官に報告した文書も紹介している[18]。

甲賀寺では金堂すなわち大仏殿に金銅の盧舎那大仏を安置する計画であったと思われるが、本間説のごとく乾漆の仏像がすでにつくられていたことを思えば、私のいう興福寺系造仏工が甲賀寺の金堂以外の堂宇に安置する仏像を乾漆でつくっていたことになろう。本章のはじめに紹介したように、川瀬氏は不空羂索観音像は造甲賀寺所の造仏所でつくられたと想定しているが、天平のエリート造仏工の系統をたどると、川瀬説はきわめて蓋然性が高いと思われる。私は紫香楽宮で大仏造立の詔が発せられた天平十五年十月十五日以降に不空羂索観音像の制作がはじまり、およそ一年をかけて[19]天平十六年中には本体部分は完成していた。翌天平十七年五月十一日に平城京還都となるから、不空羂索観音像が完成する天平十六年の後半ごろは紫香楽宮の官人たちは還都のうわさで疑心暗鬼となり甲賀寺の盧舎那大仏造立も浮き足立つ状況であったことは註(7)で述べたところである。そして甲賀寺における盧舎那大仏造立は中断される。もちろん他の堂宇の建立も中止に追い込まれ、天平十七年のはじめごろまでに完成していた不空羂索観音像をはじめとする乾漆諸像の安置場所は無くなる。その結果、平城還都にしたがい不空羂索観音像は盧舎那大仏の新たな造立地になった金光明寺に運ばれることになった。この一連のストーリーに良弁が深くかかわっていたことはいうまでもあるまい。良弁は金光明寺の上院地区を特別な聖地とみなし、ここに不空羂索観音を本尊とする羂索堂を建て、天平十八年三月から法華会を始修するのである。金光明寺の山上に不空羂索観音像を、そして金光明寺の山麓に盧舎那大仏を安置し、天平のエリート造仏工の創出した乾漆像と金銅像を誇ったのである。

おわりに

法華堂の建立と不空羂索観音像の制作について、両者に関係する基本史料をあらためて検討した結果、桜会縁起に対する川瀬氏の解釈は膠着状態だった法華堂と不空羂索観音像の研究において、新しい研究の視点を提供したと確信するに至った。不空羂索観音像の制作場所を平城京ではなく、紫香楽宮の造甲賀寺所の造仏所とする見解は画期的である。

私は従来より奈良美術を創出してきた工人、すなわち造寺工と造仏工たちの系統について検討してきたが、平城遷都にともなう官寺の移転工事が終了すると、それを担ってきたエリート工人たちはやがて造東大寺司の組織に組み込まれていくと想定していた。その前に、紫香楽宮の甲賀寺があって、エリート造仏工たちはまず造甲賀寺所の造仏所に集められたのである。ここで薬師寺系造仏工は金銅の盧舎那大仏を担当することになったが、興福寺系造仏工はすみやかに乾漆像の制作に取り掛かり、不空羂索観音像を制作した。完成するかしないかのうちに、それは天平十六年の秋ごろであろうか、ひそかに平城還都が画策され、大仏造立はいちはやく平城京の東の金光明寺の山裾に移されて実行された。一方、造甲賀寺所の造仏所でつくられた不空羂索観音像をはじめとする乾漆諸像、おそらく法華堂の九体の乾漆像は完成すると金光明寺に運ばれ、そこに建てられた法華堂に安置された。

甲賀寺から金光明寺へ、大仏造立と乾漆諸像は大きく動いた。みえない陰でこうした大芝居をあやつることができるのは良弁を置いて誰がいるのだろうか。やがて良弁は平城京の東山の上と下に広がる金光明寺を、上は不空羂索観音像を中心とした法会の聖域、そして下は盧舎那大仏を中心とした権威の聖域と構想していくのである。

（おおはし　かつあき・早稲田大学教授）

註

（1）拙著『奈良美術成立史論』（中央公論美術出版、平成二十一年一月）第Ⅰ部、第三章「飛鳥寺の創立と本尊」。

（2）史料Bの桜会縁起は小論に引用するにあたって、前略・中略・下略をしたため、全文ではない。

（3）源豊宗「二八　不空羂索観世音菩薩像」（『日本美術史図録』星野書店、昭和七年）。

（4）福山敏男「東大寺法華堂に関する問題」（『東洋美術』二三、昭和十一年）。

（5）河本敦夫『天平芸術の想像力』黎明書房、昭和二十四年。

（6）福山敏男「東大寺創立に関する問題」（『古代文化研究』五、昭和八年）。

（7）私は前稿〈「盧舎那大仏造立の意義について」（『早稲田大学會津八一記念博物館研究紀要』四、二〇〇三）〉で聖武天皇が台座の土を運んだ天平十七年八月二十三日を、台座の工事開始で完成は数カ月先のことと記していたが、大仏の鋳造開始が天平十九年九月二十九日であるから、大仏の原形づくりや鋳型づくり、さらに鋳造のための準備作業を考えると、天皇が土を運んだのは台座の工事開始ではなく台座完成時の最後の土で、まさにセレモニーの一場面を記したものと解するに至った。そうすると東西九十八メートル、南北六十二メートル、地下二、三メートル、地上二メートルの巨大基壇を版築工法で造成し、さらにこの基壇の上に直径三十七メートル、高さ二・四メートルの石座のための台座と、さらにこの台座の上に直径二十三メートル、高さ三メートルの銅座のための台座をいずれも版築工法で完成させるまでの期間は、天平十七年五月の平城還都から八月二十三日までの三カ月では如何にしても不可能であろう。私は、超巨大基壇と二重の巨大台座の版築による造成工事には一年以上の期間が必要ではなかったかと考えている。だとするなら、前年十一月十三日に紫香楽宮で盧舎那仏の体骨柱を建てたころには、すでに平城還都を陰で画策し、盧舎那仏の造立地を現在地に変更して巨大基壇の造成工事ははじまっていたのではないかと想像している。

(8) 浅井和春『不空羂索・准胝観音像』(『日本の美術』三八二、至文堂、平成十年)。

(9) 浅井氏は同所と記しているが、同所は金光明寺造仏所のことであろう。

(10) 『大日本古文書』(二五―二〇六)。

(11) 須原祥二「藤原豊成書状をめぐって」(『正倉院文書研究』六、平成十一年)。

(12) 杉本一樹氏は註(11)の『正倉院文書研究』六の「解説・藤原豊成書状」で、書状の成立を天平九年としている。

(13) 福山敏男、註(6)前掲論文。

(14) 川瀬由照「東大寺法華堂の造営と不空羂索観音像の造立について」(『仏教芸術』二一〇、平成五年)。

(15) 註(1)前掲拙著所収「総結　奈良美術成立史」。

(16) 小林裕子氏の博士論文『興福寺創建期の研究』で考察されているが、未出版である。

(17) 天平二十四年は現実には存在しないが、天平十年代には将来の改元のことはわからないので、あえて天平二十四年という実在しない紀年を記すことにした。

(18) 本間正義「天平時代の仏師と造仏所」(『仏教芸術』一六、昭和二十七年)。

(19) 本間正義氏によると丈六の乾漆像の制作期間はおよそ一年という。「塑像および乾漆像の制作と衰微に対する一解釈」(『美術史』五、昭和二十七年)。

東大寺国際シンポジウム・全体討論会　二〇〇八年十二月二十日
「東大寺法華堂の創建と教学」

司会・進行　木村　清孝（国際仏教学大学院大学学長）
パネラー　大橋　一章（早稲田大学教授）
　　　　　吉津　宜英（駒澤大学教授）
　　　　　浅井　和春（青山学院大学教授）
　　　　　後藤　　治（工学院大学教授）
　　　　　吉川　真司（京都大学教授）
　　　　　橋本　聖圓（東大寺長老）

今回は「東大寺法華堂の創建と教学」というテーマです。

一般には創建（ソウケン）ということが多いと思われますが、寺の方では建立（コンリュウ）とか創建（ソウコン）だとかいうふうに申すことが多いようです。

では、「東大寺法華堂の創建と教学」という主題で始めさせていただきます。

司会進行は、ＧＢＳ顧問、また国際仏教大学大学院大学学長の木村清孝先生にお願い致しております。それではよろしくお願い申し上げます。

木村　皆さま、本日はこの第七回ザ・グレイトブッダ・シンポジウムにお集まりいただき、ありがとうございます。ただいまの大橋先生の基調講演を受け、これから討論会を始めたいと思います。

それに先立ちまして、この壇上に上がっていただいたシンポジストの先生方を、簡単にご紹介させていただきます。

大橋先生につきましては、さきほどご紹介があったように、早稲田大学教授で、飛鳥・白鳳・天平の奈良美術を中心に研究していらっしゃいます。

そのお隣、橋本聖圓長老でございます。皆さまご存じのとおり、すでに東大寺の管長をお務めになりまして、長老でいらっしゃいますが、また、京都大学の大学院で美術史のご研究をなさっておられ、その分野では大変ご造詣が深くいらっしゃいます。

それから、駒澤大学の吉津宜英先生です。駒澤大学をご卒業後ずっと、華厳学、華厳思想の研究を中心に、中国さらには日本の仏教思想の研究を続けてきておられます。

つぎは、浅井和春先生です。東京芸術大学で学ばれた後、東京国立博物館で法隆寺宝物館館長などを経て、現在は青山学院大学の教授としてご活躍中です。『日本古代の王権と仏像』等のご著書がある、彫刻史を中心にした美術史の権威でいらっしゃいます。

それから、工学院大学の後藤治先生です。東京大学の工学部建築学科をご卒業後、東大大学院で、主に建築学の分野で研究を深められました。その後、文化庁の文化財保護部で、建造物関係の調査官をなさって、平成十一年から工学院大学にお勤めでいらっしゃいます。日本建築史における諸制度、および技術開発等がご専門とうかがっております。

それから、吉川真司先生です。現在、京都大学の教授をされており、古代寺院史の研究を進められています。このシンポジウムに関しても、当初よりさまざまな形でご協力をいただいております。日本古代史がご専門で、官僚制の問題、荘園の問題、さらに国際関係等に関しても優れたご研究を発表されています。

以上、そうそうたる先生がたを、きょうは壇上にお迎えいたしました。これからしばらくの間、討論会をご一緒に進めていただきたいと思います。

さきほどお話がありましたように、今回のテーマは「法華堂の創建と教学」ということでございまして、いろいろ話題を広げながら、話を進めていきたいと思います。まず、このテーマに関連して、先生がたの御専門の分野に即する形で、お話を頂戴したいと思います。

最初に、さきほどご講演をいただきましたが、大橋先生、もしも討論会にあたりまして、補足的にお話しされる必要がございましたら、お願いしたいと思いますが…。

大橋　さきほど少したくさんお話いたしましたので、今はけっこうかと思います。

木村　わかりました。それでは後ほどまた、いろいろ話題が出た中でお話しいただきたいと思います。では、まずは橋本長老、よろしくお願いいたします。

橋本　私は、皆さんのお話を承ってから、それを踏まえてお話しするつもりでしたので、いくらか話があとさきになるかもしれません。

法華堂は、創建当初、不空羂索観音像を本尊とするところから羂索堂と呼ばれていたのですが、その羂索堂がいつ頃どのような事情で建てられたのかということについては、大橋先生がお触れになったように、多くの説があるものの、まだ結論は出ていない状態です。それを詳しく検討するのは難しいのですが、創建時期についての私の見方を簡単に申し上げた上で、いくらか先走るようですが、東大寺の創建期において羂索堂がどういう位置をしめていたのか、どういう性格の所だったのかということについての考えを、若干推定の域を出ないことも含めて、申し上げることにいたします。

まず、その前提として創建年代を押さえておかなければならないのですが、それについては古くからいくつかの説がある上に、近年は発掘調査の成果もあって、なかなか整理しきれないほどの諸説が発表されています。しかし私は、ごく大雑把にいって、天平十九年正月に羂索菩薩の光背をつくる準備をしていたことを示す「金光明寺造物所解案」という正倉院文書に基づいて、その頃には不空羂索観音像の本体が完成に近づいていた筈で、それを安置すべきお堂もその前後に建てられたという、天平十八・九年説がいちばん無理がないと考えております。戦前からのこの説に対しては、この文書にみえる光背が他の寺の不空羂索観音像のものを指すと解しての反論もあり、現法華堂像は紫香楽から運ばれたものではないかという説も発表されています。また、天平十二年から数年のうちに建てられたという説もありますが、東大寺の前身寺院とされる金鍾寺（金鍾寺）で華厳の講説が始められたことを根拠にした説は別として、先年法華堂の屋根替え工事が行われた時に、奈良時代の瓦がかなり遺っていることが分かり、しかもそれらが天平十二年に造営された恭仁京の瓦と同種のものであることが確認されたことから、恭仁京とほぼ同時期に建てられたという説が、かなり有力視されているように思われます。

ところが、山岸常人さんに教えてもらったことですが、いまの法華堂の正堂の屋根は、もとから本瓦葺きであったにしては勾配が急で、建立当初は檜皮葺きだっただろうということでした。羂索堂がもとは檜皮葺きで、のちに瓦葺きに改められたのであるとすれば、私は瓦の年代から法華堂の創建年代を決めることには無理があるのではないかと思っております。平城京の発掘調査の結果でも、天平十七年頃とされる建物の瓦に恭仁京の瓦と同范のものがあるということで、平城還都早々に不要になった恭仁京の瓦が平城京に運ばれて使われたことがほぼ確実になっていますので、同じような事情が羂索堂にもあったしてもおかしくはないわけです。

本尊が紫香楽から運ばれたという説にも、詳しくは申し上げられませんが、疑問を持っております。天平勝宝元年以降、正倉院文書に羂索堂の名が頻出していて、羂索堂止住の僧たちの活動が始まっているのが分かることからしても、諸説の中で、天平十八・九年説を採るのが妥当ではないかと考えております。

これが普通の建物の場合ですと、天平十二年頃であっても天平十八・九年のものであっても、天平十年代の建築という程度で済ませることができるのかもしれませんが、大仏造営が今の場所に移されたのを契機として大伽藍の造営が始められて東大寺が成立したという事情を背景としてこれを見た場合、羂索堂が、その大伽藍の中の一堂として建てられたとするか、東大寺の前身にあたる金光明寺の一堂だったと考えるのかによって、羂索堂の性格についての捉え方がまったく変わってくると思います。

東大寺の前身寺院とされる寺々についても諸説がございます。先ほど山房司長官が任命されたというお話がありましたが、その山房を起源とする金鍾寺（金鍾寺）、寺内ではキンショウジといっておりますが、古くはコムスジと呼んだかと思われる寺と、その近くにあった筈の福寿寺、その他にも三つか四つの前身寺院の山寺があったとされています。その中で特に重要なのが金鍾寺と福寿寺で、天平十四年に金鍾寺が大和の金光明寺になった時に両寺が併合された可能性があると思いますが、その寺に止住していた僧たちを、やがて東大寺となる大伽藍に迎えるために、大急ぎで建てられたのが羂索堂、つまり法華堂であったというように考えております。その当時は、東大寺の中心部になるべき大仏殿のあたりは、地ならしをしたり鋳造の準備をしたりしていた筈ですが、その中で、前身寺院の人たちを東大寺の僧として迎えるために、造営が急がれたのではないかと考えている次第です。造営半ばの頃に東大寺の僧と呼べる人は、正倉院文書から判断して、羂索堂付属の僧坊に住んでいた、もと金鍾寺あるいは福寿寺止住の僧であったと言ってよいと思います。

創建当初に羂索堂に居た人たちは、寺伝を尊重するならば金鍾寺系の人たちと考えるのが自然でしょうが、現法華堂の辺りには福寿寺の主要堂宇があったことを精緻な考証によって明らかにした論文があること、福寿寺に写一切経所が置かれていたことなどから、天平勝宝年間を中心に活発な写経事業を展開した羂索堂のメンバーに、福寿寺系の人たちが含まれていた可能性は高いと考えられます。

東大寺で本格的な教学活動が展開されるのは、講堂を囲む三面僧坊が宝亀末年から延暦の初めにかけて建てられてからと考えられますが、正倉院文書をずっと見ていきますと、大仏開眼供養会が行われる前にも、既に東大寺で教学活動が始められていたことが推察できますし、その中で指導的な役割を担っていた人たちの名を丹念に集めてみると、どうも羂索堂に関係がありそうだと思われる人が見つかります。

その中で、特に智憬という方に注目したいと思います。この智憬師については、いくつかの研究論文が発表されていまして、なかなかの学僧だったようです。この方の名が、『大日本古文書』では天平十三年以前、井上光貞先生の考訂で天平十四年とされている正倉院文書には「智憬沙弥」と書かれています。つまり得度をしてから比丘になるまでの、今でいえば小僧さんのような立場で、良弁さんの指図でお経を借りるための使いに立っておられることが分かります。その頃に止住されていた寺が金鐘寺であったか福寿寺であったのかは、この文書からは分かりません。寺伝を尊重しますと、良弁さんの主導のもとに金鐘寺で華厳経の講説が始められたとされているので、お二人とも金鐘寺におられたことになりますが、確証があるわけではありません。この智憬さんが数年後の天平二十年になると「智憬師」と呼ばれるようになって、写経のためのお経の貸し借りに直接関与されるようになっています。やがて智憬師の命によって、これこれのお経あるいは論疏を写したというような文書がふえてきまして、写経事業で中心的な役割をされていることが分かります。その場合に、良弁少僧都の命によって智憬師が何かをされたとか、もう一人教輪師という方が智憬師といっしょに良弁師のもとで活動されたことが分かる文書もありますし、あるいは良弁師、智憬師、教輪師の三人が連署されている文書も見られます。どうも、この三人の方が三位一体で動かれているようなのです。資料の初めに「天平勝宝三年の東大寺主要僧」として挙げておきました、天平勝宝三年と考えられる正倉院文書、これは年月不詳ですが、石田茂作先生が天平勝宝三年と論証されて、井上光貞先生もそれを肯定されているので、まず間違いのないもので、大仏開眼供養会が行われる前年の文書です。東大寺は当初六宗兼学だったのですが、この文書を見ると、勝宝三年までに五宗が既に成立していて、僧智憬が僧都の宣によって、即ち良弁少僧都の命によって、華厳宗の組織を整える準備をされていたことが分かります。つまり、この頃に華厳宗の組織が整えられつつあったこととともに、智憬師がそういう立場におられたことも分かるわけです。さらに同じ年の別の文書に「羂索堂智憬師」と書かれたものがあることから、羂索堂に住んでおられたことが分かります。このことは、堀池春峰氏や井上先生の論文でも指摘されています。羂索堂には付属の僧坊があったと考えられます。この他、お経を羂索堂に返却した際に、教輪師と智憬師が受け取ったということを記す文書もあって、教輪師も智憬師と一緒に羂索堂に住んでおられたことも明らかです。ついでながら、修二会、お水取りを始められた実忠和尚も羂索堂の僧侶の一人だった可能性が高いと思いますし、修二会の間に読んでおります過去帳の中に、教輪師や智憬師の下で使僧の役を務めていた、正倉院文書でおなじみの人の名がいくつか出てきまして、羂索堂を中心に学僧の層が形成されていたことが推察されます。

ところが、天平勝宝四年に行われた大仏開眼供養会には、その人たちが活躍したようすがないのです。『東大寺要録』によると、開眼の導師が大安寺止住の婆羅門僧正、菩提僊那という方で、華厳経を講じられた方が、もと元興寺の僧で、当時興福寺におられた隆尊律師。それから呪願師が大安寺の道璿律師です。読師の役を務められた延福という方のことは、平城京二条大路から発掘された木簡に、「山房」の僧であることを記したものがありますので、金鐘山房におられたのか、正倉院にある天平勝宝八歳の地図に「山房道」の先にあるように描かれている香山寺の僧だったのかは分からないにしても、東大寺と関係の深い人だった可能性はありますが、この延福という人を別にしますと、羂索堂を中心に活動されていた筈の東大寺の僧の名はどこにも見当たらないのです。大仏開眼供養会に参画されなかったとは考えにくいのですが、大きな役は務めておられない。そうすると、その当時の羂索堂の人たち、のちになると「羂索堂衆」という呼び名がでてきますが、その羂索堂衆の先駆けにあたる人たちの仏教界における立場がどうであったのかということが問題になってくると思います。その頃の東大寺の代表者は、別当とされているのは実は誤りで、「上座」だったとされていますが、大仏開眼当時の上座は安寛という人だったようです。良弁師はその時は少僧都です。決して窓際族などではなくて、僧綱の位に就いて活動しておられるわけですけれども、大仏開眼供養会では大役を務めてはおられません。また、教輪師や智憬師などは、東大寺の役職にさえも就いておられないので、専ら写経事業を推進し、教理研究に徹するという立場の人たちだったのではないかと思います。やがて、羂索堂を中心にした僧坊や二月堂の元になる観音堂なども含めた場所が、羂索院と呼ばれるようになります。平安時代には、金鐘寺の華厳経講説が行われていたのはここであるという認識が寺内に定着していたようで、東大寺の代表的な子院の一つである尊勝院が華厳の本所となっていた関係から、尊勝院の人たちが、ここを華厳の根本道場として支配するようになった、その人たちを羂索堂衆と呼んだということが明らかにされています。その頃の羂索堂衆と創建当初に羂索堂を中心に活動していた人たちの間には、当然立場の違い、性格の違いがありますが、法華堂というものを考える上で、その辺に研究に値するテーマがあるように思います。

先ほど申し上げました智憬という方などはたいへんな学僧で、従来、見登の著作とされていた書物が、智憬の作であるとする研究が発表されておりますし、内容は伝わらなくても、書名が『東域傳燈目録』に二つも記されている程ですので、そういう立派な学僧が羂索堂におられたということだけ申し上げておきます。今後、そのようなことに関心をもって、東大寺の創建期に羂索堂を中心に活躍された人たちのことを研究して下さる方がいらっしゃれば、有難いと思っております。

天平勝宝三年の東大寺主要僧
正倉院文書「僧智憬章疏本奉請啓」
法性宗　大學頭承教師　小學頭仙寂師
維那師寂雲　玄愷師
三論宗　大學頭諦證師　小學頭洞真師

維那徳□師　小學頭法正師
律宗　大學頭安寛師
維那仙主師
倶舍宗　大學頭善報師　小學頭朗賢（師）、
維那勝貴師
成實宗　大學頭光暁師　小學頭憬忠師
維那賢融師
於學頭師等所
右□（五カ）宗學頭師等、各承（少僧都良弁）僧都宣既畢、審察此旨、則差使人、
令請諸章疏等本耳、然花嚴宗可寫書本、前且進送訖、今亦
随求得、則奉送耳、注状謹啓
月六日僧智憬謹状（以上異筆書入れを略す　年月不詳
石田茂作・井上光貞説天平勝宝三年）大日本古文書
一三ノ三六～三七

木村　どうもありがとうございました。たいへん重要な智憬に着目されての、いろいろな興味深いお話をうかがいました。

それでは、順番はこちらで適宜決めさせていただきますが、吉川先生、できましたら、一つ、二つ、日ごろのご見解に触れながら、今回の件について少し広い視野からお話しいただきたいと思います。よろしくお願いいたします。

吉川　吉川でございます。私は歴史学・文献史学を学んでおりますので、研究史を踏まえながら、ごく一般的な考え方をお話しさせていただきます。

大橋先生のご講演、そしてただ今の橋本先生のお話をうかがいまして、かなり重要な論点をすべてご指摘になった、問題点がかなり浮かび上がってきたと感じております。

法華堂の創建について考える場合には、東大寺がとても複雑な歴史を経て生まれた寺院であることを知っておく必要があります。基礎資料として掲げられた年表（一三八頁参照）を見ながら、少し整理をしておきたいと思います。

そもそも東大寺という名前ができたのがいつかと言いますと、天平十九年（七四七）の冬のことでした。この年に大仏の鋳造が始まり、それまで金光明寺と呼ばれていた寺院が東大寺という名前に変わりました。天平十七年ころから大仏を中心とした平地の大伽藍が整備されていき、大仏建立も着々と進められますが、十九年に鋳造が始まったのを契機として寺号が改められたのです。それまでの東大寺は大養徳国金光明寺と呼ばれており、要するに大養徳国（大和国）の国分寺であったわけです。

それでは、大養徳国国分寺がいつ生まれたかということですが、それは天平十四年七月のことで、金光明寺という名前が初めて現れます。このとき二つの寺院が金光明寺に改名されていまして、それは福寿寺と金鐘寺という寺院なのですが、おそらく天平十四年にこの二寺が合併され、金光明寺ができたのだろうと考えられます。

ただし、注意していただきたいのは、その後も金光明寺を指して金鐘寺と呼ぶことがあったように、これは対等合併ではなくて、どうやら福寿寺よりも金鐘寺のほうに重きを置いた格好での合併ではなかったかと考えられることです。

そこで金鐘寺と福寿寺について見ておきますと、まず金鐘寺のほうは、先ほどから話題に上っていますように、神亀五年（七二八）

十一月に聖武天皇の皇子が亡くなり、その菩提を弔うために造られた「山房」に起源をもつ寺院であろうというのが、最も有力な学説です。その山房が天平十年ごろから金鐘山房、あるいは金鐘寺と呼ばれるようになったという考え方が有力ですが、異説もあります。

もう一つの福寿寺のほうは、天平十三年ごろに建立されたということが、正倉院文書から推測されております。おそらく光明皇后の発願になるものと考えられます。これに対して、金鐘寺は聖武天皇の勅願寺と見るのが妥当であろうと思います。

金鐘寺と福寿寺がどこにあったかということにつきましては、「東大寺丸山西遺跡とその周辺」という地図を参考資料に付けてもらっていますので、これを見ながらお話ししましょう（一三五頁参照）。まず法華堂（羂索堂・三月堂）が地図の下のほうに見えますが（8番）、このあたりを上院地区と言います。東大寺の前身となった二つの寺院のうち、福寿寺のほうは上院地区にあったというのが、かなり認められつつある考え方ではないかと思います。

この上院地区から谷を一つ隔てた北側、私は丸山地区と言っていますが、そこに大きな平坦面があります（1番）。周辺にもいくつかの小平坦面があり（2・3・4番）、これらすべてをあわせて丸山西遺跡と呼んでいます。出土する瓦の年代などから、私はこの丸山西遺跡が山房・金鐘寺の遺跡ではないかと考えておりまして、この説も基本線で受け入れられつつあるようです。

さて、この大平坦面は南北九十メートル、東西五十メートルという広大なものです。まだ発掘調査は行われていませんが、レーダー探査や電気探査を実施させてもらいましたところ、ちょうど中央部辺りで基壇の痕跡のような反応がありました。お堂があったことはまず間違いないと思います。

以上を時代順にまとめなおしますと、上院地区と丸山西斜面にあった二つの山林寺院が統合されて金光明寺となり、それが大仏建立とともに東大寺に発展していったということになります。これはこ四半世紀の間にできてきた学説ですが、文献史学で正倉院文書の理解が深まったこと、それから考古学の調査研究が進んだことにより、東大寺の前身寺院について多くのことが明らかになってきたわけです。もちろん美術史学や建築史学のほうでも重要な研究が積み重ねられてきました。

ここで昔の考え方を振り返っておきますと、まず大橋先生もお使いになった『東大寺要録』の記事があります（基礎資料一二九頁参照）。それによれば、羂索院のもともとの名前は金鐘寺で、また改めて金光明寺と号したと書いてあり、その創建は天平五年（七三三）とされています。つまり羂索院（法華堂）に東大寺の起源を求める記述なのですが、これが伝統的な理解であったわけです。

ところが、戦前から戦後にかけて、この記事を否定する学説が出されてきます。福山敏男、家永三郎、堀池春峰といった先生方の学説で、今や古典的研究と言ってよいものですが、これによって『東大寺要録』の天平五年羂索堂創建説は否定されました。近年の学説は、実はこうした古典的研究を踏まえて組み立てられてきたものなのです。

このように東大寺の前身寺院については、大まかな合意が得られていると思いますが、なお決着のついていない重要な論点が二つあります。一つは、大橋先生・橋本先生からもお話がありましたが、法華堂がいつできたかという問題です。もう一つは、それと関わってきますが、神亀五年に聖武天皇によって造られた山房が、金鐘寺の直接の起源と言ってよいかという問題です。ともにさまざまな意見がありますが、『東大寺要録』の記述をどう考えるかという、古くて新しい問題がなお残っているわけです。これについて、私の意見を簡単に述べておきたいと思います。

まず法華堂がいつ建てられたかという問題ですが、先ほどもお話に出ましたように、天平五年説、天平十三年前後説、天平末年説という三つの学説があります。大橋先生のご講演は、天平五年という『東大寺要録』の記載も尊重すべきである、というお考えと拝聴いたしました。私としましては、橋本先生と同じように、天平十八年から二十年くらいと見るのが、文献的には最も自然であろうと考えております。

現在のところ、天平十三年前後と考える最も有力な学説は、上原真人先生の文字瓦のご研究です。しかし、先ほどお話がありましたように、その理解には問題があると思います。この点については、第一回GBSシンポジウムで報告させていただいたのですが、上原先生のご研究では文字瓦の統計処理に大きな問題があり、それは法華堂の創建年代を決める論拠にはならないと考えます。

また上原先生は、法華堂はもともと金光明寺（大養徳国国分寺）の本堂として建てられ、最初の本尊は釈迦如来か盧舎那仏であったとお考えです。それを大仏を作る時に溶かし込んだのだろうと言われるのですが、大仏建立が始まりましても、金光明寺はお寺としてずっと活動を続けていました。そのご本尊を溶かしてしまうものだろうか、まだ造っている最中の大仏を本尊にしてお寺の法要ができるのだろうか、といったことが大いに疑問に感じられます。ほかにも問題点がいくつかあり、私は上原説に従うことができません。

ただ、大橋先生がご講演されましたように、なぜ『東大寺要録』が天平五年という年を挙げたのかということも考える必要がありま す。簡単に退けてはいけないのではないかとも思うのです。例えば良弁のことを考えますと、もともとは山房（金鐘寺）の僧侶だったのでしょうが、彼が天平五年ころ小さな仏堂を建てたというようなことが伝えられていたのかもしれません。そうした可能性も考えながら、もう少し研究を進めていくべきではないかと思います。その小さな仏堂が法華堂に直接つながるのか、また現在と同じ上院地区にあったのか、はたまた丸山地区にあったのか、そういう問題も含めて、天平五年問題についてはさらに考えるべきではないかと思います。おそらく明日のご報告で新しい考え方を出していただけると思いますので、大いに期待しております。

もう一点、山房が金鐘寺の起源であるかどうかにつきましては、「東大寺山堺四至図」（基礎資料一三四頁に収載）をご覧いただくのがわかりやすいかと思います。

この「山堺四至図」は、聖武天皇が亡くなった直後に作られ、東大寺の寺域を決める役割を担った地図です。これを見てみますと、真ん中やや左側に大仏殿が大きく描かれており、この大仏殿の右側に、ちょっと読みにくいのですが、「羂索堂」という名前で法華堂が見えています。丸山西遺跡はその北にありますから、地図で言えば少し上になりましょうか。戦前以来の通説では、神亀五年に聖武天皇が創建した山房は、このように東大寺の山側にある金鐘山房・金鐘寺に受け継がれたのであろうと考えられてきました。ただ近年、何人かの研究者の方が、いやそうではない、神亀五年の山房は香山堂のことなのだとおっしゃっています。「山界四至図」で言いますと、右下のほう、山の尾根がたくさん集まっているところにお堂が描かれ、香山堂と書き込まれています。

どちらを採るべきかと言うことですが、私はやはり通説どおり、山房は金鐘寺にそのままつながったと考えたほうがよいと思います。

なぜかと申しますと、『東大寺要録』には「延暦僧録」という書物が引用されているのですが、それには香山寺（香山堂）について、光明皇后が創建した寺院だと書いてあるからです。ところが、山房を建てた「造山房司」という官司は、光明皇后と直接の関係はありません。朝廷の官司、もっと明瞭に言えば、聖武天皇が置いた官営工房と考えざるを得ないものです。つまり文献的には、聖武天皇が造ったのか、光明皇后が造ったのかという点で、山房と香山堂は明らかに違うのです。

確かに香山堂が山房と俗称されたこともあったようで、山房がいくつかあってもかまいませんが、少なくとも聖武天皇が関わった山房は、金鐘山房・金鐘寺につながり、さらに東大寺に発展していったと見るのがよい、と私は考えております。

せっかくの奈良教育大学でのシンポジウムですので、それに関わることを申しますと、「東大寺山堺四至図」の左下部分には、新薬師寺のお堂が非常に大きく描かれています。つい先ごろ、この奈良教育大学の北東隅で、おそらく新薬師寺金堂と見られる巨大な遺構が発見されました。基壇の正面幅は現在の東大寺大仏殿に匹敵するそうですが、実はこの大きなお堂は「山堺四至図」に描かれた、まさしくその場所に眠っていたのです。

この新薬師寺につきましては、やはり「延暦僧録」が、天平十九年に光明皇后が建立したと記しています。このことは山林寺院である香山堂が、平地伽藍である新薬師寺に発展したと考えれば、とても自然に理解できるだろうと思います。ともに願主は光明皇后ですし、新薬師寺は「香山薬師寺」とも呼ばれていましたから。そしてそのころ東大寺でも、山林寺院である金鐘寺が平地伽藍へと生まれ変わりつつありました。北と南で全く同じようなことが起きていたわけです。

つまり天平十年代の終わりころ、春日山麓では大きなプロジェクトが同時進行していました。一つは北の東大寺の造営であって、これは聖武天皇を願主とし、基本的には山房・金鐘寺からの発展でした。そしてもう一つは、南の新薬師寺の造営です。山中の香山堂からの展開を、本願である光明皇后が支えていた。そういうことではないかと思います。

そして、平地伽藍が整って行くにつれて、その前身であった山林寺院が再編成されたという流れを考えてはどうでしょうか。清浄な祈りの場、あるいは新しい教学の場として、天平の終わりごろに春日山腹の山林寺院が整備されていったのではないかと思うのです。法華堂の確立というのも、そうした流れの一環ではなかったかと考えます。

橋本先生のお話に関わることを申しますと、東大寺でも平地伽藍ができてまいりますが、三面僧房が建てられるのはかなり遅れます。ですから、大仏殿が建てられたころにも、ある程度の僧侶はそれ以前からあった山林のお堂の周りなどに住んでいたのではないか、などと想像いたします。これにつきましても、新薬師寺を視野に入れながら、全体の変化を考えていく必要があります。明日のご報告でもさまざまな新説を拝聴できると思いますので、とても楽しみにしております。

木村　ありがとうございました。おそらくお聞きの皆さまも、この法華堂の創建当時の状況、というか、全体的なありようを、だいたい頭に入れていただけたのではないかなと思います。ありがとうございました。

それでは、さきほど大橋先生から法華堂の中の仏像に関してお話がありましたので、次に浅井先生に、そのあたりとも関係させながら、ご見解をお伺いできればと思います。

浅井　浅井でございます。大橋先生のご講演、たいへんわかりやすく勉強になりました。ご趣旨は大仏造営に至るまでの造寺・造仏集団の形成の問題でしょうか。だいたいの概略ということのようですが、大筋は私もそう考えます。外堀からだんだん中心課題へと入っていくご講演のスタイルと言いますか、なかなか私にはできない業でして、私自身は細かいことにこだわるものですから、大きく捉えることができないもので、感心した次第でございます。

細かいところにこだわる立場で申しますと、一つ、これは吉川先生とか、あとは正倉院文書研究の立場から、石上先生などがこれからお話しされると思うのですが、この官営工房等のあり方、性格などが問題で、令外の官としての官営工房が、当時、どのように機能したのか。これが造寺・造仏や大寺院の造営の変遷と、どうかかわっていくのか。さきほどの図でみますと、大きな工房が並列してあり、あちこちでいろいろな活動を行い、それが全体として官営工房に包括されていたのだというご理解のように思うのですが、このへんは年代により強弱があって、そのつど集められて一つの流れを形づくるとも考えられる。これは、造仏等についても言えるのではないかと。当時、たくさんの天才的な仏師がいたとはとても思えないので、やはり何人かの中心的な仏師がいて、彼等が指導してきた。当然、その下には、実際に造る大仏師の下の小仏師みたいな人たちが大勢いたのだろうと思います。

それで、さきほどお話には出なかったのですけれども、個人的には、なぜ、あの場所に羂索堂を建設したのかと。さきほど吉川先生が、金光明寺について、それが、おそらく吸収合併みたいな、とは仰いませんでしたが、そういうニュアンスで金鐘寺と福寿寺のことをお話しされたと思うのですが、それでは、なぜ、不空羂索観音が本尊なのか。当時奈良では、いろいろなところで不空羂索が造られています。最終的には興福寺南円堂像が藤原北家の世襲とその安穏を祈願して造られたということなのだろうと思いますが、そのあたり、不空羂索観音という尊格に対し、それを何のために造ったかということが重要と思われます。『羂索経』では、臨終八種功徳と申しますが、その中の幾つかが選ばれて、それが王権とかかわることで非常に功徳があると認められたので、特にあの時期、あの場所に本尊として祀られた、というような考え方もあり、教理のほうからもいろいろご意見を賜りたいと思っています。

このところ、さきほどの吉川先生のお話にもありましたが、文献史学・考古学、あるいは教理のほうで、東大寺の成立、前身寺院について、非常に研究が進んでいる。どうもいちばん進んでないのは美術史ではないかと、個人的には思っています。これは何だろうと考えますと、やはり、私には、若いころ現場でものに直接じかに触れながら、作品の息づかいと言うか、呼吸のようなものを一つ一つ確かめながら、その成り立ちの理由を考える。そういう立場がなかなか、美術史のほうでは見られなくなったと思うのです。大きなお寺では、写真があるから、どうぞ写真でやってくださいということなのですが、写真ではわからないし、大きさも、実際目の前にあるものと、写真で見たものでは、ずいぶん印象が違う。乾漆像と塑像の肌合いも違う。ごく限られた人しか実地調査ができなくて、一般にはかなりむずかしい。そうすると、いきおいとても概念的にならざるを得ず、しょせん美術史も、文献を後追いするというような形になって……。

今回、私はあまりしゃべるなという割に、時間がたっているのではないかと思うのですが、最後のほうに、全然真打ちではなく、付けたしみたいなことになりますが、ものに即して考えると、ここまでは言えるのではないか、というようなことをちょっと言ってみたいと思います。

木村　どうもありがとうございました。浅井先生には、また締めのお話を、どうぞみなさま御期待ください。

それでは、後藤先生、これまでのお話をいろいろとお聞きになったうえで、コメント的なものが、もしございましたら、それも含めてでもけっこうですので、今回のテーマに対して、ご発言いただきたいと思います。よろしくお願いいたします。

後藤　私も明日詳しく発表させていただくので、詳しい内容はそちらに譲ってもいいかと思うのですが、実は、建築史も研究的には非常に遅れております。その理由は、大きな修理等があるときでないと、なかなか研究が進まないということです。法華堂の場合には非常に古い時代に大きな修理の手が入ったものなので、近年、そういう修理が行われていないということで、研究が進まないという実態があるのです。

その中で、通説で言われていることは、類例があまりない建物で、そこまで確かなことが言えないという点はありますが、建築年代は天平の中頃と推定されており、正堂と礼堂が前後に並ぶいわゆる「双堂」の形式をもち、建築当初に床が張られていた痕跡があることが、その最大の特徴です。ところが、現在は、正堂の床が外されています。この床の改造というものをほかの研究とどういうふうにすり合わせをしていくのかというのが、非常に大きな課題だろうというふうに思っております。

それから、あすの話にちょっと出せない点を、少しここで簡単に補足させていただきます。さきほど、京大の山岸常人先生が当初、檜皮葺きでなかったかと述べていたというお話があったのですけれども、これは実は、明治の修理のときに、屋根材が大きく変えられてしまっているので、現時点でははっきりしないというのが通説の見解になっています。屋根勾配のうえから檜皮葺きというのは、ちょっと結論が性急です。古代寺院の建築に関しては、唐招提寺金堂は、復元すると勾配が緩くなってしまいますし、法隆寺の金堂は急で、塔は非常に緩くなります。塔と堂という建物の形式による違いという見方もできますが、瓦葺きにも様々な勾配のものがあります。したがって屋根勾配だけから檜皮葺きだというのは、少し危険があります。ただ、その可能性はもちろん否定できないのですけれども。

それから、年輪年代学とかC14法で、最近、だいぶ年代が特定されてきてはいるのですけれども、天平の初年と末年ぐらいの差だと、それを明らかにするのはかなり厳しいのではないかと思います。伐木のまま使った部材があり、ちょうどその間に年代が出ればいいのですけれども、建築の用材の場合、現在でも、宮大工の工務店で材を非常に大事にするところで、乾燥させるのに、十年、二十年、寝かせるのはあたりまえのことなので、天平の建築だと、その二十年前くらいの材を使っていても不思議ではありません。一方、伐木をすぐに建物に使うこともありますが、C14とか年輪年代学をもってしても、その天平の初年と末年の区別はつきにくいのではないかなというふうに思います。

むしろ、さきほど申しましたが、床を張ってあるという、この年代の仏堂としては特徴のあるというよりむしろ特異な形式が、教学であるとか寺院成立の歴史であるとかとどのような関係をもっているのかを考えていくことのほうが、創建年代等を考察するうえでは重要なのではないかなというふうに思っています。以上です。

木村　ありがとうございました。それでは、最後になりましたが、吉津先生、テーマに関連して思想的な問題等、簡潔にお話が頂戴できればと思います。

吉津　駒澤大学の吉津宜英でございます。私は美術や建築のことは分かりません。ただ華厳教学を研究してきて、当然この東大寺さんの華厳教学も視野に入れてやってきました。また一つの極論と思われる仮説ですが、ある提案も行っております。私はこの東大寺で成立した華厳教学が、現代までの日本仏教を一貫するイデアを形成したと思っています。それは人物名で言えば、新羅の元暁の思想と、中国の華厳教学の大成者と目される法蔵の教学を一体化したのがこの東大寺の華厳教学であると思います。そのイデアというのは「全一のイデア」と命名しておりますが、日本ではある一宗、ある一行を選択し、実践することが仏教の全体を表徴することになるという他の仏教国にないイデアがあります。後代の法然上人は浄土宗を主張し、念仏一行を選択し、他の宗や行を捨てましたが、彼の選んだ念仏一行の中に彼は仏教のエッセンスすべてがこもっていると考えるわけです。東大寺の華厳宗という一宗も仏教を取りまとめているとして、聖武天皇や良弁僧正が創造した宗名であり、他国に存在するものではありません。

これは通説として、聖武天皇の発願により、東大寺の大仏造営、東大寺の建立となるわけですが、それに先んじて良弁僧正がリーダーとなって『華厳経』講説が行われました。近時、山下有美先生は『正倉院文書と写経所の研究』（吉川弘文館、一九九九年）を公刊されましたが、東大寺建立に先立つ『華厳経』講説についてはそのご本出版後に書かれた「東大寺の花厳宗と六宗—古代寺院社会試論—」（『正倉院文書研究』8、二〇〇二年）が良く整理してくださっています。まず良弁の指示で審詳が『華厳経』を開講し始めますが、先程、橋本聖圓先生が言及された智憬が後に天平勝宝三年あたり、大仏開眼供養前後に大いに活躍することになるわけです。

ここで先に橋本先生も智憬関係論文として出しておられた二人の方の論文に触れます。一つは愛宕邦康氏の『『遊心安楽道』と日本仏教』（法藏館、二〇〇六年）です。この本の中で、愛宕氏は独特の浄土思想や真言の土砂加持を説いている『遊心安楽道』が今問題にしている智憬の著作ではないかと主張しています。また、智憬は浄土思想でも元暁と接点を持つわけです。目録を見ると、元暁の『無量寿経』の注釈、さらにその細釈までしていた可能性もあります。これらの注釈は現存しないとはいえ、智憬の著作は事実でしょう。

しかし、もともと智憬の別名の著作が、『往生要集』の著者源信以降に今の『遊心安楽道』に変わったという愛宕説は大胆な主張であり、私は正直にそれは難しいのではないかと疑問に思う次第です。

もう一人は韓国の崔鉛植先生であり、彼の論文「『大乗起信論同異略集』の著者について」(『駒澤短期大学佛教論集』七号、二〇〇一年)です。これは私の『華厳一乗思想の研究』(大東出版社、一九九一年、二〇〇三年再版)などできちんと序文を読まなかった慙愧の極地でありますが、「見登」と著者名が付いているものですから、単純にそれを信じておりました。崔先生は序文と本文をしっかりお読みになり、序文に「鐘山僧統」とあるのは良弁であり、本文中にちゃんと自称として智憬の「憬」の字が出ていることから、明確にこの文献が智憬のものであることを証明されました。私は反省と共に感謝する次第です。

この『大乗起信論同異略集』という書物は『起信論』の思想と玄奘三蔵将来の唯識教学とを八門に分けて比較研究したものです。結果的には『起信論』の方をやや優れたものとして位置づけますが、唯識教学への造詣はただならぬものがあります。ですから、目録類では智憬が興福寺の僧侶として記名されていることもまんざら無縁ではないと思われます。ただ、さきほど橋本先生も言及され、また山下先生も整理されているように、智憬が今回のテーマである法華堂、あるいは羂索堂などで活躍し、ついに『華厳経』の講義をやったことは明らかであります。また、石田充之先生が「南都浄土教の教学史的意義」(『南都佛教』四号、一九五七年)で論じられたように、智憬に元暁の『両巻無量寿経宗要』に関する注釈が存在し、彼がかなりの浄土思想家であったことも事実です。総合的に、智憬がかなりの仏教学者であったことが浮上してくるのです。

これまで私たちは東大寺の教学を具体的には寿霊の『華厳五教章指事』中心で考えてきました。これからは智憬を中心に据えて考えなくてはいけないことになります。そして、寿霊の教学も同様ですが、法蔵と共に元暁の存在が大きいことがわかります。『大乗起信論同異略集』の中でも元暁を「丘龍」と誉め、法蔵を「香象」と称し、しかも両師を並べて「象龍二徳」と顕彰していることは、私の「全一のイデア」の仮説を別な表現で「元暁・法蔵融合形態の教学」と呼ぶ根拠の一つであります。

もともと新羅においての元暁は多くの著作をものし、決して「華厳宗」の人などということは自称、他称共にあり得なかったと思います。現在のところ、かれを「新羅華厳宗沙門元暁法師」と呼称しているのは最澄の『大唐新羅諸宗義匠依憑天台集』が初出でありま す。だいたい、「華厳宗」という呼称が南都六宗の中で聖武天皇を中心とした、いわば東大寺グループの創称でありますから、当時の新羅に華厳宗などあるはずもありません。たぶん、この東大寺華厳グループの中で元暁は「華厳宗」の一員としての位置づけを得たのでしょう。堀池春峰先生の「華厳経講説よりみた良弁と審詳」(『南都佛教』三一号、一九七三年。後に『南都仏教史の研究 上 東大寺篇』所収、法藏館、一九八〇年)の「審詳目録」における元暁の著作の多さに驚くのであります。法蔵の著作も少なくはありませんが、元暁は法蔵を圧倒しております。

そのようなことで、私の研究の不備を突いて、崔先生が智憬の著作の存在を明らかにして下さったことは、東大寺創建時代の教学の伸びやかさを示すものとして、これからの研究に夢が膨らんだと申し上げてもよいと思います。また、本日の中心テーマである法華堂を巡る良弁、審詳、智憬たちの教学活動の活発な状況を山下先生や崔先生のご研究が明確にしてくださったことに感謝し、私のコメントを終わります。

木村　ありがとうございました。

大橋先生、これまでご発言の機会がなく、失礼いたしましたが、先生がたからいろいろお話が出たことで、特にこれはということについてお話しいただけたらと思うのですが。

大橋　さきほど、吉川先生もおっしゃいましたけれども、実は私も正直申しますと、『要録』に出ている、羂索堂創建の天平五年というのは、いままでの先輩の先生がたが否定されているのですが、残念ながら私は否定するようなものを持っておりません。もっとずばり否定できるとも思うのですが、なかなかないのです。さきほどの先生のお話をおうかがいしていて、なにか別のことを考える必要があるのではないかと、いまも依然としてそのように思っております。以上です。

木村　ありがとうございます。

時間ももう迫っておりますが、スタートがちょっと遅れましたので、まだ数分よろしいかと思います。

本日は、午前中にヤン・フォンタイン先生から、私どもにとってたいへん興味深いお話をいただき、続いて基調講演として大橋先生にこのテーマそのものについてのまとまったお話をいただきました。これらを踏まえて、いま討論会が行われたわけですが、これから、それぞれのセクションに分かれて、きょう、あすと研究発表ならびに討論が行われます。今回のこの討論会は問題提起的、といいますか、たいへん刺激的なものになったのではないかと思います。

特に私は、全体的に三つほど大きな問題を感じました。その一つは、浅井先生から羂索観音がご本尊であるということに関連してお話がありましたが、王権とのかかわりといいますか、時の大きな力の中で、この法華堂がどのように成立をし、どういう形で、その本尊が定まり、まとまっていったのかという、そういうことを踏まえた形で、研究が深められていくことが期待されるのではないかと思います。

第二に、教学的な面、思想的な面でたいへん重要な点を吉津先生からご指摘いただきました。東大寺教学、東大寺の華厳、広くは日本の華厳というものを、中国、特に法蔵とのつながりで押さえているという伝統的な解釈について、吉津先生はだいぶ前から新羅の元暁、広げれば新羅華厳、朝鮮華厳とのつながりをきちんと考えなければいけないということを論じておられ、今日あらためて、そのお話がありました。

元暁という人は、華厳宗という枠といいますか、宗という言葉も、どういう意味で使うかによって変わってくるのですけれども、少なくともわれわれが言う意味でのセクト、あるいはスクール、そういう枠の中ではちょっと収まりきれないところがある、と私自身は思います。つい最近、韓国の元暁研究院というところで話をしたのですが、元暁が華厳宗の祖師とされることに一定の根拠はありますけれども、全体的に見ると、それでは不十分です。むしろ、そういう枠づけから解放して、それを超えたところでとらえ直す必要があるのではないかと思うのです。そういう問題も含めて、この東大寺の華厳教学が、元暁大師ら、朝鮮半島の仏教者たちの思想から影響を受けながら、どういう形で形成されていくのか、それを新しい視点でとらえ直していく必要があるのではないかと、そのように思っております。

それから、第三に、全体的なことでございますけれども、本日行われたようなこういう形のシンポジウムが、たいへん大きな意義があるということです。すなわち、ほんとうの学問的な研究にとって、とくに重要な問題を解明していくうえで、いかに学際的な研究が必要であるか、関連する諸分野の優れた研究者たちが集まって、それぞれの観点から発表をし、討論をする、そして一つの方向を見出していくということが、いかに大切かということです。そのことを再確認する場になったのではないかと思うのです。

この討論会を踏まえて、きょう、あすと開かれる各セクションで、以上申しあげたようなことを頭に入れて、議論が深められていくことをお願いしたいと存じます。

本日は、シンポジストとしてご参加いただきました先生がた、ほんとうにありがとうございました。たいへん有意義な討論会になったと思います。これをもって、討論会を終わります。みなさま、ご協力、ご清聴、まことにありがとうございました。

法華堂 基礎資料

一　『東大寺要録』巻第一　本願章、巻第四　諸院章　羂索堂部分　抜粋
二　『七大寺巡礼私記』羂索院部分　抜粋
三　法華堂　側面・平面図（『国宝東大寺法華堂修理工事報告書』（編集・奈良県教育委員会文化財保存事務所）より転載）
四　寺中寺外惣絵図
五　東大寺山堺四至図
六　東大寺丸山西遺跡とその周辺
七　東大寺実測図（奈良文化財研究所　作成）
八　略年表

一　『東大寺要録』巻第一「本願章第一」より

◆七頁記載分抜粋

「（天平）五年癸酉。公家為良弁。創立羂索院。号古金鐘寺是也。」

『東大寺要録』巻第四「諸院章第四　附神社」より

◆九〇頁記載分抜粋

「一、羂索院　名金鐘寺。又改号金光明寺。亦云禅院

堂一宇　五間一面　在礼堂

天平五年歳次癸酉創建立也。良弁僧正安置不空羂索観音菩薩像。当像後有等身執金剛神。是僧正本尊也。光仁天皇々子崇道天皇。等定僧都為師出家入道。廿一歳登壇受戒住持此院。後以景雲三年移住大安寺東院矣。

其執金剛神像頂髻右方之餝切落。古老相伝云。去天慶年中将門之乱時。為鎮国家祈請当寺。于時此神王髻中有本結。其右方忽成大蜂。飛入雲中指東方去喫螫将門。依此冥助輙以征伐由。彼神王有所示現。為護王城向北方立。云云

又寺僧伝云。天慶之比有平将門。謀危国家兵革无絶。公家為免其難祈請此寺。神像已隠廿余日寺家称恠異。屢経奏聞。疑戦之不利。弥以恐怖。不経幾日像已立本壇之跡。見其天冠之餝。右方已欠落。又其身湿如流汗。現為賊被射損之相也。依此祥異遂梟将門之首。云云　載白川院高野巡行之日記

桜会縁起云

伏惟法会本施主故僧正院下。遍遊普門示普門之一形。恒廻迷津救迷津之多苦。戒香薫身閣而三業无瑕。恵鏡懸心台而六情常明。惜寸陰而転法輪。投尺璧而弘聖化。護恩護法之功逈超古今。守土利生之徳特秀前後。忠貞外備巽々奉六代[之]朝。信敬内融乹々荘三宝之徳。猶復以去天平年始奉為四恩。窮目連之三徃切尽毗首之一制匠。敬造不空羂索観自在菩薩之像為其像也。

立身丈余徳円相満。疑補陀之真儀。青蓮毗頻婆脣似安養之正軀。其像雖就未卜居処。後経数年京城東畔崇山麓占定。此地正為其地也。東即重巒寵嵸両耀所幣虧。西則都邑隠軫八方所輻湊。此処初即浄名方丈。窮子草庵。徃々陳列容身而已。爰道力冥感朝野帰崇。芟夷荊棘剪截荒蓬。搆造大厦殿安置観音像為其院也。殿堂星羅房舎雲重。楊梅春華椿栢冬葉。是神仙遊所復羅漢住処。是以近処之天紫雲覆於殿上。遠敷之神香水涌於堂辺。皆是観音之徳施主之福也。昔者聞禅師王子（崇道天皇歟）住持此院。今見太子（真如親王歟）禅門居住此房。以知此処自成刧始成聖者所居。法尓道理為王種住処。国中勝地天下上所有過此哉。所以依止之人名聞勝利超於他人。来修之人福徳智恵過於自分。禅礼念観無諸妨難。誦呪読経。霊験易得。称表如此。善事経年不尽者矣已上」

◆九四頁記載分抜粋

「一、羂索院

五間檜皮葺礼堂一宇

三間二面庇瓦葺二月堂一宇

七間檜葺会房一宇

二十一間二面檜皮葺僧坊一宇

一間檜皮葺僧坊一宇

右件僧坊等。為大風所々吹落。云云

応和二年八月卅日。大風顛倒破損堂塔雑舎等南大門等也。

羂索院双倉 納物尤多

右前帳云。阿弥陀堂。薬師堂等雑物。依去延喜廿年十二月十四日 宣旨文。皆移納於羂索院双倉。以為綱封而不聞勘者。件倉朽損。前別当大法師任中。蓋瓦材木悉頽落。仍解文言上之日。依天暦四年六月綱牒旨。威儀師従儀師勧茂為使。件所納之雑物宝併移納正蔵三小蔵南端蔵綱封云云

羂索院正堂宝物等

金皷一口一尺 鏡四十七面 卅六在天井 八面在柱

自余宝物等略之 永観二年分付帳文」

（『東大寺要録』筒井英俊校訂本 全国書房 昭和十九年一月発）

二 『七大寺巡礼私記』 大江親通 保延六年（一一四〇）

「一、羂索院三昧堂一宇南向、三間瓦葺、金色不空羂索立像、四天王像、同像足下鬼形等神妙也、件寺在大仏殿東山、世俗呼之号南無観寺云々、此堂修二月行法事、口伝云、毎年二月朔日開当院宝蔵、舁出小厨子置本仏前之壇上、其厨子内十一面観音像云々、堂衆十五六人自二月朔日籠堂中、二七箇日之間白地不出住房所勤行也、至十四日夜堂衆等皆執金剛鈴、又以炬火逆挟腋、火炎出後、相烈唱南無観之宝号、疾是〔足カ〕廻仏壇奔是〔走カ〕也、其衆之中、尫弱微力之人気竭斃伏、勁捷勇健之輩尚走、所遣〔遺カ〕及一人、以之為殊異行、導師及耆老大徳一両許不走者也、其導師持金剛鈴矣、但此堂仏後北向安等身執金剛神立像、此像金熒〔鷲カ〕行者之本尊也、不可思議霊像也 件像嗔目張口右手持金剛杵、左手作拳下テ後ニ向テ右足沓□□□ 屈膝テ爪立タリ、件像無左鬢衣、口伝云、将門謀叛之時、依公家之祈禱彼反作蜂飛行軍中、輙調伏之間、将門振剣切片翼、其翼者此像之左鬢衣而已、雖然調伏魁首〔将、脱カ〕門云々、件鬢衣雖須加修補、以奇特之験、為貽来葉、不令修理云々、同院閼伽井二所、件井者有三昧堂之北、皆六尺許石泉也、東西相連不抔〔ママ〕、口伝云、件井自本無水、畳石之後、天王命良弁僧正令祈給之剋、感僧正行験、若狭国小入明神振神力所搆出也云々、」

（『校刊美術史料寺院篇』上巻 編者 藤田経世 中央公論美術出版 昭和四十七年三月発行）

三　法華堂　側面・平面図『国宝東大寺法華堂修理工事報告書』（編集・奈良県教育委員会文化財保存事務所）より転載

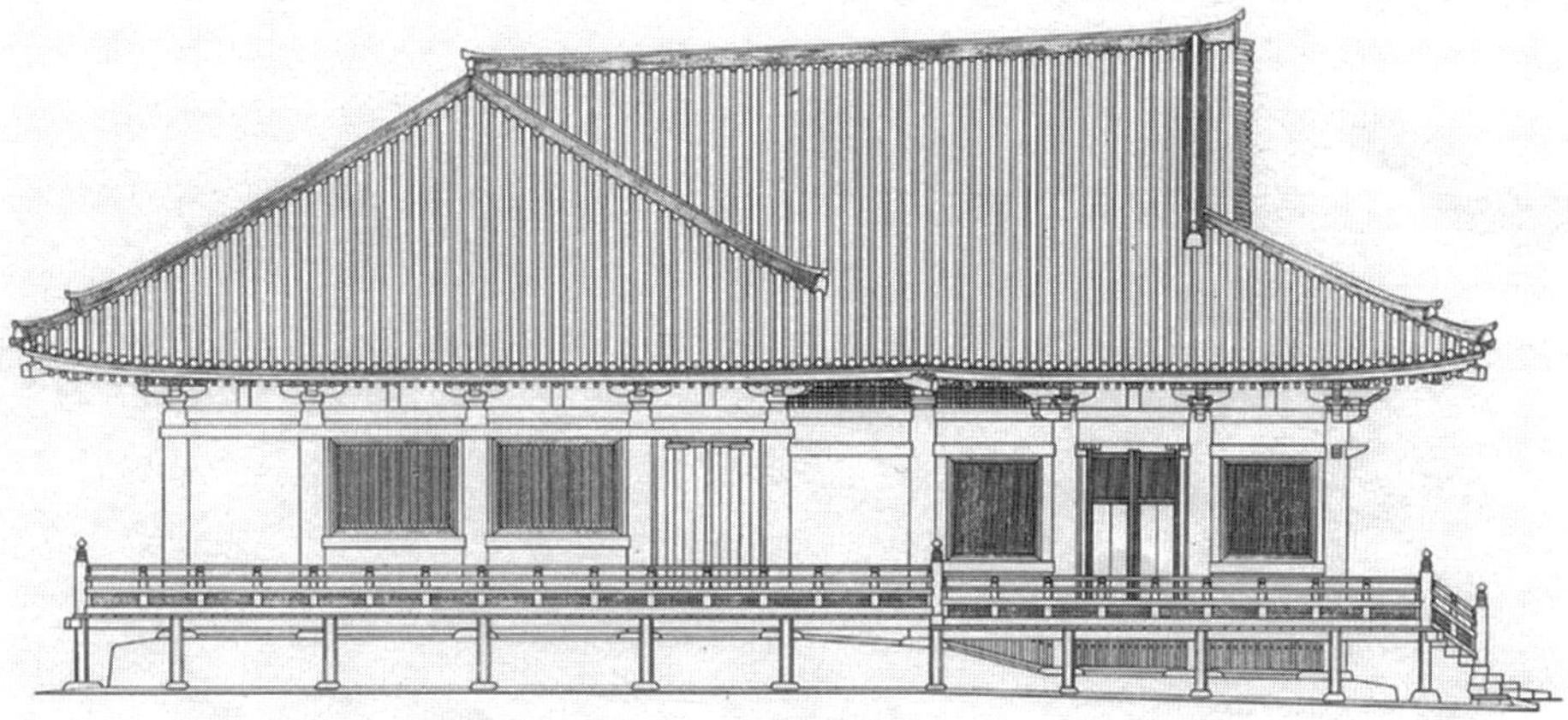

法華堂側面図

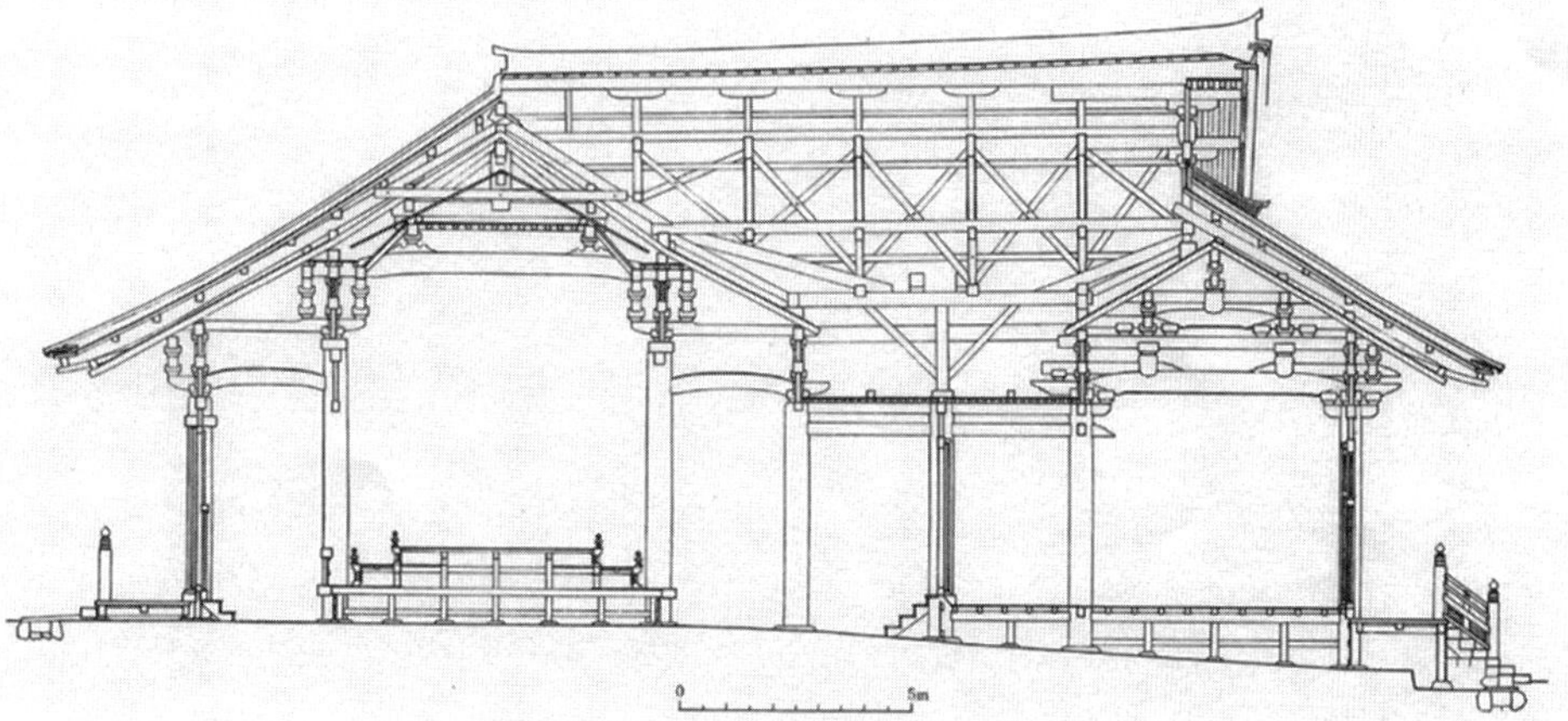

法華堂断面図

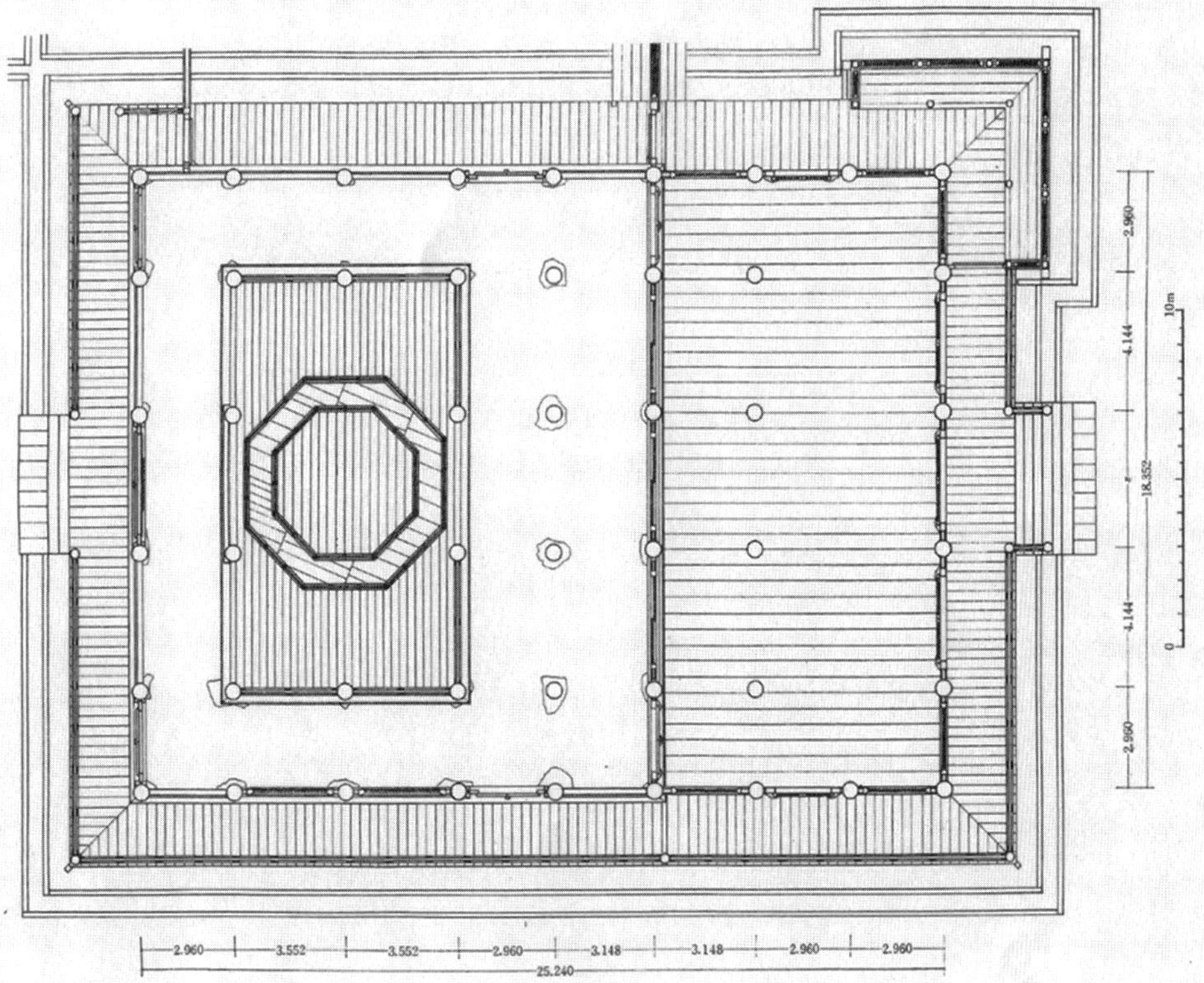

法華堂平面図

四　東大寺　寺中寺外惣絵図（撮影：奈良国立博物館・森村欣司氏）

寺中寺外惣絵図［全図］　江戸時代（17世紀）

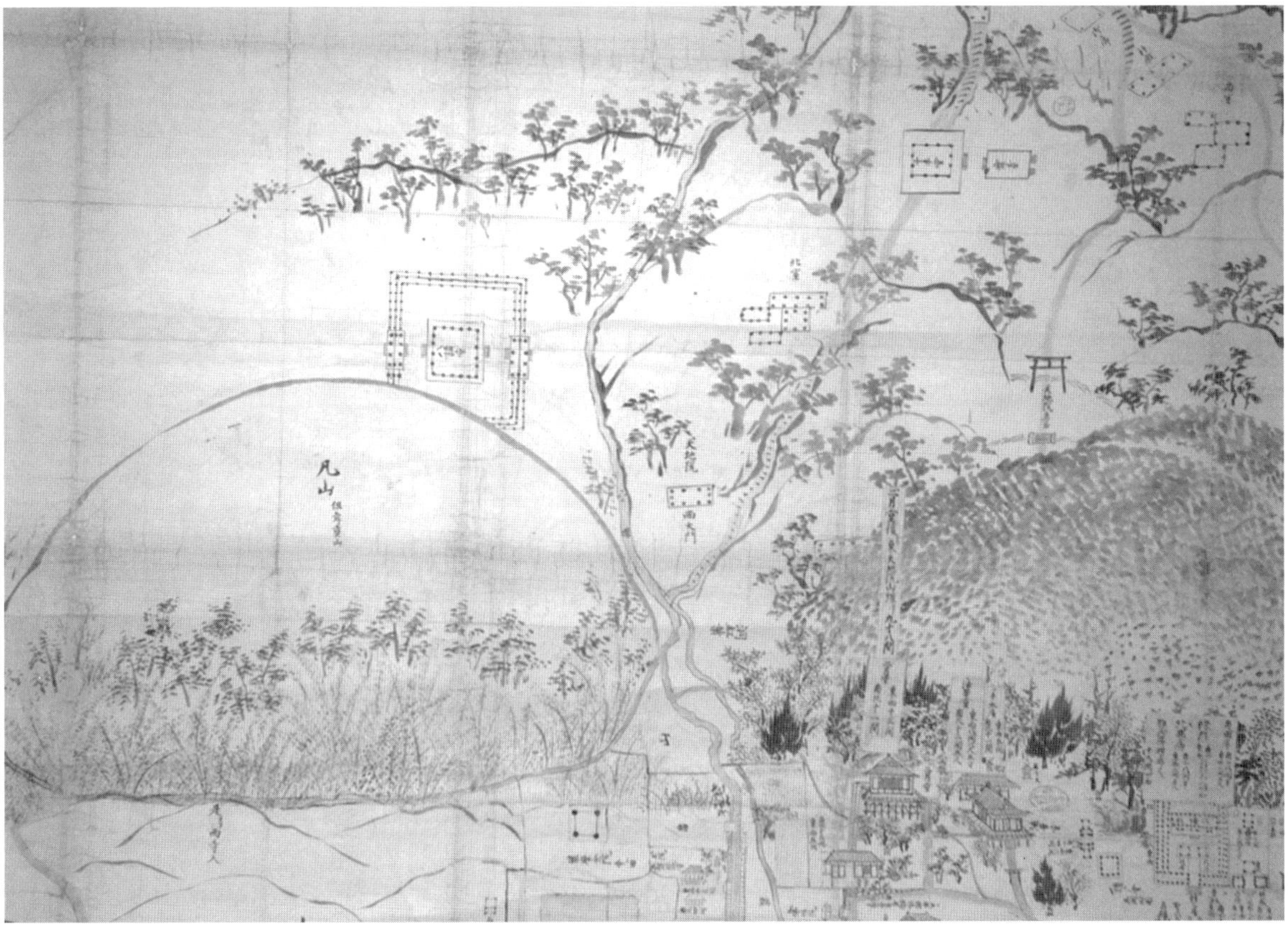

寺中寺外惣絵図［部分；丸山〜法華堂］

寺中寺外惣絵図［部分；法華堂］

五　東大寺山堺四至図　模本（撮影：奈良国立博物館・森村欣司氏）

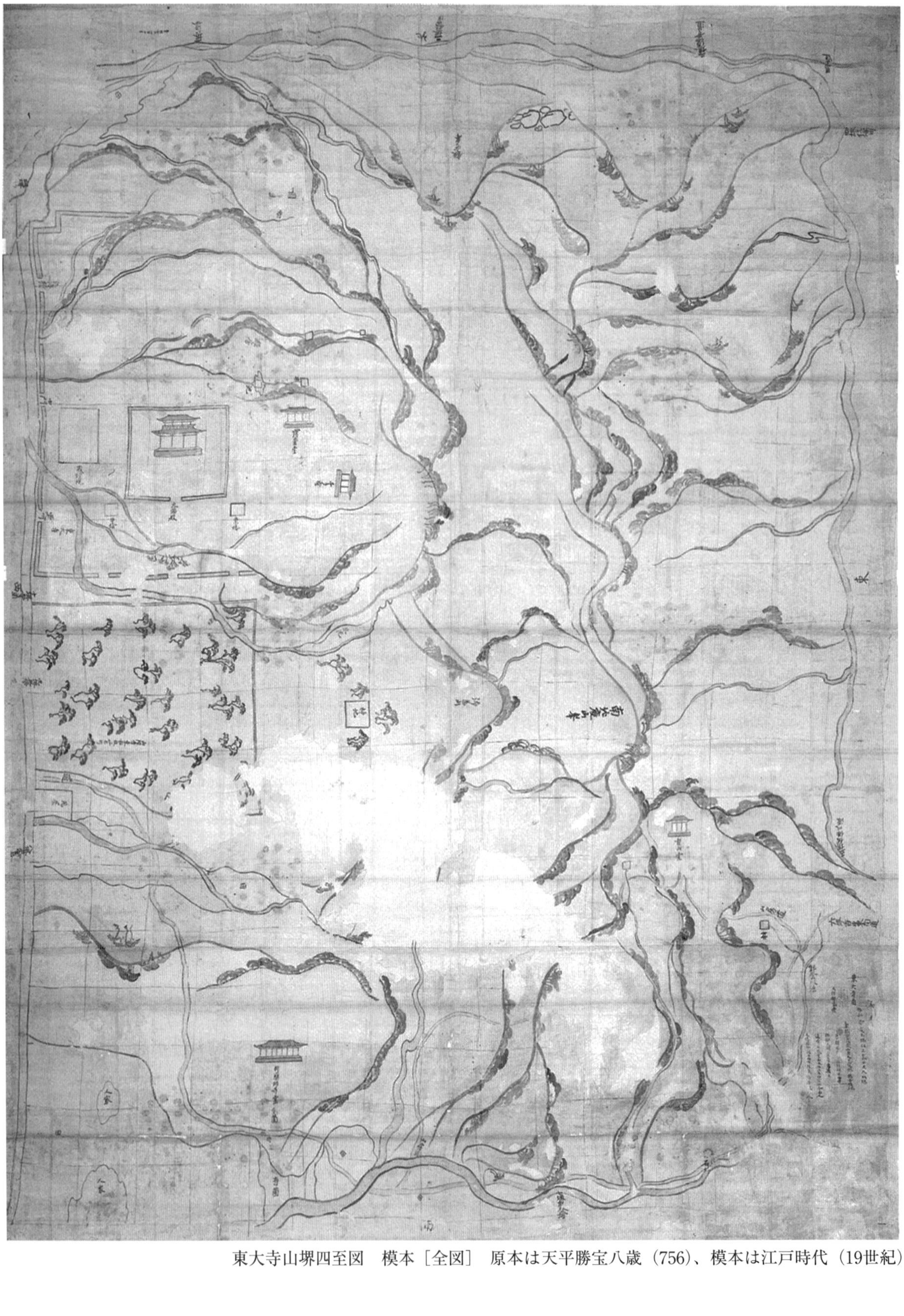

東大寺山堺四至図　模本［全図］　原本は天平勝宝八歳（756）、模本は江戸時代（19世紀）

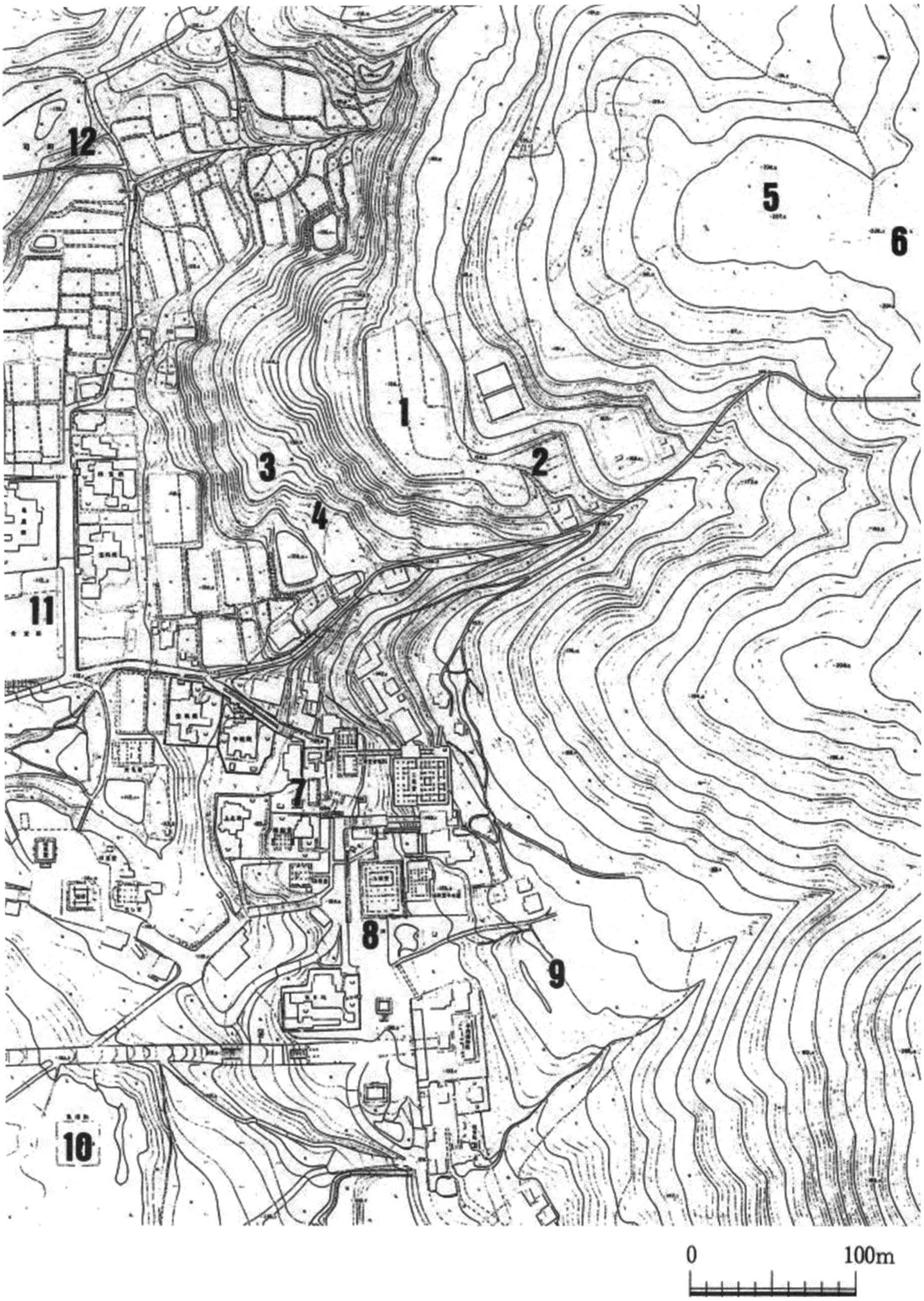

（奈良文化財研究所「東大寺（二）」 1：1000×0.32）
1：丸山西遺跡平坦地Ⅰ　2：同Ⅱ　3：同Ⅲ　4：同Ⅳ
5：丸山頂上　6：天地院塔跡　7：二月堂仏餉屋　8：羂索堂（三月堂）
9：千手堂跡　10：東塔跡　11：食堂跡　12：知足院山瓦散布地
図；『南都仏教』78号　吉川真司氏「東大寺の古層」より抜粋

七　東大寺実測図（奈良文化財研究所・作成）

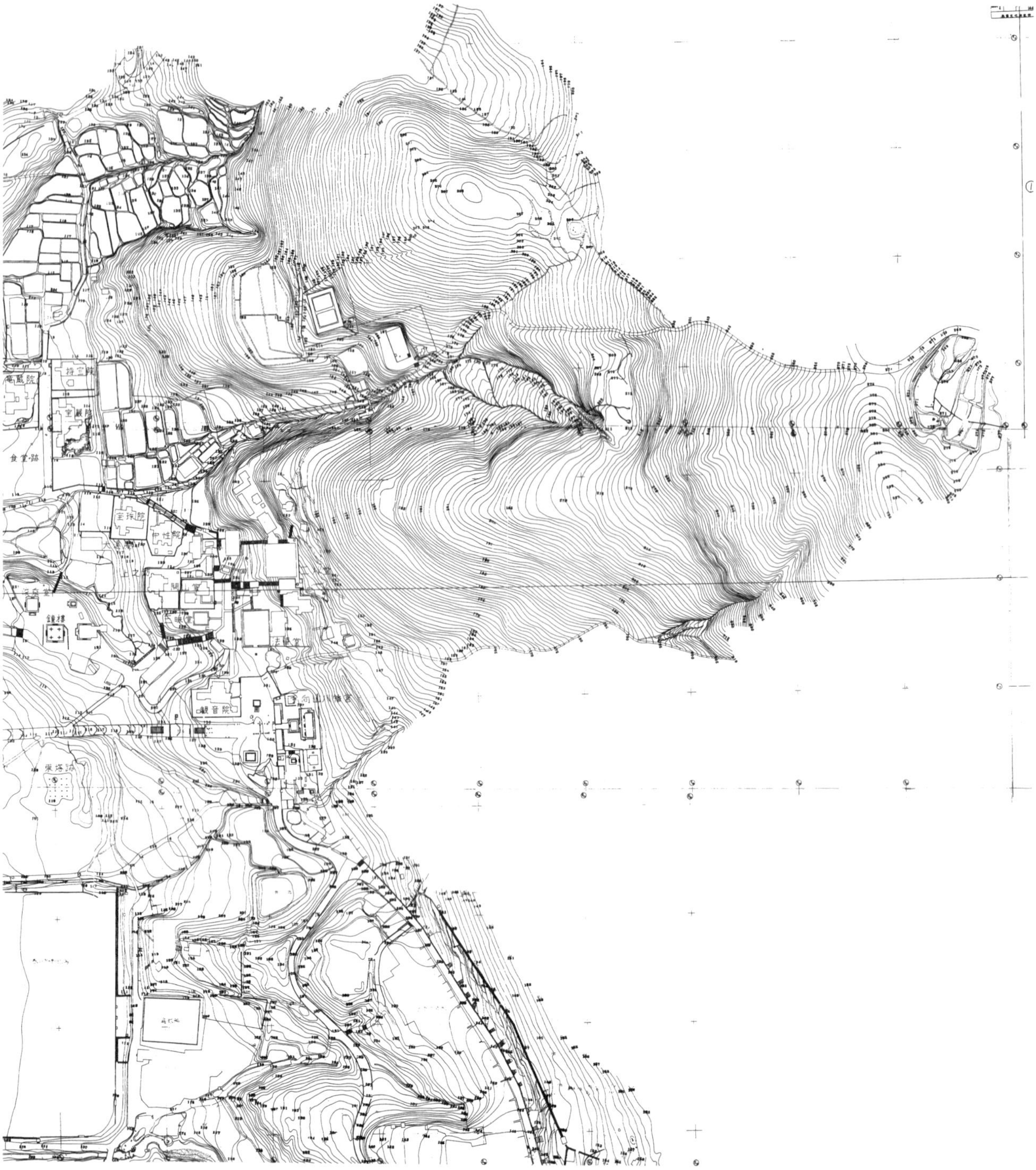

講堂跡
大仏殿
勧化院
指図堂
戒壇院
西塔跡
廻廊
中門
鏡池

養　老	4年(720)10月	不比等死去により、造興福寺仏殿司などを設置。
神　亀	3年(726)7月	聖武、興福寺東金堂を造営。
	5年(728)11月	造山房司長官任命（3日）。智行僧九人を山房に住せしむ（28日）。
天　平	元年(729)8月	光明立后。皇后宮職発足。
	2年(730)4月	光明、興福寺五重塔造営を開始。
	6年(734)正月	光明、興福寺西金堂を造営。
	8年(736)9月	光明、五月一日経の書写を開始。
	10年(738)正月	阿倍内親王立太子。
	3月	光明、福寿寺大般若経の書写を開始。
	3月	興福寺・法隆寺・隅院に食封を施入。
	11年(739)7月	皇后宮職移に金鐘山房・福寿寺が見える。
	12年(740)5月	五月一日経願文。
	10月	審祥、金鐘山寺に招かれて華厳経を講ずという。
	12月	恭仁遷都。
	13年(741)2月	国分寺建立詔。
	閏3月	福寿寺に福寿寺写一切経所を置く。
	6月	玄昉発願千手経一千巻の書写を開始。
	14年(742)7月？	福寿寺写一切経所を金光明寺写一切経所に改称。
	7月	4月令旨により金光明寺（本名金鐘寺）の夏安居を恒例とする。
	11月	大養徳国国分寺僧尼の簡定を命ずる。
	15年(743)正月	大養徳国金光明寺で最勝王経転読。四十九僧を招き天下の模とする。
	10月	大仏建立詔。紫香楽にて造営を始める。
	16年(744)12月	金鐘寺及朱雀路で一万坏の燃燈が行なわれる。
	是年	知識華厳別供が創設されるという。
	17年(745)5月	平城還都。旧皇后宮を宮寺とする（法華寺創建）。
	8月	大仏造営を開始。
	18年(746)3月	金鐘寺で仁王経大講会を開く。
	10月	聖武・光明ら金鐘寺に行幸、盧舎那仏（塑像？）を燃燈供養する。
	19年(747)9月	金光明寺に封一千戸を施入し、大仏鋳造を開始する。
	冬	金光明寺写経所を東大寺写経所に改称し、場所を移す。
	20年(748)7月	造東大寺司成立。
天平勝宝	元年(749)10月	大仏鋳造終了（仏身）。大仏殿建立開始か。
	2年(750)2月	東大寺に封三千五百戸を施入、通計五千戸となる。
	4年(752)4月	大仏開眼供養。
	5年(753)正月	東大寺西塔完成。

『南都仏教』78号、吉川真司氏論文より抜粋

論集 東大寺の歴史と教学 ザ・グレイトブッダ・シンポジウム論集第一号		品切
論集 東大寺創建前後 ザ・グレイトブッダ・シンポジウム論集第二号		二〇〇〇円
論集 カミとほとけ―宗教文化とその歴史的基盤 ザ・グレイトブッダ・シンポジウム論集第三号		二〇〇〇円
論集 近世の奈良・東大寺 ザ・グレイトブッダ・シンポジウム論集第四号		二〇〇〇円
論集 鎌倉期の東大寺復興―重源上人とその周辺 ザ・グレイトブッダ・シンポジウム論集第五号		二〇〇〇円
論集 日本仏教史における東大寺戒壇院 ザ・グレイトブッダ・シンポジウム論集第六号		二〇〇〇円
南都仏教史の研究 上 東大寺篇	堀池春峰著	一三〇〇〇円
南都仏教史の研究 下 諸寺篇	堀池春峰著	一五〇〇〇円
南都仏教史の研究 遺芳篇	堀池春峰著	九八〇〇円
東大寺修二会の構成と所作 全四冊	東京文化財研究所芸能部編	上中下各一四〇〇〇円 別巻一六〇〇〇円
悔過会と芸能	佐藤道子著	一四〇〇〇円
儀礼にみる日本の仏教 東大寺・興福寺・薬師寺	奈良女子大学古代学学術研究センター設立準備室編	二六〇〇円

ザ・グレイトブッダ・シンポジウム論集第七号
論集 東大寺法華堂の創建と教学

二〇〇九年十二月十九日 初版第一刷発行

編 集 ＧＢＳ実行委員会

発 行 東大寺
〒六三〇―八五八七
奈良市雑司町四〇六―一
電 話 〇七四二―二二―五五一一
ＦＡＸ 〇七四二―二二―〇八〇八

制作・発売 株式会社 法藏館
〒六〇〇―八一五三
京都市下京区正面通烏丸東入
電 話 〇七五―三四三―五六五六
ＦＡＸ 〇七五―三七一―〇四五八

The Establishment of and Study at Tōdaiji's Hokkedō Hall:

Papers from the Great Buddha Symposium No.7

On the Religious Merits of Sūtra Reading Ritual: Some Aspects of Māhāyanist Practical Theory in the *Suvarṇa-prabhāsottama Sūtra*

Kōichi Furusaka

In the Shōmu era (724-749), *Konkōmyō saishōō kyō* (Skt., *Suvarṇa-prabhāsottama-sūtra*; Ch., *Jinguangming zuishengwang jing; Golden Light of the Most Victorious King Sūtra*), which was translated by Yijing (635-713), was brought to Japan by Dōji (d. 744), who was a Japanese envoy to the Tang dynasty and a monk residing at Xi ming si (J., Saimyōji), the temple in Xian where Yijing also resided. In Japan, copies of this sūtra were stored in the seven-storied pagodas of state-sponsored provincial temples (J., *kokubunji*) and read aloud. Although it seems highly unlikely that this sūtra was read aloud in the Kensakudō Hall when it was first built, it seems probable that the reading ritual of this sūtra took place after the Kichijōin was burnt down in 954 A.D.

According to *Konkōmyo saishōō kyō*, if a king has priests read it, the gods will protect his country. The idea of protecting the country (J., *gokoku shisō*) is emphasized in the Catur-mahārāja (Ch., Si tianwang; J., Shitennō) chapter, which was translated by Dharmakṣema (first half of 5th century), and the chapters on the Doctrine of the Three Bodies, the Removal of Hindrance of Act, the Dhāraṇī of the Ultimate Pure Land, and the Fulfillment of Wishes on the Basis of *Śūnyatā*. The four latter chapters exist in the translations of Paramārtha (c. 540) and Yijing but not in that of Dharmakṣema, thereby suggesting that they were established some time between the translations of Paramārtha and Dharmakṣema.

In this paper, I show that this sūtra was meant to be read, as suggested in the Sanskrit word, *vācayati* ("to read"), signifying that that which is written to be spoken. In the context of this sūtra, it expresses that the sūtra and the Buddha are regarded as equal and the same. Thus, it urges that the sūtra be revered. Such symbolism can be seen in the Newal Buddhist sūtra reading ritual, in which a sūtra is shown honor (Skt., *pūjā*), then the chapters are read in parts.

The Single Vehicle Doctrine of *Kegon* and the Single Vehicle Doctrine of *Hokke*: The Placement of the *Lotus Sūtra* in Kegon Studies

Eirei Yoshida

Kegon kyō (Skt., *Avatamsaka Sūtra*; Ch., *Huayan jing*; *Flower Ornament Sūtra*) and *Hokke kyō* (Skt., *Saddharma-pundarika Sūtra*; Ch., *Fahua jing*; *Lotus Sūtra*) have been highly valued scriptures in East Asia. In Japanese Buddhism, *Hokke kyō* has especially been prized from early on. Tōdaiji, which boasts a Kegon tradition, is no exception, likely due to such social circumstances as copies of *Konkōmyō kyō* (Golden Light Sūtra) being kept with *Kegon kyō* in state-supported provincial temples (J., *kokubunji*) throughout Japan. Because this social backdrop also reflects upon Buddhist doctrine, in this paper, I trace how the foremost Huayan/Kegon scholar-priests in China and Japan viewed the position of *Hokke kyō* and, based on this, show the doctrinal necessity for the high placement of *Hokke kyō* in Kegon studies in Japan.

Since Zhiyan (J., Chigon; 602-668), Kegon was established as a "separate teaching of the single vehicle" and Hokke as the "same teaching of the single vehicle" in the doctrinal classification (Ch., *panjiao*; J., *kyōhan*) of Kegon studies. However, the definition of the "same teaching of the single vehicle" differs somewhat according to each master. This is connected with the positioning of *Hokke kyō*. From the mid-Tang dynasty in China, sūtras of the Buddha-womb lineage were placed together and ranked as the highest of sūtras. From the Northern Song dynasty on, it was stressed that above all *Kegon kyō* and *Hokke kyō* are equal. However, restrictions were added regarding the evaluation of *Hokke kyō*, when the establishment of a school or religious group such as that of Fazang (J., Hōzō; 643–712) and Shihui (J., Shie; 1102–1166) was intended.

From the time of Jurei (757–?), at the end of the Nara period, in Japan, where the importance of *Hokke kyō* has been consistently stressed, the "separate teaching" and the "same teaching" in both sūtras was explained and understood to have a few differences in the amount explained. As far as it is known, this unique theory was first presented by Daoting (1023–1100) in the Northern Song dynasty in China, whereas, in Japan, it had already been explained approximately 250 years before. The fact that this theory was used even in manuscripts written with the purpose of stressing sectarian features thereafter indicates a difference with Chinese Huayan.

Although the writings of Simsang (J., Shinjō; d. 742), who first lectured on *Kegon*

kyō in Japan are no longer extant, his Buddhist thought appears to have taken Kegon and Hossō (Ch., Faxiang; K., Beopsang) *yuishiki* (consciousness-only) teachings as its axis. The Hossō consciousness-only thought of Silla, which greatly influenced Japanese Buddhism as the leading scholarship of the time, appears to have previously stressed the importance of *Hokke kyō* and it seems highly likely that the Japanese scholar-priests who studied [in Korea] promoted a strong interest in *Hokke kyō*.

Shōsōin Documents and Tōdaiji's Hokkedō

Eiichi Ishigami

In order to investigate the construction of the Hokkedō (Kensakudō) and the making of its main object of worship, the Fukūkensaku Kannon (Skt., Amoghapasa), this paper presents a synopsis of the Shōsōin documents related to the hall and its central image. Today, the Shōsōin documents consist of a set of manuscripts concerning the administration of Tōdaiji's Sutra Copying Office (covering the years 727 to 776, including its predecessor organization) and various sutras, including *Sutra of the First Day of the Fifth Month* dedicated by Empress Kōmyō. The catalogue of the Chinese Kaiyuan era, *Kaigen shakkyōroku* (Ch., *Kaiyuan shijinglu*; compiled 730), volumes 7, 8, and 9, records six Fukūkensaku sutras. From 738 to 743, the predecessor organization of Tōdaiji's Sutra Copying Office formerly possessed *Fukūkensaku jukyō* in one scroll, *Fukūkensaku shinjushin kyō* in one scroll, *Fukūkensaku darani jizaiō jukyō* in three scrolls, and *Fukūkensaku shinpen shingon kyō* in thirty scrolls (more than nine scrolls are known to have existed in 743). However, today, only Scroll Three of *Fukūkensaku shinpen shingon kyō*, among the sutras dedicated by Empress Kōmyō on the eleventh day of the fifth month of Tenpyō 15 (743), survives, and a collector's note from the Meiji period indicates the existence of Scroll Nine. Although only one scroll remains, most, if not all, of the thirty volumes of *Fukūkensaku shinpen shingon kyō* appear to have been brought to Japan in 743.

Among the Shōsōin documents is a draft of the application from the Konkōmyōji Construction Office, dated the eighth day of the first month of Tenpyō 19 (747), concerning work on the nimbus for a Kensaku Bosatsu image. Moreover, the name of Kensakudō appears in the documents for lending and borrowing sutras of the Sutra Copying Office between the years of Tenpyō Shōhō 1 (749) and Tenpyō Hōji 2 (758).

Examining the Construction of the Hokkedō and Tōdaiji's Predecessor Temple from Archaeological Perspectives

Teruhiko Takahashi

In this paper, I examine Tōdaiji's predecessor temple primarily through several analyses of roof tiles and attempt to clarify when the Hokkedō (Lotus Hall) was built and how Tōdaiji's predecessor temple developed into Todaiji. The results are as follows: I infer that the construction of Konshu Sanbō was being carried out in the Maruyama area around Tenpyō 5 (733) and Fukujuji Temple was being constructed in the Jōin area around Tenpyō 13 (741). Both these temples were taken over and maintained by Konkōmyōji, which was newly established as a state-sponsored provincial temple (J., *kokubunji*) in Tenpyō 14 (742) and, with the casting of the Daibutsu, developed into Tōdaiji around Tenpyō 19 (747).

The Sanbō, which was built to pray for the repose of Emperor Shōmu's son, the Crown Prince, who died at age one in Jinki 5 (728), and which many consider to be the origin of Tōdaiji, appears most likely to have been situated in the Kōzendō area. I conclude that the Sanbō and Konshu Sanbō were different temples and that Tōdaiji did not originate from the Sanbō.

Moreover, in regards to the establishment of the Hokkedō, which was generally assumed to be completed after Tenpyō 17 (745), the tile roofing can be dated to Tenpyō 13, at the latest prior to the first half of Tenpyō 14. According to this, it appears that the Hokkedō was constructed within the grounds of Fukujuji and was later succeeded by Konkōmyōji.

Reexamining the Original Construction of Tōdaiji's Hokkedō from the Perspective of Architectural History

Osamu Gotō

The Hokkedō (Lotus Hall) at Todaiji is well known in the history of Japanese architecture because its construction called *narabidō* ("twin buildings"), in which two structures are placed one in front of the other. The interior of the Hokkedō consists of two parts called *shōdō* (main hall) and *raidō* (worship hall), which were originally separate structures. Later, the worship hall was connected to the front part of the main hall, making the two parts one and changing the architectural style of the Hokkedō into a *narabidō*. Formerly, researchers hypothesized that, by the eighth century, the Hokkedō was built into the *narabidō* style. In this paper, however, I propose that the Hokkedō originally had yet another style. The original style of the Hokkedō may have been *magohisashi* ("grandchild aisle"), in which the eaves extended in front of the building.

Previously, researchers surmised that it was not possible to extend the eaves because the ceiling height and eaves frontage were too low. But compared to the precursors of the Hokkedō, the Taimaji Mandaradō and the Murōji Kondō, which were built in the *magohisashi* style and were built around the same time as Hokkedō, I argue that these heights of the Hokkedō are not low.

Moreover, although the Hokkedō's main hall today has an earthen floor, researchers previously suggested that it had originally been covered with floorboards, whose details (the height of the floor level, the position of the support post, etc.) are unknown. Similarly we do not know when the interior Buddhist altar was enshrined and when the floorboards were removed. However, with new methods of examination (such as using annual rings), we can find ways to determine when the altar in the Hokkedō was built.

The History and Art of Tōdaiji's Hokkedō

Katsuaki Ōhashi

Tōdaiji's Hokkedō (Lotus Hall) is located half way up a hill in the eastern part of Nara City and can be seen in its Tenpyō-era (729-749) architectural form even today. In the inner sanctuary of the central hall of the Hokkedō is an alcove, which is installed with a two-tiered octagonal dais at its center. Enshrined in the alcove, upon this dais, is a statue of Fukūkenjaku Kannon (Skt., Amoghapasa), the central object of worship. To his left and right are Bonten (Skt., Brahma) and Taishakuten (Skt., Indra), and in front to the left and right are the guardians Kongō Rikishi and Misshaku Rikishi. Together with the Four Heavenly Kings placed in the four corners of the floor space, they make up nine lacquered statues. Additionally, there are five clay images: Shukongōshin (Skt., Vajradhara), which is enshrined in a miniature shrine on the dais behind the central image of worship; the deities Nikkō and Gakkō, which stand the dais of the central image; and Benzaiten (Skt., Sarastivati) and Kisshōten (Skt., Srimahadevi), which stand to the left and right in the back of the central image. All fourteen of these sculptures are exemplary carvings dating to the Tenpyō era (729-749), however, scholars suggest that they were not all enshrined in the Hokkedō when it was originally constructed. It appears very likely that the earthen images were "guest buddhas" (J., *kyaku butsu*), which were later enshrined there.

Although many scholars have conducted studies of the Hokkedō and the statues enshrined there from the Meiji period (1868-1912) on, the lack of historical records regarding the actual construction and making of the Hokkedō and its images has made it difficult to reach a general consensus regarding these matters. In this paper, I present the view that the Fukūkensaku Kannon was made at the Kōgadera Construction Office of Shigaraki Palace, based on Yoshiteru Kawase's new interpretation of Todaiji's origin tale *Tōdaiji Sakura-e engi*, and focus on the artisans who made the lacquered statues beginning with the Fukūkensaku Kannon. Consequently, after the transfer and construction of the state-sponsored temples that were involved in the relocation of Heijō capital, the leading Tenpyō sculptors who created the art of the Nara period were brought together at the workshop of the Kōgadera Construction Office on the Rushana Daibutsu (Vairocana Buddha) construction site. There, the sculptors of the Yakushiji lineage headed the construction of the large gilt bronze Rushana Daibutsu, and the sculptors of the Kōfukuji lineage oversaw the making of

lacquered statues, creating the Fukūkensaku Kannon and the other lacquered images of the Hokkedō. The Fukūkensaku Kannon image was completed some time in the autumn of Tenpyō 16 (744), while the production of the other lacquered statues, continued at the Shigaraki Palace until after the transfer of the Heijō capital in the fifth month of Tenpyō 17. Later, they were transported to the Heijō capital around the second month of Tenpyō 18, when the Hokkedō was completed, and the Sakura-e ceremony began in the third month.

第7回 ザ・グレイトブッダ・シンポジウム

平成20年12月20日（土）

1．《東大寺国際シンポジウム》

開会挨拶：上野道善（華厳宗管長・東大寺別当）

特別講演：ヤン・フォンタイン（元ボストン美術館館長）

“The Brobudur as a monument of Avatamsaka Buddhism”

（華厳の道場、ボロブドゥル）

基調講演：大橋一章（早稲田大学）「東大寺法華堂―歴史と美術―」

全体討論会「東大寺法華堂の創建と教学」

進　　行：木村清孝（国際仏教学大学院大学）

パネラー：大橋一章（早稲田大学）　吉津宜英（駒澤大学）

浅井和春（青山学院大学）　後藤　治（工学院大学）

吉川真司（京都大学）　橋本聖圓（東大寺長老）

2．華厳思想セクション

司　　会：吉津宜英（駒澤大学）

報　　告：古坂紘一（元大阪教育大学）「金光明最勝王経に見る大乗的実践論の諸相」

吉田叡禮（花園大学）「華厳一乗と法華一乗」

12月21日（日）

3．歴史学・考古学セクション

司　　会：吉川　聡（奈良文化財研究所）

報　　告：石上英一（東京大学）「正倉院文書と東大寺法華堂」

高橋照彦（大阪大学）「考古学から見た法華堂の創建と東大寺前身寺院」

4．美術史学・建築史学セクション

司　　会：梶谷良治（東大寺総合文化センター準備室）

報　　告：後藤　治（工学院大学）「東大寺法華堂に関する建築史学上の諸説」

谷口耕生（奈良国立博物館）「ボストン美術館所蔵釈迦霊鷲山説法図（法華堂根本曼荼羅）をめぐって」

浅井和春（青山学院大学）「法華堂本尊の位置」

総括・閉会挨拶：小林圓照（元花園大学）